搖擺於歐亞間的沙皇們

俄羅斯・羅曼諾夫王朝的大地

ロシア・ロマノフ王朝の大地

土肥恒之（一橋大學名譽教授）——著

興起於歐亞之間的「俄羅斯」

十六世紀中葉，伊凡雷帝時期下的莫斯科大公國開始向東方擴張。後來到了羅曼諾夫王朝的彼得大帝時期，國家體制變為「俄羅斯帝國」，並於十九世紀末以前獲得了包含亞洲在內的廣大領土。

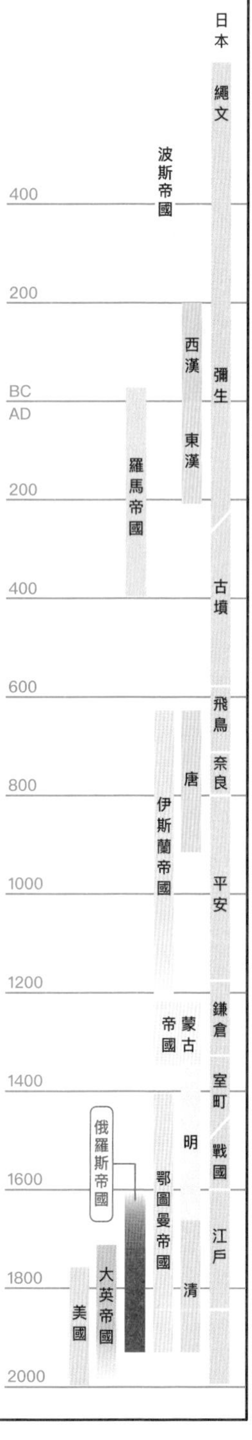

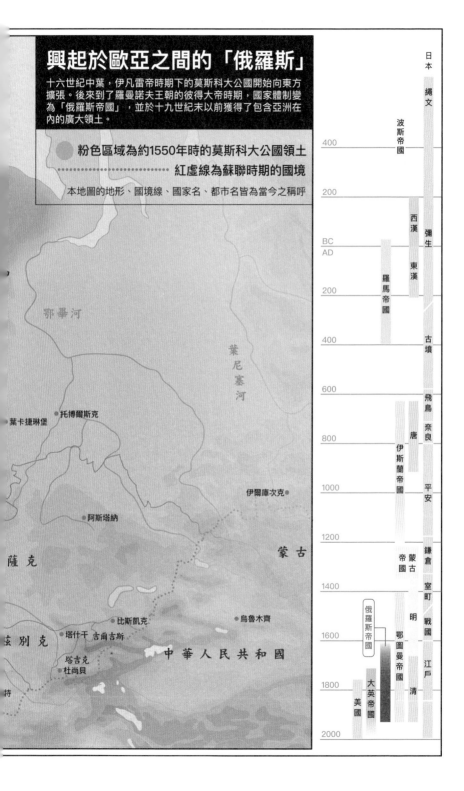

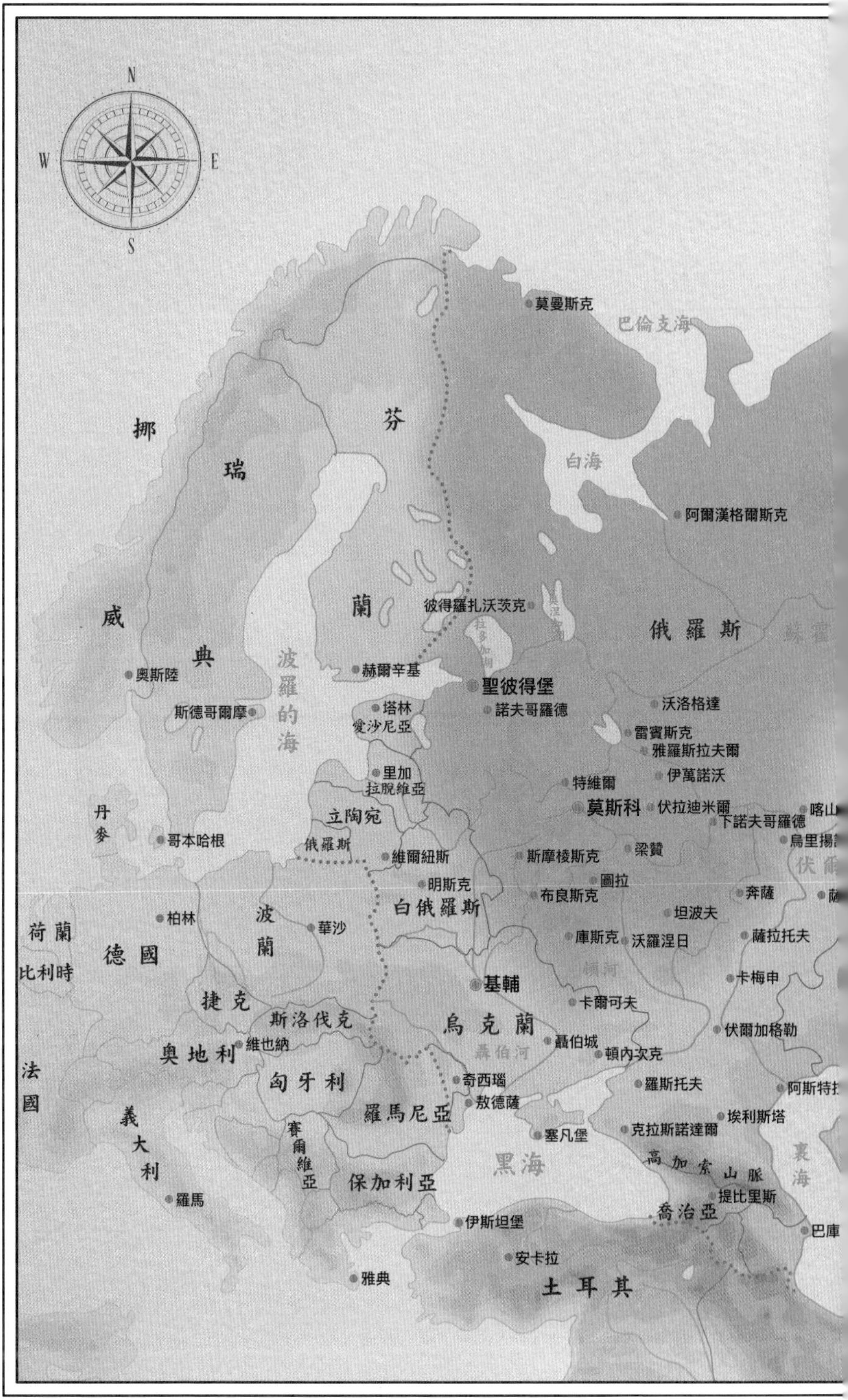
N
W
E
S
莫曼斯克
巴倫支海
挪
瑞
芬
白海
阿爾漢格爾斯克
威
典
蘭
彼得羅扎沃茨克
拉多加湖
俄羅斯
奧斯陸
波羅的海
赫爾辛基
聖彼得堡
斯德哥爾摩
塔林
愛沙尼亞
諾夫哥羅德
沃洛格達
雷賓斯克
雅羅斯拉夫爾
里加
拉脫維亞
伊萬諾沃
特維爾
丹麥
立陶宛
莫斯科
伏拉迪米爾
下諾夫哥羅德
哥本哈根
俄羅斯
維爾紐斯
斯摩棱斯克
梁贊
明斯克
圖拉
荷蘭
柏林
波蘭
白俄羅斯
布良斯克
奔薩
德國
華沙
坦波夫
比利時
庫斯克
沃羅涅日
薩拉托夫
頓河
捷克
基輔
卡梅申
斯洛伐克
卡爾可夫
奧地利
維也納
烏克蘭
伏爾加格勒
法國
匈牙利
聶伯河
聶伯城
頓內次克
奇西瑙
羅斯托夫
義大利
羅馬尼亞
敖德薩
埃利斯塔
賽爾維亞
塞凡堡
克拉斯諾達爾
黑海
高加索山脈
裏海
保加利亞
提比里斯
羅馬
伊斯坦堡
喬治亞
巴庫
安卡拉
雅典
土耳其

目錄

第三章 彼得大帝的「革命」 103

序

在歐洲與亞洲之間

一九九三年的「十月事件」　為反葉爾辛總統勢力占據了莫斯科白宮的事件，政府在此事件中投入了正規軍，並朝之進行砲擊。事件最後以成功鎮壓做結。

◎蘇聯解體後的莫斯科

一九九三年三月下旬，雖然時值早春，但莫斯科的溫度依舊凍人體膚，街道路面因為融雪弄得髒兮兮的。一台台滿是泥濘的中古車催足油門、大排廢氣，絡繹不絕地奔馳在特維爾大街上。在戈巴契夫時期，我曾短期旅行過此地，不過說要長期居留於此，則完全是第一次經驗。雖說後來我在這蘇聯解體後誕生的「俄羅斯聯邦」首都中整整度過了十個月的生活，但想到一開始的日子，那寒風刺骨的氣候，加上對生活的不熟悉，實在是讓我過得疲困不堪。

然而，這樣的天氣一到了四月下旬，一股彷彿夏天到來般的暖氣便席捲而至，草木們轉眼間欣欣向榮，街上的景色看起來也似乎比以前明亮、華美得多。也正是此時，我們在這兒的生活終於上了軌道，工作也變得得心應手起來。當時的我在隸屬俄羅斯科學院（PAH）的俄羅斯史研究所留學，平時習慣往來於街坊中的檔案館與圖書館，閱讀一些在日本時難以觸及的史料與書籍。雖然是單調的日子，卻能受到指導教授親切而溫暖的指導。每週的六、日，我會與妻子一同拜訪莫斯科市內或郊外的博物館、老教會或修道院；晚上則是去聽音樂會或欣賞芭蕾舞劇。事實上，我對芭蕾並不怎麼有興趣，在日本時，也只看過一、兩次而已。不過，莫斯科這的票賣得都不貴，而且每晚都有劇場會進行演出。這裡的芭蕾舞者與舞台都美得不像話，觀賞起來的確也是賞心悅目。我們的生活就像這樣子，身邊不曾發生過那些時有所聞的危險事件，打從心底、真心享受了一段在莫斯科的生活。

新誕生的俄羅斯聯邦在經濟政策上急轉彎，採取了自由市場機制，但是居住於莫斯科的人們卻依然日益感到生活的嚴峻，科學院的副院長也在某家報紙上憤慨表示「多虧了那些改革者的努力，現在俄羅斯有三分之二的人都在上街行乞！」此時的俄羅斯，從鬧區到地下鐵車站的出入口，四處都能看到乞丐；帶有「流浪漢」意思的「巴姆基（Бомж）」這個俄語新詞，也是在這時出現，並且成為正式用語的。莫斯科人雖會對他們慷慨解囊、施以小惠，但事實上，他們自己也是自身難保。

平常要前往檔案館時，我都會利用這裡的無軌電車。有時候，你可以看到司機在不是站點的地方停車，然後自己走出車外。當司機過沒多久回來時，你會看見他的雙手都捧著麵包。這還算是能令人會心一笑的景象，其他那些悲哀慘澹的場面，則是早就不曉得看過多少次了。順帶一提，這所謂「對環境很友善」，並且誰都能搭的無軌電車雖然便宜又方便，但其使用的車體幾乎無一例外，全都是老舊到令人不禁認為它們從製造出來之後就不曾汰換、沿用至今的東西。

俄羅斯聯邦在政治面上，也面臨了愈來愈緊迫的局勢。在被莫斯科人稱為「黃金之秋」的十月，我們聽說沙俄時期的著名歷史學家克柳切夫斯基的墓，就位在頓斯科伊修道院裡，於是在第一個週日前往了該地；而這裡，也是後來日本女演員岡田嘉子過世後所埋葬的地方。我們在找到那位歷史學家的墓、拍了紀念照後，便踏上了歸途。在來到附近的地下鐵車站時，我們感覺這裡似乎有些騷亂；直到回到了落腳處的旅館時，才發現美國製的電視機正在放映著莫斯科白宮（國會）遭到砲擊、也就是所謂「十月事件」爆發的景象。日本大使館此時也多次來電，要我們盡量減少外出。後來，手持步槍的民兵們也曾來到我們的落腳處，進行過所謂的「住家搜索」。至今仍持續延燒的車臣問題，也是從那時候開始持續升溫，沒有莫斯科居住權的人不斷遭到調查偵訊。我們引頸期盼、將於克里姆林宮演出的「民族舞蹈」，也在沒有任何告知的情況下，忽然宣告中止。

上述的事情終究是我個人的一些體驗，但這些對俄羅斯人來說，或許早已成了他們日常生活的一部分。由於我所研究的是稍微古代的俄羅斯，因此不管是現在還是過去，我對於目前俄羅斯的理解，可說是與一般人沒什麼兩樣。報紙常以歷史為例，來鉅細靡遺地解說政治、經濟上的事件，讓我獲得許多啟示，但我們不能單靠個人的見聞去判斷整體的局勢或面貌，更不用說，莫斯科又是個「特別的城市」。在俄羅斯改朝換代之後，迄今為止對於俄羅斯歷史的觀點，理應也會有所改變才是；因此問題的重點就在於，這樣的改變究竟會去向何方？這個問題實在過於廣泛，並非我一人能釐清。然而，一味的迴避是不行的；用一句話來說的話，至少在蘇聯解體後的十幾年內，對於俄羅斯史的真實面貌，我的看法幾乎沒有什麼重大改變。

日本對俄羅斯史的研究並沒有很長的歷史。它的起步，與日本早在二次世界大戰開打前就已開始研究的英國（近代）史、德國（中世）史相比之下，可說是晚到無可比擬的地步。雖然日本一直非常在意俄羅斯這「紅色鄰國」，但直到真正開始仔細研究時，卻已經過了相當久的時間。前幾年剛過世、開創研究俄羅斯史先河的鳥山成人，也曾在一九五九年時說過：「到目前為止，日本對俄羅斯歷史的研究，尚未有能稱得上『研究史』的成果存在。」

不過，最近的二十五年間，近現代俄羅斯史的研究有了顯著的進步。最明顯的特徵，我認為是因為日本的研究角度跳脫出蘇維埃的史學主流，開始關注其他具有批判性的歷史學家、沙俄時期的史學家、流亡史學家，或其他歐美俄羅斯史學家們的著作，才造就了研究上的進展；還有就是相較於其他西洋各國的歷史，日本對俄羅斯歷史的興趣漸漸提高，而我也是在這股潮流中開始進行研究的其中一人。確實，在蘇聯解體後，無論是史實的修正或是未知領域的開拓，各種俄羅斯史的研究活動皆十分活絡。尤其是宗教等等原本被視為禁忌的研究領域特別讓人感興趣，然而就整體俄羅斯史的基本趨勢來看，可以認為還沒有足以顛覆過往見解的成果。即便說有「新的見解」，其中也不少是屬於沙俄時期，或是流亡的歷史學家所提出的觀點。或許只要看過自蘇聯解體以來，那些得以再次受到翻印出版，或是經歐美歷史學家所翻譯的著作，就足以佐證這類說法。

綜上所述，本書的內容，並不是要呈現出全新的俄羅斯史的樣貌，但是，也並非要重述原本的歷史角度。因此，本書最基本的立場，就是在過去的歷史中，加入新的研究成果，特別是要明確指出俄羅斯「位於歐洲與亞洲之間」，這一特殊的歷史與地理視角。接著，我們就先來簡述一

莫斯科大劇院（Большой театр）　十八世紀的西歐化政策，芭蕾也傳進了俄羅斯。最知名的表演場地就是始建於 1776 年的莫斯科大劇院。

下與此相關的幾個問題。

◎廣大無邊的大地——俄羅斯

先暫且不管國家或國境的嚴格定義，俄羅斯這個國家最大的特徵，就是廣大無邊、且不斷向四方延伸的大地。我們首先要做的，就是先來思考這個眾所周知的地理事實是如何成立的。我們所生活的日本，是個四面環海的小列島，而這樣的一個事實，會有多麼強烈地支配我們日本人的生活及觀念，不言而喻。地理環境就像個框架，它會侷限住國家歷史的發展方向，而且不只過去如此，今後也是一樣。

從波羅的海的海岸，一路延伸到太平洋之間的俄羅斯的領土上，沒有一處是海拔高到可稱作「山」的存在；那裡有的，只是廣大的平原。不過這不是歷史打從一開始就給予俄羅斯人的前提，而是俄羅斯人自中世紀以來的殖民活動所產生的結果。在沙俄末期長期於莫斯科大學講述俄羅斯史的克柳切夫斯基，就在他的著作《俄國史教程》第一卷的開頭中點出，「殖民」就是俄羅斯史的「基本事實」，並且如此加以說明：

……好幾個世紀以來，斯拉夫民族一直無法以某種程度上的平均分布來完全占據俄羅斯境內的所有平原，而且因為斯拉夫民族的生活歷史與地理環境，導致他們並不是以人口增加這種漸進性的方式，而是靠著移居來擴大在平原上的居住範圍。他們就像候鳥一樣，從一處移動到另外一處，捨棄住慣的地方，然後占據新的可居之所。……俄羅斯的歷史，就是殖民的歷史。而她所殖民的地區，則是隨著國土的成長跟著擴大；這段古老而長遠的運動，時而衰退，時而昂揚，直到現在依然沒有停止。這波移居潮在一八六一年時逐漸強化，論其原因，是因為當時農奴制的廢止，造成長時間被人為集中於中央黑土各縣的人們開始向外湧出，那些居民形成了通往四方的人流。他們有些人到了新俄羅斯和高加索，也有些人穿過了伏爾加河，到達了裏海的另一端；其中最遠的，甚至跨越了烏拉爾山脈，到達西伯利亞，走到了太平洋海岸。……所以，如此的移居——或直接稱之為殖民的活動，就是我們國家歷史的基本事實。至於其他的所有事

克柳切夫斯基　帝國末期的歷史學家。相較於偏重於政治史的歷史，克柳切夫斯基構築了另一套重視社會經濟史的俄羅斯歷史樣貌。

實，其實也都與殖民有所關聯，差別只在於它們的緊密程度罷了。

接著克柳切夫斯基劃分出了「殖民的主要階段」，不過這裡就省略不談。俄羅斯人藉著不斷重複這「古老而長期」的運動，披荊斬棘、離開森林，步入了廣大的草原。於是「森林與草原」，就成了從根本上約束俄羅斯人生活的條件。

有關俄羅斯人對草原的熱愛，俄羅斯文學家德米特里・李哈喬夫也這麼說過：「寬廣的空間，是俄羅斯人心中不可或缺的要素。」舉例來說，像是「無拘無束的自由」，這是在俄羅斯鄰國所沒有的概念與觀念。那是與無邊無際的寬廣空間所連結的「自由」，而且就連拉著縴繩、遊走在狹窄河岸的縴夫都能體會。據李哈喬夫所說，這種概念也存在於我們所熟知的俄羅斯民謠中：

> 言詞抒情、節奏徐緩的俄羅斯歌謠，體現著這種嚮往廣大世界的精神。這些歌謠會在遠離人煙、毫無遮蔽的原野上隨人高歌。鐘聲必須盡可能地傳到遠方，因此當新的大鐘進駐鐘塔時，他們還會特地派人往遠處走，測試鐘聲到底能傳到哪裡。

如同以上節錄的文字所呈現的，歷史學家克柳切夫斯基將俄羅斯歷史理解為「殖民國的歷史」；而文學家李哈喬夫則以這歷史演變的結果，將之作為俄羅斯人的心性特徵，認為俄羅斯人對「廣大的空間」充滿著熱愛及喜悅。這兩位名人的分析皆十分切中核心。不過我們不能就此滿足，畢竟追根究柢，「殖民」本就不是一群人移往未開之地居住。草原自古以來，就是騎馬遊牧民族的天下。

◎從「亞洲之河」演變為「俄羅斯之河」的伏爾加河

在一五五〇年左右，俄羅斯是以伏爾加河的支流——奧卡河的南邊作為國境。這時的俄羅斯境內主要由森林組成，人口約六百五十萬，雖然地廣人稠，但還是一個未開發國家。當時的人口幾乎都由農民組成，而農民又多為東斯拉夫人，也就是俄羅斯人。不過到了十九世紀末，俄羅斯卻搖身一變，成了領地廣大的多民族帝國，它的領海自波羅的海至太平洋，領土則從北極的凍原，延伸到亞洲中部的沙漠不毛地帶，這時俄羅斯人的比重占了帝國全人口的百分之五十。至於為什麼會有如此顯著的變化，沙俄政府的殖民政策，不用說自是最大的原因。

伏爾加河是奔流於俄羅斯中央地區的大河。她發源於莫斯科西北方的瓦耳代丘陵，向南流經平原與森林後，流入裏海，總長約三千五百三十公里，有著「伏爾加母親」的暱稱。俄羅斯的人們常說「伏爾加河就是俄羅斯本身」，不過到十六世紀中葉為止，伏爾加河都還是「亞洲的河川」。一直到位於伏爾加河中游、曾經支配過中世俄羅斯的欽察汗國瓦解後產生的喀山汗國（還有阿斯特拉罕汗國）遭到俄羅斯政府軍攻陷後，伏爾加河才正式成為「俄羅斯的河」。這樣的結果也開啟了俄羅斯朝向東方擴展版圖的大門，於是俄羅斯開始從伏爾加河中游流域往烏拉爾山移動、甚至跨越過去，朝著物產豐饒的南西伯利亞展開殖民。在這段期間，俄羅斯政府和卡爾梅克人、巴什基爾人與韃靼人等等存在草原上的各民族相互爭鬥、戰爭，或是透過巧妙的民族政策，將這些民族的菁英階層納入帝國麾下。為了避免帝國的中心地帶以及出生在移居地的俄羅斯人受到遊牧民族的襲擊，俄羅斯政府還築起了長而堅固的軍事防衛線。

所謂的「殖民」，是以下列這樣的形式在進行的：首先，俄羅斯政府會先派遣「配有武裝的拓荒者」來到邊境，在確認安全無虞後，再將土地分配給貴族或者出身較低的拓荒者。為了開墾邊境肥沃的土地，貴族們會強迫自己的農民從俄羅斯的中央領土移居過去，不過也有不少人們不惜為了這片豐饒、未經開發的土地，以非法的方式移居至此，這就是所

俄羅斯的擴大　十六世紀中葉，莫斯科大公國在伊凡雷帝的統治下，領土擴展到了烏拉爾山脈；羅曼諾夫王朝的彼得大帝時期（一七〇〇年前後）則是連北太平洋的沿岸都在版圖之中；十九世紀的俄羅斯則是進入了高加索、亞洲中部等地區，建設出了擁有廣大領土的多民族帝國。

謂的流亡農民。就像這樣，俄羅斯曾在十六、十七世紀在各地森林與草原進行過的殖民運動，在後來的十八、十九世紀裡，又被重複拿來運用在西伯利亞西部、烏拉爾山南部、伏爾加河下游流域，還有高加索北部上面。

這種派遣農民朝邊境進行殖民的做法，其實與政府向東、南方拓展國境的政策相輔相成。因為移居的農民需要政府的軍事保護，而國家軍力的一部分——兵源與稅金，也需要從農民身上取得。我們熟知的「哥薩克」一詞，一開始指的就是這些偷渡去國境南方的流亡農民。在伏爾加河、頓河、聶伯河等等大型河川的河口附近建立城鎮的他們，除了傳統農耕，也採用了遊牧民族的生活模式，過著自治的生活。對於擅長騎術及航海的哥薩克人來說，掠奪性的遠征最終成了維持他們生計的活動。

由於要供給家畜的牧草地遭到侵占，原本在草原上的其他遊牧民族只能被迫選擇定居或者放棄遊牧。因為如果不定居下來，下場可能就是得放棄腳下的這塊土地。而這些遊牧民族原本就不是生性溫順的族群，因此當俄羅斯政府強迫他們改信基督教時，他們也曾經理所當然地爆發出反抗的怒火，不過這些抗爭對俄羅斯並沒有產生太大的影響。後來，俄羅斯政府將這些與他們有著不同信仰的人所居住的地方規畫為「民族地區」，並承認一定程度的自治。但他們依舊無法擺脫逐漸被帝國納入版圖的命運。

◎成為「歐洲大國」

於是，俄羅斯便如以上所述，自十六世紀中葉以來持續向東部、南部進行殖民與擴張領土，最後成為一個擁有各種伊斯蘭民族的多民族國家。往東方擴展的傾向一直是俄羅斯史的主要脈絡，不過近代俄羅斯領導者的「表面態度」卻開始放在歐洲上。俄羅斯作為歐洲的一員，不斷強化自己在國際政治上的發言力，這樣的舉動其實在羅曼諾夫王朝建立以前就有過，不過真正確立下來，則是從彼得大帝的時候開始。

彼得大帝親政時是在十七世紀末，他最先實施的就是派遣大使節團至各個西歐先進國家，將荷蘭、英國等當時的海洋先進國家作為改革的範本，並果斷地在許多方面執行了改革：成立新首都——聖彼得堡、採用以海洋發展為中心的重商主義政策、重新設計行政體系。另外也強制貴族剃鬍、著洋服，並且逼迫教會完全從屬於世俗國家。透過這些手段，他讓帝國筆直朝著「西歐化」邁進。在他統治下的三十餘年間，俄羅斯至少在表面上改頭換面。在那之後，俄羅斯便走在由彼得大帝開闢出的道路上。女皇凱薩琳二世（又譯葉卡捷琳娜二世）藉著實施各種流行於世的「啟蒙思想」改革後，獲得了與彼得並駕齊驅的「大帝」稱號。親口說出「俄羅斯是歐洲的大國」的，也正是這位出生於普魯士的凱薩琳女皇。

十九世紀的俄羅斯就如同字面所述，是個在國際政治中有巨大影響力的「歐洲大國」。這時代有阻止了拿破崙的俄羅斯遠征、領導維也納會議的亞歷山大一世，在受革命風潮震撼的歐洲裡擔任類似「憲兵」的角色，且同時追求民族主義的尼古拉一世，以及推動解放農奴等近代化政策的亞歷山大二世等，具有國際影響力的人物。另外，羅曼諾夫家在彼得大帝時代之後，就不斷持續著與歐洲——特別是與普魯士皇室之間的聯姻關係，使俄羅斯作為一個

	總人口（百萬人）	1646年的國境內		1646年以後合併的地域		人口密度（每1km²）
		（百萬人）	（%）	（百萬人）	（%）	
1646	7.0	7.0	100.0			0.5
1678	11.2	9.6	85.7	1.6	14.3	0.8
1719	15.6	13.6	87.2	2.0	12.8	1.1
1762	23.2	18.1	78.0	5.1	22.0	1.6
1782	28.4	22.1	77.8	6.3	22.2	2.0
1796	37.4	23.8	63.6	13.6	36.4	2.3
1815	46.3	28.6	61.8	17.7	38.2	2.7
1858	74.5	40.8	54.8	33.7	45.2	4.1
1897	128.9	52.0	40.3	76.9	59.7	5.9
1914	178.4	73.0	40.9	105.4	59.1	8.2

俄羅斯的人口成長　根據鮑里斯・尼古拉耶維奇・米羅諾夫之著作《俄羅斯社會史》第一部製成的表格。

「歐洲王室」為人所知。

然而西歐化對俄羅斯的民眾而言，問題完全在其他方面。對於占了人口大多數的農民來說，彼得大帝的西歐化改革，不過是意味著課稅及徵兵的變本加厲。自古以來便心地質樸，認為「土地是神的所有物，並不屬於任何人」的他們，透過土地劃分，亦即土地共有制的方式，被強迫揹上了這一個稱之為「西歐化」的沉重負荷。

到了十九世紀，工業化的進步讓許多人們前往大都市工作，但農民卻依舊阮囊羞澀。歐洲各國政府早已正視的農民初等教育，在俄羅斯則是直到十九世紀後半為止都未曾實施過。至此農民的心靈寄託依然還是教會與聖像，但他們對於專制君主——沙皇，仍抱有很大的期望。他們深信不疑，領導他們的是位「好沙皇」，但他們看待皇帝家族的標準卻也在暗中提高。尼古拉二世這位羅曼諾夫王朝最後的君主，曾一度再現彼得大帝之前的古老沙皇作風，但當時的他並沒有察覺到：專制政治，早已是不符時宜的制度了。

——

本書所著墨的重點，雖然是羅曼諾夫王朝的三百年，不過當作前提的中世紀俄羅斯史也是不可或缺的部分，因此這段歷史就算是說得不完全，也不能就此省略。這就像如果要描述現在的俄羅斯，就要先去理解前面繼承了帝俄的國家——蘇聯在七十四年間的故事一樣。因此就結果而言，本書會變成類似通史的體裁，但在書的末端，我將會就俄羅斯從中世至現今的歷史及社會的特質，來表達我個人的理解。

本書使用的曆法為俄羅斯舊曆（即儒略曆），若要換算為西曆（公曆），只要依循以下規則即可：十八世紀時加十一天、十九世紀時加十二天、一九〇〇至一九八一年一月三十一日止則加十三天。

第一章 中世紀俄羅斯

伊凡三世　莫斯科大公。他統一了全俄羅斯，並開始自稱「沙皇」。

基輔公國與「受洗」

◎基輔公國成立

西元四七六年，長期支配地中海世界的西羅馬帝國結束歷史。歷經四百多年後，九世紀的歐亞大陸西部，陸續出現醞釀「中世紀國家」誕生的各種動靜。其中以斯堪地那維亞為根據地的維京人——又稱為諾曼人，他們的「移動」特別引人注目；諾曼人不僅是勇敢的航海人，也是擁有優秀機動能力的軍隊。八八五年，一支諾曼人部隊登陸了法國。他們占領了盧昂，接著又更進一步地包圍了巴黎。九一一年，他們在法國北部建立了「諾曼第公國」。

一〇六六年，諾曼第公國的君主吉約姆（或稱威廉）公爵介入了英格蘭的王位繼承問題，並藉此率軍渡過海峽，征服了英格蘭，造就了著名的「諾曼人征服」事件。於是，隔著海峽相對的諾曼第，與英格蘭「諾曼王朝」之間，便結下了長達五個世紀的錯綜因緣。後來，法國的諾曼第戰士們又在十一世紀初，以傭兵的身分入侵義大利南方，征服了伊斯蘭教徒的島嶼——西西里島。在不久後的一一三〇年，他們在此成立了西西里王國。

不光如此，諾曼人在東歐也展現出了受人矚目的行動。許多人認為他們早在八世紀時就在拉多加湖建立了據點。當時一位「傳說中的人物」留里克揮軍南下，征服了諾夫哥羅德。接著他們更進一步，發現了縱貫大陸的水系聶伯河。八六七年，留里克的家臣——阿斯科爾德與基爾，這兩位出身不同於留里克家族的貴族兄弟，帶著部隊遠征東羅馬帝國的首都君士坦丁堡（現在的伊斯坦堡），震驚了當時的羅馬皇帝。兩位兄弟在遠征的途中，路過了聶伯河上的一處中型城市基輔，並動了占據基輔的念頭及野心。位於現今烏克蘭首都位置的基輔，當時是由控制俄羅斯南部一帶廣大地區的可薩汗國所掌管，儘管如此，兄弟倆還是征服了基輔，從可薩人手中接管了這座城市。

然而兩兄弟的統治並沒有持續太久。八七九年，留里克歿後，統率族人的奧列格大公率軍南下征討基輔，殺死了兩兄弟。於是北方的諾夫哥羅德，以及南方的基輔就這樣一起被納入了留里克家的版圖。根據《往年紀事》的記述，八八二年時，奧列格宣布基輔將成為「羅斯（俄羅斯的古稱）眾城之母」，於是基輔就在此時正式形成了一個國家。不過，支配著俄羅斯的諾曼人，他們在此地的狀況與在法國的處境大不相同，因為在這裡，他們只是少數派。諾曼人在不斷與人數上擁有壓倒性優勢的斯拉夫人通婚後，遂逐漸受到同化。

基輔公國在奧列格、伊戈爾與斯維亞托斯拉夫初期三代大公的統治下，持續向俄羅斯南部擴大了勢力範圍。不過對於當時的人們來說，「擁有土地」與「農業」只是次要事項。他們真正關心的，是來自國家周邊各民族的納貢，以及通過商業活動而獲得的財富。過去，征服了俄羅斯的諾曼人，把在此得到的奴隸與毛皮售往中東以獲得錢財。如今，這段傳統也傳承到了他們身上。聶伯河的中游有一處小山丘，這座被稱為「從瓦良格[1]通往希臘之路」的山丘，在當時的國際貿易路線中有著舉足輕重的地位，而基輔就剛好位於此地。於是諾曼人便很自然地積極尋找著貿易對象，君士坦丁堡也是他們放眼的對象之一。到了九〇七年，奧列格遠征至擁有四十萬人口的君士坦丁堡，與之締結了「通商條約」；後來伊戈爾也同樣在九四一年對其發動遠征但被打敗，於九四四年再次遠征後也締結了通商條約。另外，對於歷代的基

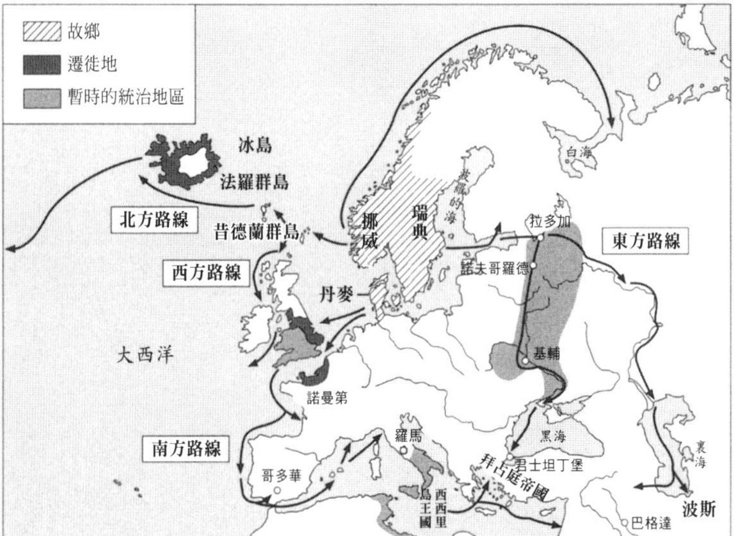

諾曼人的移動軌跡　以斯堪地那維亞作為據點的諾曼人，遷徙至各個地方。

輔大公來說，與其他在俄羅斯南部的遊牧民族之間的戰爭，一直是非常棘手的課題。伊戈爾與斯維亞托斯拉夫，就是因為各自在與德列夫利安人、佩切涅格人的戰爭中丟了性命。

◎基督教的傳入

在伊戈爾大公陣亡後，真正握有政治實權的人並不是他的兒子斯維亞托斯拉夫，而是他的夫人奧麗加。成功對德列夫利安人報了殺夫之仇的寡婦奧麗加，以「攝政」的名義，統治了這個國家二十年。遠赴諾夫哥羅德進行稅制改革的她，接著在九五七年造訪君士坦丁堡，在那裡接受了基督教的受洗。相傳，她在君士坦丁堡時受到了皇帝的求婚，於是她在受洗之際，選擇讓皇帝成為她的「教父」、為她受洗，並透過這個關係拒絕皇帝對她提出的婚約。不論事實如何，「奧麗加的受洗」在歷史上終究只被當作是個人行為，並不被視為是俄羅斯這國家接受了基督教。真正被學界認為「基督教進入俄羅斯」的時間，是在九八八年，她的孫子——弗拉基米爾大公接受了受洗之時。

就在前一年的九八七年，拜占庭帝國因為叛軍另立新皇，使得皇帝巴西爾二世的地位岌岌可危。為鎮壓叛變，他向基輔大公弗拉基米爾請求援軍，並提出將自己出生於「紫色寢宮」的妹妹安娜嫁給他當作妻子的條件。在弗拉基米爾派出六千人的部隊後，巴西爾二世成功鎮壓了叛亂。不過，拜占庭皇帝這時卻拒絕履行這項婚約，因為誕生於「紫色寢宮」的公主至今都沒有下嫁至外國的案例。婚約被拒絕的弗拉基米爾，揮軍攻打了拜占庭帝國，並且占領了位於克里米亞的赫爾松。皇帝巴西爾二世這才不得已地同意了婚約，但附加條件就是弗拉基米爾必須要改宗基督教。就這樣，弗拉基米爾在赫爾松受洗後，正式舉行了他與拜占庭公主的結婚典禮。根據前面提過的《往年紀事》的記載，在改宗基督教之後，弗拉基米爾至今信奉的神祇佩龍，便順理成章地成了異教的神祉。於是他推倒了神像、在城內來回拖行，最後把它沉進了聶伯河裡。同時，他將基輔內所有的居民集中在河畔，為他們執行了集體受洗儀式。

除了上述的故事外，有關「羅斯的受洗」，《紀事》中還有其他令人深感興趣的記載。例如在弗拉基米爾捨棄「異教」之前，他曾派遣使團前往拜訪過信奉伊斯蘭教的不里阿耳人、信猶太教的可薩人、羅馬教廷的日耳曼人與拜占庭教會，以調查各個宗教的優缺點。在使團回來之後，他們對各個宗教的特色做了報告：「我們到了希臘人的地盤之後，他們帶我們到侍奉神明的場所。我們一進去，就分不清楚自己究竟在天國還是人間。因為人間不存在那種奇觀、那樣壯麗的場所……我不知道該如何形容它。我們唯一知道的是，他們宗教的神是與人同在，他們的宗教儀式比任何國家都還要好。」「要是希臘人的宗教戒律很糟，當初您的祖母奧麗加，這位全人類最賢明的人就不會接受基督教了。」當然，這些都是後世人們的創作與記載，但其中也不難窺見他們對拜占庭教會儀式之美的憧憬。

當時聖索菲亞大教堂的「黃金聖像」，和存在於大都市君士坦丁堡的大量修道院與教堂，皆十分令俄羅斯人驚豔。我們也從而得知，這些事物，對當時基輔走向改宗之路，都起著或多或少的效果。同樣是斯拉夫人的國家——捷克與波蘭，分別也在九二二年與九六六年開始信奉基督教；馬扎爾人的國家——匈牙利，也在一〇〇〇年改宗基督教。之所以如此，是因為接納了基督教的統治者，在國際間將會獲得所謂的「對等地位」；如此，他們才能在保持「獨立」的前提下，持續強化自己的地位。弗拉基米爾的目的也是如此。他希望透過「中世紀羅馬帝國」的提攜，來提高基輔在國際上的地位，以及延伸他作為大公的權力。

歷史上雖然沒有具體記載關於改宗後的基輔教會的變化，但到了智者雅羅斯拉夫大公時代時，我們發現他已將宗教制度方面都統整完畢；像是設立了都主教職階、從君士坦丁堡招聘希臘聖職者，以及導入西里爾字母等，而聖像畫「弗拉基米爾聖母像」也是在這時完成。後來自從具有作為學術、藝術中心地位的基輔洞窟修道院完工以來，到十二世紀為止，光是基輔境內的修道院就有十七座之多。

◎基輔公國的分裂

在智者雅羅斯拉夫大公時代結束後，各王公開始以都市為中心，建立起自己的統治圈，並反覆發生著對立與內鬨，使得基輔公國面臨解體的危機。十二世紀初，就任基輔大公之位的弗拉基米爾·莫諾馬赫在費了一番功夫後，總算是集合起諸公的力量，擊退了趁亂侵犯的遊牧民族波洛韋茨人（欽察人）。歌頌伊戈爾公與波洛韋茨人之爭的中世文學傑作《伊戈爾遠征記》，其內容就基於史實記述了這段俄羅斯人與遊牧民族間的戰爭以及漫長的後續。弗拉基米爾·莫諾馬赫雖然是基輔公國的「中興之祖」，但他卻一樣無法阻止國家的分裂。在十二世紀中期時，基輔境內就已存在著十五個公國，大公的位置頻繁更迭，直到十二世紀尾聲時，基輔公國已名存實亡。

於是，支配地區的實權就落入了各王公的手中。特別是其中的弗拉基米爾·蘇茲達爾公國，更是出現了飛躍性的成長。這個公國位於俄羅斯中央的森林地帶，是弗拉基米爾·莫諾馬赫當初分予他最小的兒子尤里·多爾戈魯基的領地。這個公國透過吸收自戰亂不斷的南部各村落遷移過來的平民、討伐居住於伏爾加河河畔的各王公，以及建立諾夫哥羅德城（今高爾基城）等方法來漸漸累積實力。公國的首都設在克利亞濟馬河邊的弗拉基米爾，原先在基輔的都主教席位也移來了此處，於是弗拉基米爾便直接繼承了基輔的地位。

◎中世紀都市諾夫哥羅德城的「自由」

諾夫哥羅德與基輔的命運有著天壤之別，歷史學家雅寧[2]就針對這座城市說明了她三個與眾不同的特點：首先，諾夫哥羅德城並非像是基輔、弗拉基米爾，抑或是後來的莫斯科這種「王政」體系下的公國，而是擁有市民大會制度的「共和制國家」。再者，諾夫哥羅德不僅與各國際貿易的主要都市有著密切的聯繫交通，其本身也是貿易都市之一。最後就是，與俄羅斯大部分公國的首都不同，諾夫哥羅德擁有著廣大的周邊領域作為腹地，且是一座都市性的生活幾乎完全集中在城市當中的中心都市。為研究諾夫哥羅德城這一特例，雅寧就不斷強調「樺樹皮文件」（一種寫在經加工後的白樺樹皮上的文書）的重要性。

不過又是為什麼，只有諾夫哥羅德能建立起這樣的都市？首先，它的地理位置占了一個很重要的因素。「諾夫哥羅德」最早在史料中出現的時間點是八五九年，這時的諾夫哥羅德，不僅已經處在連接起波羅的海與地中海間的重要貿易路線上，還位於沿著伏爾加河水系通往東方各國的交易通路中。這些地域要素促進了城內的工商業發展，而基輔公國的成立，無異也提高了此城在政治上的重要性。基輔大公曾透過將嫡子立為諾夫哥羅德公等手段，企圖掌握諾夫哥羅德，但這兩座都市一南一北，之間有著相當長的距離，所以王公一族並不定居於此。也因為這個關係，諾夫哥羅德的主要實權便漸漸轉移到以原本居住於此的貴族階級為中心而形成的都市上層階級身上。而且都市中勢力強大的貴族及修道院，還擁有城市四周、之後被稱之為「五州」的廣大土地。於是支配著廣大的行省農村、獨樹一格的都市型國家——諾夫哥羅德便如此產生。若要舉個例子來比喻的話，比較像是中世紀的義大利都市，而非日耳曼型的都市。

諾夫哥羅德的最高權力，掌握在一個叫做「市民大會（維契）」，由市民共同組成的集會手中。人們透過這個會議，選出大主教、市長官、千夫長等等聖、俗最高權力職位的人選。在召集人員時，他們會以鳴鐘作為信號，因此「鐘」就成了市民集會的象徵。雖然城內的所有「自由民」都有投票權，但原本就不是「平等」的社會。為了爭奪城內的行政權力，少數有權勢的貴族間持續產生著激烈的鬥爭。另一方面，「王公」的位置，後來則完全淪落到空有名號的地步，甚至還會隨著都市內外政治情勢的轉變，頻繁更迭。故自十二世紀起，諾夫哥羅德便確立了以市民大會為中心，獨立自主的貴族共和主義制度。

就像前面提過的，諾夫哥羅德統治著廣大的行省農村，其實這點也對都市的繁榮有所貢獻，特別是從行省運入的蠟、或者是黑貂皮等等的高級毛皮。諾夫哥羅德透過隸屬於漢薩同盟的商人之手，將這些商品輸出至歐洲各地。反過來，日耳曼商人則會在每年的夏、冬兩季帶著毛織物、以及銀等貴金屬前來造訪城內的漢薩商館。諾夫哥羅德商人的交易範圍不只涵蓋了北歐的許多都市，與俄羅斯境內各國間的交易也十分活絡。不僅如此，都市內手工業的發展，也使得較富裕的市民階層得以崛起。儘管這現象依舊無法打破貴族們的少數支配狀態，不過卻足以維持都市內的「自由」政治體制。

「韃靼之軛」

◎蒙古帝國的興衰

一二二三年，就在基輔公國已完全處於分裂狀態之際，東方的某個騎馬民族集團突然出現在俄羅斯東南方的喀爾喀河附近，攻擊了俄羅斯人與波洛韋茨人。這群被稱作韃靼人的人們，後來很快地又從草原上消失，所以沒有造成太大的麻煩。不過在十三年後的一二三六年，他們又再次現身，不同的是，這次他們帶著大軍之勢進逼而來，明顯懷著征服俄羅斯的野心。在他們的掠奪與殺戮下，俄羅斯的大地不僅徹底荒廢，還埋下了後來受其統治長達兩百四十年的伏筆。然而，這在俄羅斯史上被稱作「蒙古─韃靼之軛」[3]的時期，至今都還沒有一個固定的歷史評價。不過話又說回來，為何蒙古的遊牧民族會走到打算「遠征西方」的這一步呢？首先就讓我們從這個部分來簡單的描述。

雖然當時的俄羅斯人完全不知道他們的存在，不過在現在的蒙古地區附近，自好幾世紀以前就有許多部落存在；那裡的騎馬民族以羊隻、馬匹、駱駝或山羊等動物的遊牧為生。那些人們不僅各個是驍勇善戰的戰士，而且還非常好戰，部族之間的抗爭幾乎沒有停過。而統一了蒙古高原上這些部族的人，就是大家熟知的「蒼狼」鐵木真。一二〇六年獲得「成吉思汗」尊號的他，在往後的二十年間，打下了「大蒙古國」的基礎。鐵木真積極對外遠征，統治的版圖擴及原本以定居農耕維生的民族的地區。在成吉思汗於一二二七年過世後，他的偉業便由兒孫們繼承。在「西方遠征」的路上，成吉思汗的孫子拔都率領著部隊深深打進了俄羅斯與歐洲中部。不僅如此，他們還給了波蘭沉痛的打擊，並更進一步入侵了今日德國的範圍。一二四一年，蒙古軍在「列格尼卡戰役」的大勝，使歐洲各國聞風喪膽。他們甚至曾翻越過喀爾巴阡山脈，在匈牙利的大平原上殲滅匈牙利軍隊。

在中國，一二六〇年時元王朝成立，蒙古的忽必烈為第一代皇帝。他將首都設在「大都」，也就是現在的北京後，便滅亡南宋，成功統治中國全境。日本當然也無法置身事外，當時「元寇」曾兩度入侵日本（一二七四年與一二八一年），雖然在鎌倉幕府的拚命抵禦以及「神風」的幫助下，成功擊退了他們的攻勢，但幕府對於蒙古的威脅仍不免捏了把冷汗。

就這樣，領土擴張到半個歐亞大陸的蒙古帝國，實現了「韃靼的和平」。然而最後的結局，卻意外地稀鬆平常。十四世紀後半，災害、疾病侵襲了整塊歐亞大陸，外加蒙古國內自身發生叛亂，最後終因敗給了明朝的洪武帝（即朱元璋），使得蒙古人不得不退回至他們原來的故鄉——蒙古高原。

◎拔都的遠征與統治俄羅斯

接著再讓我們把話題回到俄羅斯遭到蒙古侵略的那段歷史上。一二三六年，擁有十五至二十萬規模的拔都軍隊，橫跨烏拉爾山脈，攻擊了位於伏爾加河下游流域的不里阿耳人後，隔年年底，他們又進一步地攻進了梁贊公國。據說經過六天六夜激烈的戰鬥後，梁贊城內的居民幾乎全數遭到虐殺。更進一步深入蘇茲達爾地區的蒙古人部隊，在各處城鎮裡不斷上演著虐殺的戲碼；一二三八年三月，弗拉基米爾大公尤里也在與他們的戰爭中喪命。

如此，由拔都率領的蒙古軍在幾個月內，就占領了當時俄羅斯的主要地區，而位於北方、當時最繁榮的諾夫哥羅德城，則因為正巧時逢俄羅斯特有的「春天惡路」現象，積雪融化、路面泥濘，才讓他們不得不打消往此處進攻的念頭。退至南方平原上的拔都，在秋天時又發動了一次大規模的行動，他從一二四〇年起至隔年間，對基輔展開了攻擊。幾年後，羅馬教皇曾派遣使節柏郎嘉賓（Plano Carpini）前往哈拉和林。後來，柏郎嘉賓向教皇做的這一段有名的報告中，也提到了這起事件：「我們在旅途中經過基輔時，看到的是難以計數的死者頭骨散布在地面的景象。基輔過去是個人口非常稠密的城市，但現在看起來卻幾乎與死城沒有兩樣。會這麼說，是因為我們連殘存在那裡的人們，有沒有剩下兩百個家庭都無法確定。更何況，這些人們也已全數歸蒙古人統治。」拔都的部隊在攻擊基輔後，還進一步地像是要將西南部的公國連根拔起般，一路壓境，並持續朝著波蘭、匈牙利進軍。

不過，到了一二四二年的春天，大汗窩闊台的死訊傳到了拔都耳裡。得知這消息的拔都於是停止了「西方遠征」計畫，將部隊東撤到俄羅斯南部的大草原上。後來他在伏爾加河的下游處建立了一個名為「薩萊」的城市，並在這個城內統治著廣大的俄羅斯。以現今的地理位置來看，薩萊就位於阿斯特拉罕以北的一百三十公里附近一帶。因為該城建立在當時稱作

「欽察」的原野上，於是他們便被稱為「欽察汗國（又稱金帳汗國）」；這個國家起初屬於蒙古帝國的屬地，但沒過多久便自立了門戶。隔年，雅羅斯拉夫・弗謝沃洛多維奇被召進薩萊的皇宮內，強迫對欽察汗國行臣服儀式。儀式後，欽察汗國正式承認雅羅斯拉夫二世為「羅斯諸王公之長」，並同時授予他一份「敕令（jarlyk）」。三年後，雅羅斯拉夫大公為了參加大汗的登基典禮，甚至還千里迢迢遠赴哈拉和林。此外，除了雅羅斯拉夫之外，前往拔都的宮廷並對其實行臣服儀式的，還有烏格里奇、羅斯托夫，以及雅羅斯拉夫爾的各王公。因為若有不從，他們也可能會像切爾尼戈夫王公米哈伊爾一樣遭到殺害。於是拔都透過藉由承認臣服於自己的諸王公的「公位」、行使著影響他們「公位繼承」的「王公繼任權」等方式，間接統治著俄羅斯。

一開始，拔都設立了「八思哈制度」，以達到在管理俄羅斯治安的同時，還可以直接向俄羅斯人民徵收「稅貢」之效。蒙古的八思哈會住在各都市的近郊，運用著手中的部隊，每年向人民徵稅。汗國向俄羅斯徵收的稅項有十四種之多，由於他們的徵稅手段非常強硬，因此不時會招來俄羅斯人的反感。過沒多久之後，八思哈制度遭到廢止，而原本的徵稅工作，則轉由俄羅斯的各王公來處理。

一般認為蒙古曾對俄羅斯設有一項「既野蠻又不加修飾」的人頭稅，不過這樣的說法，

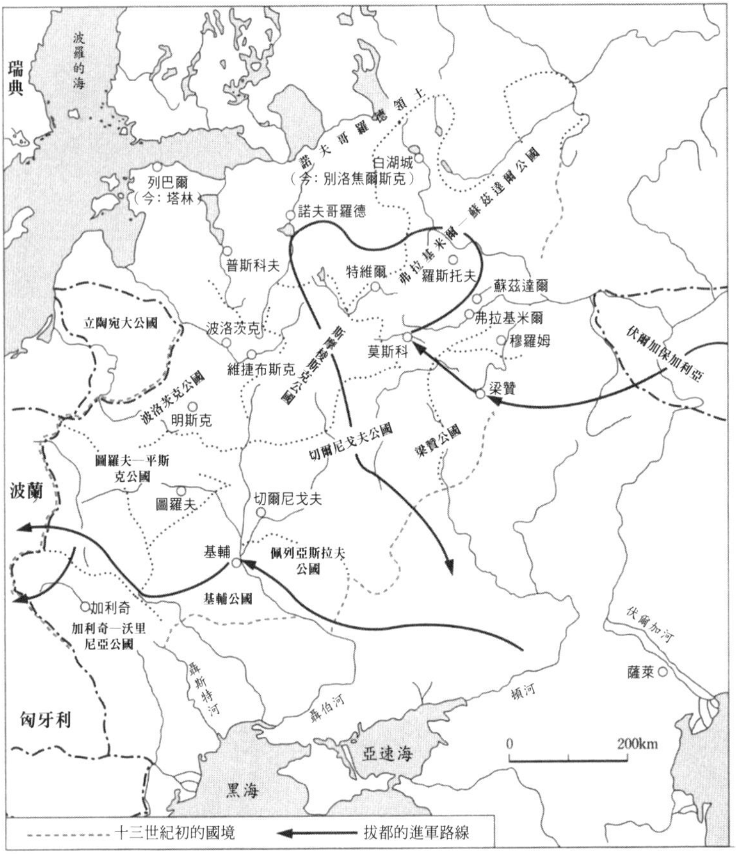

分立的各公國與拔都的侵略　一二三六年，跨越烏拉爾山脈的拔都，率領著蒙古軍隊在短時間內進攻、壓制了俄羅斯的主要地區。

其實是根據《往年紀事》的記載而來：

「一二五七年冬天，韃靼人的人口調查官來到了這裡，他們清點了蘇茲達爾、梁贊，與穆羅姆各地的居民，設置了十戶、百戶、千戶、萬戶之後就回國了。至於像是修道院長、修道士、神父與聖歌隊等等，這些凝望著聖母的人，就沒有受到他們的清點。」

這裡所謂的「清點」，指的就是「清點居民的數量」。這個人口調查實施於聖職者以外的所有人民身上，接著再經由清查後的結果來導入人頭稅。雖然人頭稅的課徵內容與方式已不可考，但蒙古人的徵稅與制度，倒是有部分遺傳給了後來的俄羅斯，我們可以從俄羅斯的某些字詞中看出這點；例如意思是「金錢」的「деньги」、「國庫」的「казна」、「關稅」的「таможня」等等，這些與稅金、財政有關連的俄語，其中有不少都是從蒙古─突厥語借字而來的。

在被視為是「蒙古的遺產」中，比人頭稅更有名的還有「驛遞制度」以及女性的「隔離」。不過，蒙古人始終沒有介入俄羅斯人的信仰。他們認可教會傳教的自由、給予他們免稅的特權、保護他們的財產，並且對民眾的信仰不做一切干涉。然而即便如此，這個時代並沒有蓋出像過去一樣大規模的教會。

◎「蒙古統治」所帶來的影響

蒙古人長達兩百四十年的統治，就像前述一樣，是屬於「間接性」的。特別是在一三八〇年的「庫利科夫戰役」後，俄羅斯變得更加獨立，初期與後期的發展已無法同日而語。許多歷史學者都認同蒙古的侵略與破壞帶來的是負面影響，不過若要討論這究竟對俄羅斯的歷史發展造成了多大程度的影響，說法就有諸多分歧。像是克柳切夫斯基等學者，就主張影響並不是很大，且支持這類主張的人也不在少數；但也有些學者抱持著完全相反的觀點，他們認為蒙古的統治，對於俄羅斯的衝擊是「正面且具創造性的」。在這派學者中最具代表性的人物，就是在俄羅斯革命後，經由捷克逃亡至美國的「歐亞學派」[4]歷史學家格奧爾格・維爾納茨基。他在旅居布拉格時發表的著作《十八至十九世紀的俄羅斯國家簡史》（一九二四）中就主張此種說法。我們在此就以簡單幾句話來闡述他的論點。維爾納茨基認為：

「如果沒有蒙古的影響，我們很難想像過去一個『弱小、各王公四處割據的俄羅斯』要如何轉變成『強大、上下行為一致又團結的專制國家』；莫斯科、俄羅斯的各種制度、法律規範，以及人民心理，全都可以說是成吉思汗的遺產。所以莫斯科的沙皇與他所擁有的國家，都是能夠與欽察汗國的繼承者並駕齊驅的後繼國。」

以維爾納茨基為首的「歐亞學派」，他們的特徵就是論點非常重視蒙古在政治上所扮演的角色，他們的論點雖擁有一定程度的說服力，另一方面卻也存在許多問題。例如在中世紀，「從封建時期的各王公分立轉變為近代的君主專制」是全歐洲都有發生的現象。因此不免就會有人懷疑這樣的「轉換」中，「蒙古的影響」是否一定是不可或缺的因素。若從這樣的角度去思考的話，要說蒙古帶來的衝擊是「正面且可給予肯定的」，就會是非常片面的說法。再加上我們也不可忽略掉「韃靼之軛」帶給俄羅斯後來幾十年間的負面影響。這點在文化發展上也是一樣，若將此時期與基輔時代做比較的話，不難發現文化水準降低很多，從各王公無法閱讀、書寫，以及石造教會消失等現象，就能看出當時文化正處於衰退狀態。事實上，當時的俄羅斯也因為切斷了與拜占庭及西洋各國的關係，在歐洲舞台上漸漸立於「相對孤立」的地位。曾有許多歷史學家認為，因為蒙古的侵略與統治，俄羅斯的發展可能因而延宕了一百五十年至兩百年。其中最致命的，就是都市的破壞。

韃靼人的侵略，使得俄羅斯境內的都市遭到破壞與掠奪，失去了一條條與其他都市間的聯絡網，在短時間內受到了沉重的創傷。大多數的地區遭到掠奪，幸運逃過一劫的，只有北方的諾夫哥羅德與斯摩稜斯克兩城市。其他像是庫爾斯克與沃羅涅日這些位於森林與草原之間的前哨都市，下場都是被徹底破壞。後來三個世紀，這些都市因為一直未受重建，最後只能不斷衰退，甚至消失。有「眾城之母」之稱的基輔，其人口也銳減至僅剩數百戶，儘管花上幾個世紀，她依舊無法重新站上過去的重要地位。即使部分的城市在重建後復興了原本的經濟生活，也會因為韃靼人定期的襲擊，讓重建之路舉步維艱。

在商業通路遭到暴力地阻斷後，許多都市也因為人口的減少，影響了城市內的手工業生產力。即使是殘存下來的俄羅斯都市，其經濟活動也發生了大幅度的衰退。到了十四世紀，俄羅斯仍未重建受到破壞的都市，而是選擇開始在邊境上建造新的要塞。在這些身為經濟中心的都市內產生的衰退現象，自然對農村與農民帶來了負面的影響，且在文化上的衰退更是不容忽視。雖然仍殘留著基輔的各種都市性格上的問題，但事實上，歐洲在中世紀時，誕生在各都市內的「市民文化」，從未發生在韃靼人統治之後所建造的「要塞」都市中。

從不同的觀點來看，比都市破壞還要嚴重的，就是它所帶來的「後遺症」。學界普遍認為，俄羅斯從「軛之枷鎖」掙脫出來的時間點是在一四八〇年。然而在那之後，克里米亞韃靼人依舊會間歇性地前來攻擊俄羅斯，這使得俄羅斯政府不得不長期留意國境上的戒備與強化自身的軍事力量。關於這一點，本書後續也會不斷反覆提及。

隨著蒙古人對俄羅斯南方草原的控制，俄羅斯人被趕出了這塊「最肥沃的土地」，並且長達數個世紀之久。這造成了俄羅斯的人口、經濟活動，以及政治權力皆大規模地移往東北。接著在一二九九年時，基輔都主教也遷往了東北的弗拉基米爾城內。這些轉變，也預告了俄羅斯的新時代——「莫斯科時代」即將開啟。

莫斯科俄羅斯的誕生

◎莫斯科公國的興起

在如今有一千零一十萬人口的大都市莫斯科的特維爾大街正中央，聳立著一座市政廳，而在這市政廳對面的廣場上，立有一座尤里·多爾戈魯基大公的銅像。每年九月初舉辦的「都市祭典」都會在這廣場上舉行，至於為什麼會辦在這裡，自然是有理由的。事實上，「莫斯科」這個地名，乃是伴隨著多爾戈魯基王公興建於此的宅邸與堡壘，首次一同出現在一一四七年的史冊文獻上。學界認為，在一一五七年時，尤里·多爾戈魯基還另外蓋了一座堡壘，不過這座堡壘在後來的蒙古人侵襲時就已遭燒毀。即便如此，莫斯科依舊因為她的「地利」而受益良多。俄羅斯境內有一條商業道路，是由伏爾加河與莫斯科河連接起西北與東南地區而成，而莫斯科就位在這條通路的重要位置之上。另外，因為她離欽察汗國與西邊的立陶宛大公國隔了一段相當遠的距離，因此並不像其他地區一樣飽受源源不絕的戰亂之苦。莫斯科在「蒙古入侵」事件後，也是在短時間內就得以重建、復原。

將莫斯科作為首都的莫斯科公國，起初是以弗拉基米爾・蘇茲達爾公國的一個分封地而誕生。不過在十四世紀初時，她的領土已比當初多出了一倍。於是，莫斯科王公便有了與特維爾王公爭奪「弗拉基米爾大公」的力量。兩個公國為了獲得這個「大公」的地位，在服侍欽察汗國的同時，不斷互相作戰、較勁彼此的實力。莫斯科大公伊凡・卡利塔[5]（在位一三二八—一三四〇年）由於頻繁出入薩萊，因此與欽察汗國建立了密切的關係。他在位時，獲得了包攬各公國繳納給欽察汗國貢稅的權利，並且成功地打敗特維爾王公，獲得了大公之位。而他的孫子德米特里，更是在一三八〇年的秋天時，於頓河上游的庫里科沃原野與欽察汗國的馬麥汗所派遣的部隊交戰，並擊敗了他們。德米特里也因為這項功績，被尊稱為「頓斯科伊」，意即「頓河英雄」。不過這並不代表俄羅斯在此戰役後，便立刻脫離了蒙古的「壓迫」。因為在不久的兩年後，莫斯科又再次遭到韃靼人部隊的短暫占領。然而毋庸置疑的，這起戰役大幅提升了莫斯科大公的聲望，奠定了他成為促進俄羅斯統一推手的基礎。

俄羅斯的都主教席位從弗拉基米爾遷至莫斯科，也是在伊凡・卡利塔任內發生的事。雖說當時的都主教幾乎都由希臘人擔任，但俄羅斯正教會在莫斯科統治者的庇護下，透過世俗權力與宗教領域的相輔相成，有了很大的發展。當中最令人注目的，就是修道制度的發展。過去，修道院只會蓋在城市近郊，但從十四世紀中葉開始，宗教活動有了新的動向；他們開始離開城市，將據點設在遠離人煙的森林或是荒地之中。以莫斯科近郊的著名修道院——謝爾蓋聖三一修道院為首，西里爾貝羅傑斯基修道院、索羅維斯基修道院以及安東尼耶沃—西斯基修道院等，皆紛紛在北部各地成立。這些修道院大多都是由出身較低的社會階層，卻「富有企業心」的人們所建設的。他們從大公手上受領了廣大的村落，運用農民的勞動力，積極經營自己的宗教事業。雖然修道院在領土經營上，也因為「擴張路線」的關係，與周圍的各村落接連發生對立與衝突，但是有著這些特色的「新型態修道院」，在十四世紀的一三四二年與十五世紀的一四五七年，皆曾經以北方為中心建設過。

◎統一國內的伊凡大帝

十五世紀前半，莫斯科大公國內部為了爭奪「大公之位」，親族之間終日充斥著血腥的內部抗爭。德米特里・頓斯科伊之孫，莫斯科大公瓦西里二世早在一四二五年時，就因為他父親的過世，而在九歲時繼承了「大公之位」。然而他馬上就面臨到他的叔父加利奇王公尤里的公位爭奪。尤里死後，這場公位爭奪戰仍未結束，瓦西里二世接著要面對的敵人，是尤里的兩個兒子——瓦西里・科索伊和德米特里・舍米亞卡。雖然並非「長子」、亦不「年長」的舍米亞卡幾乎沒有獲得繼承權的可能，但他充滿野心的行動，卻使得事態變得極其複雜，讓毫無仁義且兇殘暴虐的內戰持續了三十年之久。瓦西里二世曾經活捉加利奇王公瓦西里，並且弄瞎了他的眼睛，不過在十年後，他卻也被舍米亞卡反過來用同樣的手段弄瞎了眼。從此之後，瓦西里二世便有了「失明王公」的別稱。最後，為這場內戰畫下句點，並為往後俄羅斯帝國奠下基礎的，是在一四六二年即位、時年二十二歲的莫斯科大公伊凡三世（在位一四六二—一五〇五年）。

首先要談到的，是伊凡三世統一國內的過程。伊凡三世在他的執政時期中，合併了羅斯托夫、雅羅斯拉夫爾與特維爾等公國，儘管俄羅斯西南部的各公國有持續復甦的現象，最後仍因伊凡三世併吞了都市共和國諾夫哥羅德而宣告統一。伊凡三世對諾夫哥羅德發動的戰爭自一四七一年開始，直到一四七八年一月廢止共和國制度後結束。後來諾夫哥羅德城的治理，改由從莫斯科派遣而來的「行政官」所執行。素有傳統、象徵自由與獨立的「民會之鐘」被運至莫斯科，城內約有一千名的貴族被迫搬遷，而他們所留下的廣大土地，後來被以封地的形式授予莫斯科的服役貴族[6]們。於是，原本作為大公軍隊核心而創立的服役貴族階層，實力也隨之大為擴充。

伊凡三世是第一個宣布自己為「全俄羅斯的君主」——「沙皇」的人，他位於莫斯科的克里姆林宮有著兩公里長的堅固城牆所圍繞，然而他的統治還無法算得上是固若磐石。的確，獨立的各公國已悉數消失，各王公也轉為貴族的身分侍奉著大公。不過這些過去的大公和許多的名門貴族，仍會出席有著政治中心地位的傳統「貴族會議」。伊凡不可能無視這些人在會上的發言力，因此他絞盡腦汁，想盡辦法將「書記官」或是「服役貴族」這些身旁親信送進貴族會議當中，以抑制他們的發言權。另外也是在此時，捨棄了作為「世襲領土」核心的行政、財政上的古老宮廷傳統，朝著設立官僚制的國家機構，踏出了第一步。

接下來要談的是俄羅斯的對外關係，特別是它從「蒙古—韃靼之軛」解放的過程。在庫利科沃戰役後，欽察汗國分裂成了諾蓋汗國、喀山汗國、阿斯特拉罕汗國、克里米亞汗國、西伯利亞汗國等各個小汗國，以及位於伏爾加河下游，自稱是「正統繼承國」的「大帳汗國」。大帳汗國的大汗阿黑麻在一四七二年時，為了恢復對俄羅斯的統治而發動遠征，但這個行動最後以失敗收場。一四八〇年秋天，汗國率領了十萬大軍，與伊凡的部隊在奧卡河上游的烏格拉河畔相互對峙，在對峙狀態持續一段時間後，汗國決定放棄進軍。從此之後，汗國再也沒有策畫過遠征至此處的計畫（而這個「大帳汗國」最後也在十六世紀初時毀滅）。伊凡三世也在汗國這次遠征失敗後不久，正式終止了對汗國的納貢。至此，俄羅斯終於正式擺脫「韃靼之軛」。雖然這並不代表危險已經解除，但一四八〇年發生的這些局勢，對俄羅斯來說仍是不容置疑的轉捩點。

◎「第三羅馬」——莫斯科

最後，我們要提的是伊凡的婚姻。伊凡最初的妻子（皇后），是他的宿敵——特維爾王公的女兒瑪麗亞，不過她在一四六七年時就死亡了，也有人認為，皇后是遭下毒而死。第二任皇后是「中世紀羅馬帝國」的拜占庭皇帝之姪女佐伊．帕萊奧洛吉娜。在高中學過世界史的人都知道，一四五三年時，拜占庭帝國的首都君士坦丁堡因為遭到鄂圖曼帝國軍隊的攻擊而陷落；皇帝君士坦丁十一世於這場戰役中壯烈戰死，他的弟弟則帶著佐伊與其他孩子們逃亡至羅馬。在羅馬，佐伊一家受到了羅馬教皇，更正確說是當時在尼西亞擔任都主教，同時也是羅馬教廷樞機主教的貝薩里翁所庇護。貝薩里翁在立場上是屬於傾向天主教與正教會合併的「合一派」。在佐伊來到羅馬後，貝薩里翁便試著撮合她與俄羅斯大公的婚姻。

這樣的決定並非史無前例。就像前面提過的一樣，使俄羅斯改宗基督教的弗拉基米爾，也是在接受讓正教進入俄羅斯的條件後，才得以迎娶巴西爾二世的妹妹。雖然這已經是五百年前的往事，但在那之後卻也有不少次的案例。像是一四一一年，伊凡三世的伯母也嫁給了後來成為東羅馬皇帝的約翰八世。然而這裡需要注意的，是這位準皇后是在羅馬長大成人，因此許多人懷疑她可能是天主教徒，這點讓俄羅斯使者心驚膽戰。但不管如何，一四七二年六月底從羅馬出發的佐伊，也就是改名為索菲婭的一行人，最終在年底時抵達了莫斯科。在克里姆林宮內的教會接受都主教祝福的她，也在那一天迎接了她的結婚典禮。關於她的容貌，世上流傳著諸多說法，有人說她是「面貌頗為姣好的美人」，但也有人完全反對那樣的說法。不過由於沒有肖像畫的流傳，因此也無從考證。在她與伊凡結婚後，生下了以下一任沙皇瓦西里為首的九位男女孩。

人們相信，伊凡三世與索菲婭的婚姻，是信奉正教的俄羅斯繼承了「拜占庭遺產」的象徵性事蹟。換句話說，一般都認為莫斯科是為了提高自身的威信，而策畫了這場充滿政治意圖的婚姻。但也有些人認為，與其說這場婚姻是要對外提升自身的地位，其實在抑制國內各王公與大貴族的力量上有更好的效果。就年分上來看，也能發現此次的婚姻是在莫斯科攻擊諾夫哥羅德後不久、國內正處於極為不穩定的時期中舉行的。

隨著索菲婭嫁到莫斯科，莫斯科與義大利之間也開始有了來往。大量的技術人員與索菲婭一起由羅馬和君士坦丁堡來到莫斯科，在婚禮過後使節團也來訪過數次，莫斯科亦從處於「文藝復興時期」的義大利招聘過技術人員。建於十六世紀初的克里姆林宮城牆與城塔，其設計會與當時北義大利相仿的原因，可以說就是因為那群建築師幾乎都來自米蘭。不過，教會建築則不能相提並論。好比說，舉行歷代沙皇加冕儀式的聖母安息主教座堂，也是

莫斯科王公、大公	在位時間
丹尼爾・亞歷山德羅維奇	1283 ～ 1303
尤里・丹尼洛維奇	1303 ～ 1328
伊凡一世	1328 ～ 1340
謝苗一世	1340 ～ 1353
伊凡二世	1353 ～ 1359
德米特里・頓斯科伊	1359 ～ 1389
瓦西里一世	1389 ～ 1425
瓦西里二世	1425 ～ 1462
伊凡三世	1462 ～ 1505
瓦西里三世	1505 ～ 1533
伊凡四世	1533 ～ 1584
費奧多爾一世	1584 ～ 1598

歷代的莫斯科大公　一五四七年（伊凡四世時）開始，「沙皇」成為正式的稱號。

出自這群義大利建築師之手，不過不同的地方在於，他們必須聽從俄羅斯出資者的意思來蓋這棟建築。

繼承了伊凡大帝的瓦西里三世（在位一五〇五—一五三三年），他的作為在於完成了父親的偉業。在任內中，他再次擴大了俄羅斯領土，並且像個建築狂一般大量地建造教會與要塞。莫斯科修道士費洛菲依也在此時提倡「莫斯科是第三羅馬」的新意識形態，並寫過這段讚辭：「第一個羅馬倒下了，第二個羅馬（指君士坦丁堡）也因為脫離正確信仰而倒下；但第三個羅馬（莫斯科）仍屹立不搖，且將不再有第四個羅馬。」十六世紀的俄羅斯，雖然與當時馬丁．路德席捲全歐洲的「宗教改革」脈動無緣，但還是產生了否定修道院的土地所有權利、倡導苦行的宗教派系——「清廉派」。不過在此同時，屬於「所有派」的約瑟夫．沃洛茨基，則批判「清廉派」的主張，提倡保護教會獲得的各種特權以及土地財產，並認為莫斯科大公的王權來自於神，應受到世俗權力的支持。

◎伊凡雷帝的夙願

一五三三年，年僅三歲便即位並以「雷帝」之稱馳名的伊凡四世，開始了其長達半個世紀的統治。因為他獨特的個性，使他的評價褒貶不一。然而，評價幾乎一致的是，他排除了自古以來大貴族與各王公之權力的政策。十七歲時第一次親政的他，雖然用了由古羅馬時期的「凱撒」一詞變化而來的「沙皇」作為自身的稱號，不過他真正的願望，是希望能夠行使不受名門貴族拘束的專制權力。

一五四九年，雷帝創設了一個稱為「重臣會議（波雅爾杜馬）」的強力政府，目的是希望能在不受名門貴族與各王公的「貴族會議」所產生的制約下推動改革。此外，他還設置了稱為「官署」的中央機關，其中包括「使節官署」、「財政官署」、「人事官署」與「訴願官署」等等。雖說這些中央機關早在伊凡三世時期就已經設置，但直到雷帝時代才開始正式發揮功能。雷帝同時也變更了地方行政體系，他廢除過往以派遣門閥貴族擔任行政官或鄉長的統治方式，讓地方行政走向自治化。此外，他還設置了一個稱為「縉紳會議」類似全國議會的諮詢機關，希望透過此機關吸引服役貴族與工商業者出席，以便蒐集地方的意見。軍事方面則是設立了「千人選拔隊」，他將莫斯科城及莫斯科近郊地區封給這些千餘人的服役貴族，強化了沙皇軍隊的實力。而為了維持莫斯科的治安，「射手衛隊」亦在此時成立。

一五六四年底，伊凡四世突然離開莫斯科，來到了亞歷山大羅夫村，此舉令人們震驚。在他從村子裡寄給貴族與聖職者的書信中，他批判貴族與教會人士對他的蠻橫與背叛，並且在其中表明了退位的意圖。於是，貴族們在來自商、工、民各方的壓力下，只好接受了承認沙皇絕對權力的條件。這起事件，亦顯示出雷帝有著一顆過人的戰略頭腦。

回到莫斯科的伊凡從隔年開始實施了「特轄區」政策。此政策將俄羅斯全土二分為「一般國土區」與「沙皇特轄區」，並在特轄區內建立了由服役貴族所組成的「特轄軍」。身著黑衣、騎著黑色軍馬，馬鞍上掛著狗頭與掃帚的特轄軍們，只要一發現「沙皇的敵人」，便會立刻襲擊上去，對他們加以嚴刑拷問。

在特轄軍的恐怖行為下，無論貴族、服役貴族還是平民階層都產生了不少的犧牲者。而這稍微偏離常軌的反貴族「政策」，在之後只留下了混亂。另外自一五五八年開始延燒的利沃尼亞戰爭，它的長期化加速了雷帝執政期的俄羅斯的荒廢。在雷帝於一五八四年身亡後，他的後繼者費奧多爾沙皇也在沒有留下任何子嗣的狀況下，於一五九八年辭世。於是自古以來的留里克

雷帝伊凡四世　伊凡四世被認為是俄羅斯史上最強大、也最有個性的君主。

王朝，終在此時畫下了休止符。

◎征服喀山與西伯利亞汗國

說到伊凡雷帝最輝煌的成果，莫過於殲滅喀山汗國一事。俄羅斯在脫離「韃靼之軛」後，克里米亞汗國、喀山汗國的騎兵部隊依舊不停地侵擾俄羅斯國境，甚至深入至國內。伊凡後來寫了這麼一段話：「因為克里米亞與喀山的關係，俄羅斯有一半的國土成了荒地。」

這兩股外敵勢力，不是俘虜俄羅斯人來作為奴隸，就是將俘虜的俄羅斯人賣到奴隸市場獲取金錢利益。所以攻打喀山與阿斯特拉罕兩汗國，就成了伊凡的任內計畫之一。這個進軍喀山汗國的計畫，也受到覬覦喀山汗國領地的服役貴族們支持。在一五五二年發動的遠征中，俄軍首先在可以遙望喀山汗國的伏爾加河右岸築起要塞，並於八月底發動包圍戰。同年十月初，俄軍成功征服喀山汗國。據說在征服了他們之後，伊凡最初所採取的舉動是先將十字架埋入土中。在建設教堂的同時，伊凡四世下令破壞伊斯蘭的清真寺。在莫斯科的教會會議中，眾人決定設立喀山主教區，並任命古利為第一任大主教。然而在主教區設立後的九年間，更改了信仰的「地方居民」比例卻不到百分之十。如同眾人所知，為紀念這場勝利，此時克里姆林宮外的紅場上建起了聖瓦西里主教座堂。這座擁有九頂顏色鮮豔的洋蔥型屋頂教堂，就這樣成了當地的地標，直到今日。

許多的韃靼貴族為了在新的君主下做事而前往了莫斯科，他們藉著改宗基督教，獲得了高階的地位，不過改宗並不一定是「服勤效忠」的絕對條件。有些人也靠著與女正教徒的通婚，以支配者身分開始了新的人生。一五七五年，也就是在俄羅斯擊敗喀山汗國約二十年之後，伊凡雷帝任命身為「成吉思汗子孫」的「喀山皇子」西美昂・貝克布拉托維奇擔任「全羅斯大公」。西美昂自五年前開始就服侍著伊凡，後來與俄羅斯女性結婚、也接受過受洗。雖然他在位一年後，又讓出了大公之位，但是，我們應該將這一番「人事變動」單純看作是「沙皇的心血來潮」嗎？還是這件事情的背後，藏有某些本質上的問題？

關於伊凡四世的統治時期，還有很多不能不提、饒富趣味的史實想寫，但礙於篇幅關係，最後就在此簡單敘述他「進入西伯利亞」的歷史作結。西伯利亞這個地名，源自於過去的「西伯利亞汗國」。一五八一年，在當時的莫斯科大公、也就是雷帝的許可，以及北方富裕的製鹽業者史托洛加諾夫的援助下，葉爾馬克率領了由哥薩克部隊、三位神父，與其他各部隊共一千五百餘人的軍隊進攻了西伯利亞汗國首都。葉爾馬克在壯烈的戰爭中丟了性命，不過軍隊後來成功在西伯利亞的河川航路要衝上的一處小丘上築起了堡壘；之後他們又接連不斷地建起了更多的要塞。一五八七年，俄羅斯在「西伯利亞汗國」首都，即瀕臨額爾齊斯河的喀什里克下游的十七公里處，建起了他們在此處的第一座城市——「托博爾斯克」。托博爾斯克建立後的初期，很快就成為了西伯利亞的行政與教會、傳教的中心。

1 瓦良格人，是當時東斯拉夫人對斯堪的納維亞半島一支日耳曼人的稱呼，具有類似諾曼人的習俗。

2 瓦連京·拉夫連季耶維奇·雅寧（一九二九—），俄國歷史學家、考古學家，俄羅斯科學院院士，專長中世紀羅斯、尤其是諾夫哥羅德公國的研究。

3 「蒙古—韃靼之軛」，指的是古羅斯諸國被蒙古人統治的這一段時期，一般認為開始於一二三七到一二四二年間。東北羅斯的壓迫持續到一四八〇年結束，而在其他西部的羅斯諸國則在十四世紀波蘭和立陶宛大公國合併之後被兼併而結束了蒙古統治。對於這一歷史時期的褒貶在俄國史學界至今仍然未有定論。

4 「歐亞學派」或歐洲主義，是俄羅斯的一個著名哲學與政治思潮。該思潮側重於俄羅斯文化為歐亞文化兼容並蓄的結果，認為俄羅斯文化既不屬於東方也不屬於西方文化，而是走自己獨特的一條路，即歐亞文化。

5 本名「伊凡一世·丹尼洛維奇」。卡利塔是他的綽號，意為「錢袋」。

6 俄國歷史上有兩種貴族，一種是采邑貴族「波雅爾（боярство）」，一種是無采邑的「服役貴族（дворянство）」，彼得大帝改革之後將前者取消，因此後來「服役貴族」就變成了廣義上的所有貴族統稱。俄國史學界一般把俄國的「дворянство」和日本的武士階級做類比，也稱呼日本武士階級為「日本服役貴族階級」。

第二章

羅曼諾夫王朝的誕生

米哈伊爾·羅曼諾夫　在十六歲被選為沙皇的米哈伊爾，開創了羅曼諾夫王朝。

「縉紳會議」的時代

◎「混亂」與縉紳會議的關係

自留里克王朝於一五九八年斷絕時開始，俄羅斯進入了長達十五年的混亂時期。這段期間內，有數人被擁立為沙皇，其中也包含了「偽帝」。同時間，波蘭與瑞典這些強大的鄰國也為了奪取王位，而對俄羅斯進行侵略，使得俄羅斯的存亡更加瀕臨危境。俄羅斯西邊的國境有部分城市遭到波蘭強行併吞，連諾夫哥羅德也淪為瑞典的一部分。俄羅斯的西部與西北部國境，就這樣在近乎毫無抵抗的狀態下遭到棄守，國家內部因此盜賊橫行；至於在南方，則是相繼出現了僭稱為沙皇的人，以及克里米亞韃靼人也重新活躍起來。連「喀山公國」也為了成為自立的國家而開始有了行動。雖然少數位於莫斯科周邊的城市未被捲入戰火，得以保持著「相對的穩定」，但這也只是程度上的問題罷了。當時甚至有俄羅斯人表示，自一六〇一年開始發生的三年大饑荒，已經造成國家人口減少了三分之一。因為「混亂」的關係，莫斯科人民的生活民不聊生，精神上也面臨崩潰。在這樣的狀況下，為俄羅斯照進一道曙光的，就是「縉紳會議（Земский собор）」。

「Земский собор」一詞在日本通常以漢字翻譯成「全國會議」，此制度在歐洲史上經常被定位成相當於是「身分制議會」的功能。前半部的「земский」指的是「國土」、「土地」，是「земля」的形容詞變化；後節的「собор」，則是「集會」、「會議」的意思。從字面上來理解，這個會議聚集了各種身分的代表，並透過審議沙皇提出的法案，對君主的權力加以限制。然而，對於此種說法也有著強烈的反論存在，認為縉紳會議只不過是沙皇的「諮詢機關」，出席人士雖然包含「各種身分」，但會議本身卻沒有建立出一個確切的組織系統，如此的機構根本不存在抵制沙皇意志的功能。不過，這依舊不能表示它是完全無用的，事實上正好相反，縉紳會議在十七世紀前葉時，就兩度發揮了左右國家與社會命運的重要功效。

縉紳會議第一次開會是在一五四九年，即伊凡雷帝的執政時期之中。被召集到克里姆林宮的人，包含了重臣會議（波雅爾杜馬）成員、地方服役貴族的代表、聖職者會議成員等聖俗兩方勢力的菁英，以及後續增加的城內工商業者代表。召集規模估計有數百人之譜，而人員比例則大多由後者組成，聖俗菁英的人數反而算是少數派。然而就算召開了縉紳會議，議事的進行方式仍沒有一個嚴密的規定，舉辦的間隔亦不固定。會議中的討論事項，主要是針對沙皇提出的各種重要方針，諸如對外戰爭、修道院財產的限制、法典的編撰等等進行議論，但是最後到底要如何進行，本來就是得依照沙皇之意。

即便如此，重點在於選出沙皇的寶座由誰繼承之後，也需要在這會議先行「確認」，有時甚至還會受到「審議」。一五八四年，隨著伊凡雷帝的過世所召開的縉紳會議中，下一任沙皇費奧多爾就在此受到各代表的「確認」過。在費奧多爾死後，也就是王朝斷絕後成為了沙皇的鮑里斯·戈都諾夫，也是在由總共六百人集合而成的縉紳會議中所「選出來的」。若是像前者一樣，下一任沙皇是正統繼承人的話，那他的即位就只會在此受到單純的「確認」；但若是後者的情況就大不相同，此時縉紳會議的功能，就是從與過去王朝完全沒有血緣關係的能人中選出一位來擔任沙皇。也就是說縉紳會議，其實是擁有「公領域權限」的會議。

◎米哈伊爾·羅曼諾夫的「當選」

一六一二年年底，趕走波蘭人、解放了莫斯科的米寧與波扎爾斯基的國民軍，向全國各個城市發出書信，表示要召開縉紳會議以「選出下一任沙皇」。前來參加沙皇選舉會議的，除了將近五十人的都市代表以外，其餘還有教會高階人士、貴族、政府官員、地方上的服役貴族，以及哥薩克人等共七百人。選拔會議中，大國波蘭與瑞典的王子雖然也受到舉薦，但在俄羅斯當時充滿愛國氣氛的時期中，「外國人」會選上沙皇的可能性幾乎是微乎其微。於是，在俄羅斯的名門貴族中，羅曼諾夫家第一個受到點名。最後被「選上」的，也正是羅曼諾夫家的家主——當時十六歲的米哈伊爾。

羅曼諾夫家族是歷史可追溯至十四世紀的古老貴族世家，與過去的舊王朝亦有著血緣關係，像是伊凡雷帝的第一任皇后安娜絲塔西雅，就是羅曼諾夫家的人。安娜絲塔西雅的哥哥尼基塔也是位傑出的政治家，他透過十三位孩子的婚姻，與其他的名門貴族間建立起姻親關係。尼基塔的兒子（米哈伊爾的父親）費奧多爾，同樣也是位有力人士，他的表兄弟是過世的費奧多爾沙皇；根據傳說，沙皇在瀕臨死亡時，就曾打算將「權杖」傳授給他。這表示費奧多爾沙皇曾將費奧多爾．羅曼諾夫視為繼承人看待。

然而，最後實際「選出」的沙皇，是一名叫做鲍里斯．戈都諾夫的人。他用計陷害羅曼諾夫家族，使得他們垮台。費奧多爾因此被迫剃髮、成為修道士，並改名換姓為費拉列特，幽禁在北方的修道院中。他的妻子也同樣命途多舛。後來，當戈都諾夫以及他的兒子費奧多爾二世的政權遭到推翻後，費拉列特終於得以復權、登上了羅斯托夫都主教之位。可是在選出下一任沙皇的過程中，他又遭到波蘭俘虜，成為了階下囚。不過，這對羅曼諾夫家來說反而是個轉機。因為這起事件，使得羅曼諾夫家博得了社會的同情。而同樣值得羅曼諾夫家慶幸的是，他的兒子米哈伊爾當時只有十六歲，且是個政治經驗如同白紙一般的年輕人。在老練的貴族與政治家的眼中，米哈伊爾的存在給人容易操控的印象。另一方面，先前那些靠著武力，扮演解放莫斯科角色的哥薩克人，同樣也支持著這位「費拉列特之子」。有部分歷史學家側重這一點，認為米哈伊爾也可算是「哥薩克人的沙皇」。

於是在一六一三年二月二十一日，米哈伊爾．羅曼諾夫成為了新一任的沙皇。據說當「會議的決定」在鄰接著克里姆林宮的「紅場」公布後，莫斯科的民眾們歡聲雷動，高喊著：「沙皇米哈伊爾．費奧多羅維奇！莫斯科國與全羅斯的君主！」接著在三月初，以名門貴族謝列梅契夫擔任團長的使節團為了傳達這項議會結果，前往了米哈伊爾與他的母親馬爾法（俗名克謝尼婭．羅曼諾娃）寄身的科斯特羅馬的伊帕季耶夫修道院。母子兩人聽見這個消息後，想到沙皇之路將遭遇到的苦難與困難，反應強烈地不斷回絕了這項決定。直到這對虔誠的母子聽到使節團對他們說：「米哈伊爾會當上沙皇是神的旨意。若拒絕領受可能會引起神的憤怒。」之後，兩人才勉強答應。就這樣，「面貌蒼白的虔誠青年」米哈伊爾，在三個月後便出發前往莫斯科，並接受了即位儀式。

◎戰爭與和平

在米哈伊爾統治的初期，縉紳會議成為「權力的恆常附屬」機構。自一六一三年之後的十年間左右，縉紳會議幾乎每年定期舉辦一次，每次都有大量人數參加，並且開始對直到當時為止仍為權力中樞的「重臣會議（波雅爾杜馬）」進行自發性的制衡。畢竟，要將國家從荒廢與戰亂的深淵中拉出來，無論如何「國民」的協助都是不可或缺的。為了鎮壓內亂、以及與外國軍隊的戰爭，國家必須多次向地方的服役貴族徵召兵力，並向都市的工商業者徵收「臨時稅」。要採取、實施這種「不受歡迎的政策」時，縉紳會議的「權威」是必要的。話雖如此，縉紳會議並不下任何具體的政策決定，立法的主導權還是掌握在沙皇手上沒有改變，而沙皇的權力亦依舊沒有受到任何限制。

一六一九年六月，俄羅斯與波蘭間建立了和平關係，長期遭波蘭幽禁的費拉列特也終於得以回國。費拉列特與他的兒子米哈伊爾不同，精力充沛的他，很快就登上了「牧首」的席位並獲得了「大君」稱號，實質上影響著政治。他追求過往的理想，目標是替國家帶來回到常軌的政治秩序。由於他熟知波蘭的「國會（Sejm）」曾屢次將王權凍結，因此自然會對與波蘭國會相似的「縉紳會議」採取否定的態度。他希望能不透過「全國土範圍」的召集來解決問題的立場，沒多久就使縉紳會議停止了運作。此外，以步兵為中心所組成的歐洲型「新軍」在此時建軍，過去的騎兵軍團也同時受到強化，這些軍隊，都是將來要與波蘭交戰而準備的武力。最後，俄羅斯為了奪回國境西部的斯摩棱斯克，在費拉列特的發起下，於一六三二年四月與波蘭軍發生戰爭，然而，費拉列特卻在戰爭中病逝，戰事最終便以失敗收場。

斯摩棱斯克戰役給了米哈伊爾政府很大的教訓。他們認為與波蘭軍的戰爭之所以會敗北，主要是因為來自南部的服役貴族們在得知「克里米亞韃靼軍來襲」的消息後便脫離戰場所導致。當時，克里米亞韃靼人不斷侵襲在肥沃的俄羅斯南部出現的村莊與城市，人民與家畜因此受到掠奪。政府為防止這個事態，賜予了服役貴族們小規模的「封地」，並委託他們防衛國土，但很明顯地，這項政策並沒有獲得預期的效果。於是，米哈伊爾政府為了防衛南邊的國境，從一六三五年開始，便著手建造長達八百公里的「別爾哥羅德防線」，他們在這條防線上建起充當要塞的都市，並以土牆防禦工事加上「鹿砦」連結它們。簡單來說，這條防線就像是古羅馬的「日耳曼長城」，或是中國萬里長城的「俄羅斯版本」。雖然早在十六世紀前期，俄羅斯就已沿著莫斯科南邊築起了「圖拉防線」，然而這對整體的防禦來說仍然顯得不足，後來，在俄羅斯花了二十年的時間建起「別爾哥羅德防線」後，他們總算抵擋住了韃靼人的侵略。在南部變得比過去安全之後，貴族們也開始著手獲得這塊肥沃的大草原。接著，自一六七九年至一六八〇年，全長五百三十公里的「伊久姆防線」跟著建造完成，這些受到保護的俄羅斯南部黑土地區，後來便發展成「俄羅斯的穀倉」。

一六三七年，米哈伊爾再次召開了在「費拉列特時代」幾乎未曾召開過的縉紳會議。這次的召開，主要是因應頓河哥薩克軍在占據了鄂圖曼帝國位於頓河河口的要塞亞速後，向俄

防止韃靼人侵略的南部防線　米哈伊爾政府為防止克里米亞韃靼人的侵略，築起了足以稱為俄羅斯版的「萬里長城」防線。

羅斯政府要求援軍而舉行。依照政府的傳統政策，此時應立刻派遣援軍支援，然而剛經過斯摩棱斯克戰役的俄羅斯政府，已經沒有足夠的資金發兵，所以在縉紳會議上，米哈伊爾表明了放棄該要塞的意思。最後，哥薩克人長達兩年、有如英雄史詩般的「亞速圍城戰」，就在這樣的決定下黯淡落幕。儘管米哈伊爾的在位期間很長，但他光為了恢復國內的秩序，已是費盡心力。

◎莫斯科市的人民起義與會議法典

一六四五年七月，羅曼諾夫家的初代沙皇米哈伊爾逝世，沙皇之位由他的長子阿列克謝「世襲」。換句話說，他們在執行皇位交接時，並沒有像過去一樣召開縉紳會議，進行以往那種形式上的「確認」程序；部分歷史學家認為這就是阿列克謝會不受歡迎的緣故。阿列克謝與父親一樣在十六歲時即位，在他當上沙皇後，馬上就受到人民起義的洗禮。人民起義的主要原因，是因為阿列克謝的攝政官、同時也是政府的有力人士鮑里斯．莫羅佐夫所推行的提高鹽稅政策——也就是稅制改革所造成。雖然政府保證隨著鹽稅的提高，將作廢其他的稅項，但都市居民們仍舊透過減少買鹽的方式以抵制政府。慌了陣腳的政府在兩年後放棄了這

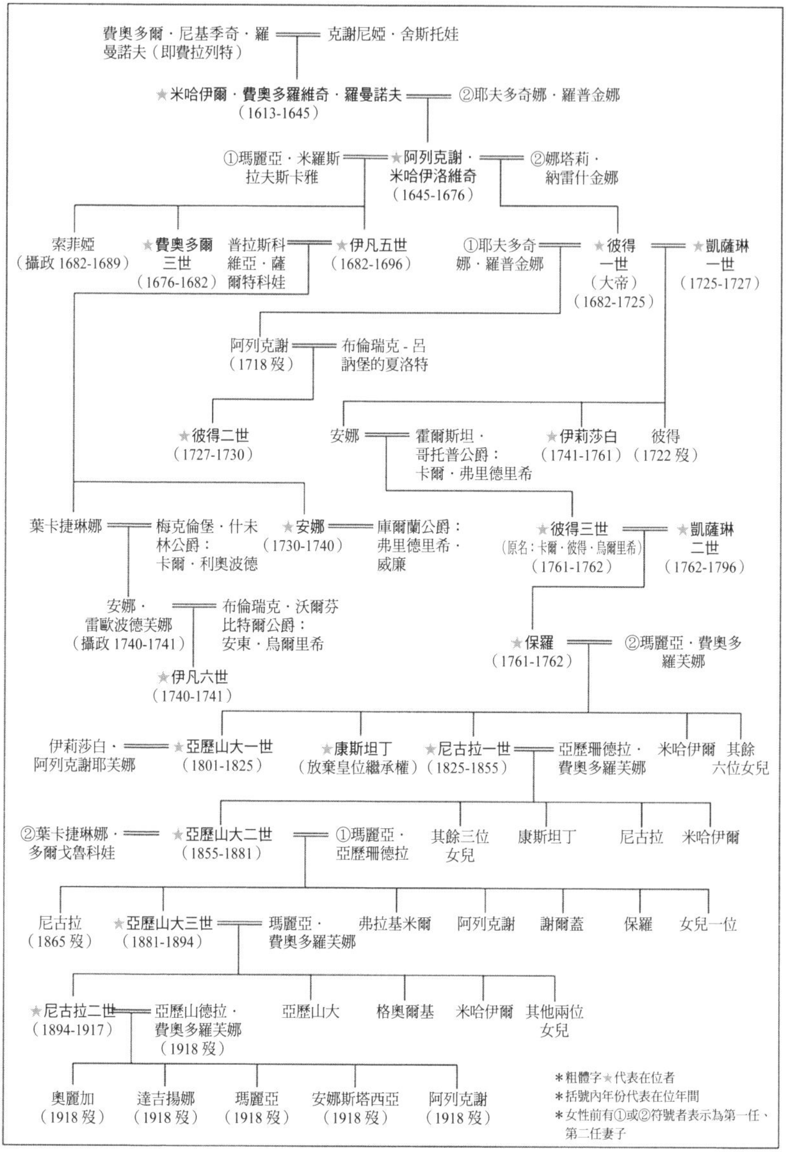
費奧多爾・尼基季奇・羅曼諾夫（即費拉列特）
克謝尼婭・舍斯托娃
★米哈伊爾・費奧多羅維奇・羅曼諾夫（1613-1645）
②耶夫多奇娜・羅普金娜
①瑪麗亞・米羅斯拉夫斯卡雅
★阿列克謝・米哈伊洛維奇（1645-1676）
②娜塔莉・納雷什金娜
索菲婭（攝政 1682-1689）
★費奧多爾三世（1676-1682）
普拉斯科維亞・薩爾特科娃
★伊凡五世（1682-1696）
①耶夫多奇娜・羅普金娜
★彼得一世（大帝）（1682-1725）
★凱薩琳一世（1725-1727）
阿列克謝（1718 歿）
布倫瑞克 - 呂訥堡的夏洛特
★彼得二世（1727-1730）
安娜
霍爾斯坦・哥托普公爵：卡爾・弗里德里希
★伊莉莎白（1741-1761）
彼得（1722 歿）
葉卡捷琳娜
梅克倫堡・什未林公爵：卡爾・利奧波德
★安娜（1730-1740）
庫爾蘭公爵：弗里德里希・威廉
★彼得三世（原名：卡爾・彼得・烏爾里希）（1761-1762）
★凱薩琳二世（1762-1796）
安娜・雷歐波德芙娜（攝政 1740-1741）
布倫瑞克・沃爾芬比特爾公爵：安東・烏爾里希
★伊凡六世（1740-1741）
★保羅（1761-1762）
②瑪麗亞・費奧多羅芙娜
伊莉莎白・阿列克謝耶芙娜
★亞歷山大一世（1801-1825）
★康斯坦丁（放棄皇位繼承權）
★尼古拉一世（1825-1855）
亞歷珊德拉・費奧多羅芙娜
米哈伊爾
其餘六位女兒
②葉卡捷琳娜・多爾戈魯科娃
★亞歷山大二世（1855-1881）
①瑪麗亞・亞歷珊德拉
其餘三位女兒
康斯坦丁
尼古拉
米哈伊爾
尼古拉（1865 歿）
★亞歷山大三世（1881-1894）
瑪麗亞・費奧多羅芙娜
弗拉基米爾
阿列克謝
謝爾蓋
保羅
女兒一位
★尼古拉二世（1894-1917）
亞歷山德拉・費奧多羅芙娜（1918 歿）
亞歷山大
格奧爾基
米哈伊爾
其他兩位女兒
奧麗加（1918 歿）
達吉揚娜（1918 歿）
瑪麗亞（1918 歿）
安娜斯塔西亞（1918 歿）
阿列克謝（1918 歿）
＊粗體字★代表在位者
＊括號內年份代表在位年間
＊女性前有①或②符號者表示為第一任、第二任妻子

羅曼諾夫王朝家系圖

次改革，但在恢復舊有稅制的同時，政府又開始課徵包含過去共三年來未徵收的稅金，這也難怪莫斯科人民會如此憤怒。一六四八年六月初，民眾聚集起來向朝聖中的沙皇遞出「請願書」，卻無奈遭到驅趕。部分民眾於是闖入克里姆林宮，要求政府高官代為轉交。當晚，莫斯科發生了大火，數千棟民宅慘遭祝融，在火災中犧牲的人也不在少數。認為這場災難是由「莫羅佐夫所設計」的民眾們，加強了他們的抗爭活動。這場風波到了六月五日時有了很大的轉變，當天，阿列克謝出現在民眾面前，邊流著淚、邊為他的寵臣莫羅佐夫請命，希望人民能夠網開一面，並向人民宣告他將免除莫羅佐夫的職務、將他送進修道院，使他遠離政治。

於是，在一六四八年的這場「鹽巴暴動」終於有了收束之勢。然而此時，曾與暴民對抗過的都市居民與服役貴族們開始要求召開縉紳會議，原因是他們對當今由「有力人士們」所制定的秩序感到強烈不滿。不過，他們的行為當然不能算是「反王朝」性質的，雖然民眾認為沙皇有著「性格懦弱的缺陷」，但所有責任仍應歸咎於貴族以及沙皇的親信身上。所以他們希望藉由召開縉紳會議，以提供沙皇一些「幫助」。七月十日，阿列克謝同意召開縉紳會議，在一週後的會議上，總共有三百一十五人參加，其中大部分都是地方的服役貴族或是都市內工商地區的居民。為了能更妥善處理「君主與地方的事項」，會議最終決定由「善良且心思縝密的一群人」所組成的「特別委員會」來編撰新的法典。此時的縉紳會議，就像是在一六一三年「選出」米哈伊爾時一樣，扮演了一個非常積極、正面且重要的角色。隔年一月，一般稱為《會議法典》[7]的新法編撰完畢，正式頒布。

《會議法典》對俄羅斯全體社會，特別是對都市與農村的重組方面，起了重要的作用。以莫斯科為例，都市的「波薩德區人民」——也就是工商區居民，他們所面臨的問題就是都市中有著一塊屬於聖俗領主的「居住區」[8]，由於這區域內的人不需繳納國家稅金，所以他們必須被迫在這種不利的條件下與該區域內經營工商業的人們競爭。於是這群居民們一致要求將那些中世紀以來就擁有特權的「居住區」一同編入都市，藉以形成一個共同體來排除「稅金負擔不同」造成的不公平競爭。特別委員會全面認可他們的提議，將相關規定成文在法典的第十九章中。該章規定，工商業活動只允許由「波薩德人民」進行，至於免租稅的「居住區」，後來則在「波薩德建設」的實施下，從聖俗大領主的手上沒收。

一六四九年七月，俄羅斯政府決定將英國商人驅逐出境。雖然在一六三〇、四〇年代，俄羅斯商人們因為對於外國商人進入國內商業圈的情況感到危機，所以要求政府幫忙「妥善處理」，不過政府最後會執行這個政策，其實是個偶然：一六四九年一月，阿列克謝政府得知英國國王查爾斯一世遭到處刑，被這「莫大的壞消息」驚動的阿列克謝政府，才決定踏出將英國商人驅逐出境的這一步。

◎俄羅斯農奴制的形成

雖然《會議法典》滿足了都市居民的基本需求，但這部法典更為人所知的，是在強化農奴制上具有的劃時代意義。亦即，在歷史過程中標記出了身為領主的貴族、服役貴族們與農民之間的社會關係轉換的時間點。接下來，就回溯這段歷史，針對這個部分來做敘述。

多數人認為，在中世紀俄羅斯的農民，是擁有「遷徙權利」的「自由」身分。也就是說，他們與置於「領主裁決權」之下，連遷移、結婚等與人格有關的權利都遭到限制的「農奴」是不同的概念。在一四九七年伊凡大帝的《法令集》以及一五五〇年伊凡雷帝的法規中，皆有規定農民只有在秋天的「尤里耶夫節」——即十一月二十六日的前後各一星期的時間內，才可以從原本領主的村莊，或國有地的鄉村中「遷徙出去」。不過，這自始至終都附有一個「農民必須還清他們的貸款或債務」的條件，因此許多農民根本就沒有能力去行使這項權利。然而，歷史上有些零星的研究顯示，實際上還是有成功「遷徙」的農民存在的案例。就算如此，事態依舊不斷朝著對農民愈來愈不利的方向進展著。

推動中央集權的莫斯科大公們為了強化自己的軍隊，建立了「服役貴族」這一新的身分。服役貴族們有義務服「兵役」，必須「騎著馬、配戴武裝、帶著僕人」進入戰場、參加遠征，又或是警戒國境。不過相對的，他們可以因此從沙皇手上獲得「封地」；雖然跟有歷史的貴族們的「世襲領地」相比之下，他們的「封地」不僅小，幫忙支付土地費用的農民戶數也不多。一般來說，要負擔「兵役」所需的話，少說也需要二十個家庭才夠，可是其中大多都低於這戶數。

持有封地的服役貴族們，對農民的「壓榨」非常嚴苛，因此農民們之間有著一股傾向，他們會利用「移轉權」，讓自己轉移到條件更好的貴族村落。而采邑貴族們不僅歡迎農民自主投靠，有時也會主動勸誘他們，若農民身有負債，他們則會代替他們支付這些款項，好讓農民們「合法」轉移。因此對於服役貴族來說，農民的「移轉權」是不利於自己的權利，自然就會向政府施加壓力。在伊凡雷帝的執政時期裡，戰爭與歉收導致國土荒廢，農民不足的問題逐漸嚴重。這也造成了采邑貴族與服役貴族之間，為了爭奪農民勞動力而產生對立，且這種對立狀況日益尖銳化。

一五八一年，政府暫時發出了禁止農民「移轉權」的法條。這法條簡單來說，就是所謂的限時法，可是在一五八〇年代，曾經不只一次設立了「禁止年」。接著在一五九七年，政府頒布將逃亡農民的搜索期限設為五年的法令。有些人從這件事情推斷，認為這表示法條發布的五年前——也就是一五九二年時，必定有關於全面禁止「移轉」的法條制定出來，然而在許多歷史學家的努力研究下，依舊沒有發現這條「法令」的存在。因此又出現了其他有力的說法，但此處我們不深入討論。

問題還是在於，逃亡農民的數量不斷增加。所謂的逃亡，即是指未經過領主許可的「非法遷徙」，逃亡農民的數字，隨著俄羅斯向南方邊境擴張領土的同時顯著提升。嚮往著那塊肥沃的土地，捨棄領主及村落的農民比比皆是。於是在十七世紀的前半期，問題的焦點便落在逃亡農民的搜索期限上。服役貴族們強烈主張透過延長搜索期限，或者乾脆廢除法條，以便將農民綁定在他們的土地上，而采邑貴族們則是希望這條期限愈短愈好，因為對於擁有廣大家族土地的采邑貴族來說，若農民被綁定在土地上，就意味著斷絕了他們能夠「合法」吸引農民勞動力的可能性。

在進行遠征前，聚集在莫斯科的地方服役貴族對沙皇提出了一份「集體請願書」，強烈要求政府實施「公正的裁決」，以及廢止搜索期限的法條。面對一六三七年、一六四一年與一六四五年呈上來的「集體請願書」，政府以將期限拉長至九年、十年的形式做了部分的讓步，不過服役貴族們依舊無法滿足這結果，這也成了莫斯科市爆發人民起義的時代背景。就像前面提過的，政府約定將會在縉紳會議上編撰新的法典，但是當時的委員會組成中已經多了許多的服役貴族。最後，在《會議法典》的第十一章「有關農民的審判」之中，逃亡農民的「搜索期限」還是遭到廢除。服役貴族們的主張在議會上通過，同時也意味著農民將被束縛在土地之上。雖然農民的「移轉權」已如風中殘燭，不過仍舊有「時效」存在，只要時效一過，他們並非沒有重獲「自由」的可能性。就這樣，農奴制便成為全俄羅斯通用的法律，編撰在《會議法典》之中。

◎縉紳會議的尾聲

《會議法典》後來共印刷了一千兩百部，送到了莫斯科官署以及地方都市長官的手上。半世紀後，俄羅斯雖曾試著修訂它的內容，但最終這部法典還是被當作俄羅斯的基本法並使用了一百五十年以上。另一方面，在莫斯科發生人民起義之後，縉紳會議的召開次數變得少之又少。一六五三年，俄羅斯在因為支持烏克蘭脫離波蘭統治而展開的「獨立戰爭」——或者說是「赫梅利尼茨基的叛亂」——而與波蘭進入戰爭狀態之際召開了縉紳會議之後，就再也沒召開過。這是為什麼呢？

根據一般流通的說法，是因為當時主要構成縉紳會議的服役貴族們，他們一直以來抱持的基本訴求——農民問題——終於獲得解決。另一方面，也有解釋認為是因為一直隔開貴族與服役貴族的「隔閡」終於去除，促進了兩者的結合所造成。將這些說法擺在一起來看，可以發現重點在於服役貴族自身存在方式的變化。過去，服役貴族的騎兵部隊都是以「地方都市」為單位，並與他們擁有「封地」的都市、縣中的夥伴「百人隊」一同完成「軍人」的使命。在這些人之中，有些人被選為在莫斯科服勤的「被選拔的服役貴族」，有些人則被選為縉紳會議的代表，因此政府與地區一直有著緊密的關係。

不過到了十七世紀後半，因為軍隊制度的改革，也就是在以步兵連隊為中心的「新軍」的形成與擴充之下，地方服役貴族轉變成了軍隊中的指揮官，雖然這也為他們開闢了新的發展，但畢竟與過去不同，這些新的身分與地區組織之間的關係並無相互連結，服役貴族們也失去了對地區「需求」的關心。換句話說，因為軍隊制度轉換的緣故，造成他們心中以往顯而易見的「全土」、「服役貴族的地方自治」的觀念消失，所以縉紳會議的基礎也就跟著消失不見。過去將軍隊組織與地方都市行政功能集於一身的「人事官署」，在此時也變成只管理軍事領域的事務。至於地方統治的部分，則完全被莫斯科官署以及從該處派遣而來的「地方長官」所取代。

在一六四八年引發人民起義的主要人物——都市居民，特別是「波薩德民」也改變了他們的屬性。獨占工商業活動的他們之中，產生了一群「富裕者」，後來「波薩德區自治」的主導權，就是落在他們手上。當政府無法徵得預期的稅金時，他們便會要求波薩德的居民們「拿自己的事業與財產」來繳納，於是軍隊需求、酒稅等等不斷增重的經濟壓力，將大量的波薩德居民壓得喘不過氣來。這讓波薩德民決定不再當「全體利益的守護者」，轉而與服役貴族階層一起活動。也就是說，保持「統一共識」的可能性已經不在。如此，身為縉紳會議左右手的波薩德民，也開始產生了社會性的變質。

◎「依自身意志整治國家」

關於阿列克謝的統治，有一本同時代的歷史紀錄，名為《阿列克謝統治下的俄羅斯》的書留下。本書的作者科托希辛[9]是逃往敵國瑞典的俄羅斯前使節官署的官員，他精通當時俄羅斯的情勢，並加以記錄，因此這部史料的價值非常高。裡面的內容提到：「前沙皇米哈伊爾・費奧多羅維奇雖然聲稱自己是專制君主，但其實在沒有與貴族協議下，所有事情都無法進行。」然而阿列克謝就有所不同：「現任沙皇將專制君主作為最高稱號，照自己的意思統治著自己的國家。」也就是說，不管是要發動戰爭、和平的締結或讓步、還是提供支援等大小事情，阿列克謝不再需要和貴族或貴族會議的官員們討論，表示「沙皇可以依照自身的意志，做他想做的事情」。

科托希辛的說法非常地切中要點。十七世紀時，我們可以看見貴族會議中的成員數雖然有所增長，但它的影響力卻是不增反減。這個從原本只有三十人左右，成長到最大有一百五十三人的貴族會議，最後幾乎淪為空有形式的機構；列席的貴族、高官們，只是用手順著他們長長的鬍鬚，坐在那打發時間。

另一方面，負責處理行政、財政的常設官署在當時超過了四十處，這樣的增加也是有意義的。從一六四〇年之後的半個世紀，在中央、地方的國家機關工作的人也比起過去增加了三倍，在這樣的成長中，使得「在官署工作的人們」成為了一個新的社會階層。

阿列克謝以這種充實的官僚制度作為

阿列克謝·米哈伊洛維奇　圖中阿列克謝戴著象徵沙皇權威的「莫斯科帽」，手持王杖及王球。

後盾，在一六五四年設置的「機密事務官署」[10]內，與他最信任的親信一同治國。這官署中養有三千隻老鷹與遊隼，以及照顧這些猛禽的兩百位馴鷹師。這些馴鷹師也為了沙皇的狩獵興趣，幫忙做各式各樣的準備，不過這些終究只是次要事項。阿列克謝在官署中有一間自己的辦公室，他在這裡聽取報告、閱讀紀錄，或是發出「敕令」。「絕對主義」的「專制」俄羅斯，可以說就是在阿列克謝的執政期間確立起來。而第一個稱自己為「大俄羅斯、小俄羅斯、白俄羅斯的專制君主」的人，也正是阿列克謝。

教會的分裂

◎尼康的教會改革

阿列克謝·米哈伊洛維奇意外是個篤信教條的沙皇。據說他嚴格遵守齋戒日、恭敬祈禱，更不忘前往修道院朝聖。在大齋節時，他一週只進食三次，其他日子也只吃一片黑麥麵包配鹽漬菇或醃黃瓜，外加一杯低酒精濃度的啤酒而已。另外，他通達神學，甚至連宗教、教會問題都能夠靠自身判斷。然而諷刺的是，俄羅斯的教會分裂也是發生在他的在位期間內。

當時，俄羅斯的教會一直抱有一些問題。例如「雙重信仰」這一詞背後所顯示的民間異教信仰、迷信與習慣問題、俗世神父的無知與無能問題，又或者是教會的禮儀太過冗長等。雖然為了改善上述問題的改革議題早已展開，但討論的焦點卻是在教會儀式與教會典籍上。也就是說，俄羅斯教會雖然在十世紀末繼承了君士坦丁堡的信仰，但長時間下來，特別是在一四五三年的帝國首都陷落之後，無論是儀式或教會典籍，都與希臘「正宗」的一切漸行漸遠。譬如俄羅斯教會在劃十字時，是先用兩只手指來劃，然後頌唱兩次「哈雷路亞」或行跪拜之禮。但這些無論哪一個步驟，都與希臘的儀式有所不同。

聖職者對於「身為『第三羅馬』的莫斯科必須進行改革」這點雖然在意見上一致，但其中又有許多人認為那是因為在「土耳其的統治下」，希臘人無法保持自己信仰的「純粹性」所造成。所以在君士坦丁堡陷落後，保存正教會信仰的責任才轉移到莫斯科身上。因此教條修訂時，應以「莫斯科手抄本」為主。

不過，當然也有部分人士反對這個想法。他們認為不管如何，都應向希臘尋求建議。當時，有不少學識淵博的希臘修道士以暫時居留或「逃亡者」的身分居住在莫斯科，而莫斯科內唯一的「印刷廠」也是因為有他們的援助才得以運作。此外，東方教會的牧首們也會為了與沙皇的親信們會談而時常訪問莫斯科。有些人認為他們的目標是在俄羅斯政府的庇護下尋求「復興拜占庭」的門路，而在君士坦丁堡解放後，莫斯科的牧首便成為了全世界正教會的首長。換句話說，「第三羅馬」的理念，在此時帶有了「朝帝國發展的方向性」。

一六五二年四月，阿列克謝任命當時四十七歲、時任諾夫哥羅德都主教的尼康擔任牧首。尼康在沙皇的指示下，開始著手懸而未解的儀式與教會典籍的改革。而他的參考來源，並不是「莫斯科手抄本」，而是希臘的文本。他依照希臘手抄本，啟動了廣泛的改革，例如廢除以往以兩指劃十字的方式，改由三指進行、讚美詩「哈雷路亞」要唱三遍而非兩遍，而且沒有「跪拜」的必要。另外，在教堂周邊巡禮的行進方向也與之前相反。這些變化理所當然地引起了反對，但在尼康的強硬指示下，「改革」依舊快速地推動著。

過去，尼康身邊有一群被稱為「篤信者」的夥伴，他們跟著尼康一同熱心參與改革議題。然而如今，這些篤信者中只要有人反對尼康，就會不由分說地遭到流放。不僅如此，沙皇的「告解牧師」瓦尼法季耶夫亦遭革職，大司祭阿瓦庫姆也難逃被流放至北方的命運。尼康高壓又強硬的做法，引起了強烈的反彈，不過因為「莫斯科牧首即全世界正教會之首」的這個由希臘人帶來的「觀念」不斷地在他耳邊低語，因此他一步也沒退讓。

然而，到了一六五八年，尼康因為與阿列克謝發生了一些爭執，遭免除牧首的職位。尼康沒有意識到事情的嚴重性，認為沙皇應該很快就會來慰留他，但現實卻事與願違。兩年後，教會會議選出了新的牧首，阿列克謝之所以採取這樣的行動，自然是有理由的：他認為尼康太過傲慢。尼康曾用月亮與太陽做譬喻，表示牧首的地位高於沙皇，公然藐視沙皇權威。不僅如此，尼康還在莫斯科以西六十公里處，蓋了壯麗的「宮殿」——新耶路撒冷修道院，並且還以內容含有剝奪修道院各種特權的理由，指稱《會議法典》為「惡魔之書」，同時宣告開除流放自己的阿列克謝之教籍。雖然阿列克謝的態度也動搖了，但是事態已覆水難收，在一六六六至一六六七年的教會會議中，尼康牧首正式遭到革職，並被流放至北方。不過此時的教會會議中，已正式承認了尼康所做的儀式改革，於是往後反對新儀式的人們，都將被貼上「異端」的標籤。

牧首尼康　尼康嘗試改革俄羅斯教會，卻反倒招致了教會分裂。

◎舊禮教派的誕生

綜觀以上所述，我們會發現在俄羅斯發生的這場改革，並非是「宗教改革」，而是「教會儀式改革」。即是說，這與馬丁路德站在「因信得救」的福音主義立場，從信仰方面所做的根本改革有所不同。就這點來看，尼康的改革算是象徵性的改革，但它終究在這篤信宗教的國家裡，影響了所有人民。而反彈最激烈的，就是位於北方白海孤島的名教會——索洛韋茨基修道院。這座位於索洛韋茨基群島上的修道院，自古以來就是政治犯的流放處。此處有兩百七十三名的修道士，以及在修道院內外勞動，共超過四百名以上的一般信徒。當正教會的使者帶來改訂過後的典禮書時，修道士們拒絕他們進門，當地的信徒也支持這些拒絕使用「新信仰、新教誨、新典籍」的修士們。阿列克謝政府事後派出了射手衛隊前往此處，然而這裡的孤島地形，加上高聳堅固的城牆保護，讓士兵們的圍城行動困難重重。修道院此時決定停止再為「沙皇祈禱」，於是這場暴動自此開始明顯帶有反政府、反沙皇的色彩。在圍城的長期化下，修道院內部的激進派與穩健派產生了對立，據說到了抗爭的最後階段，修道院內部只剩下三百五十餘人。一六七六年一月，政府軍發動了總攻擊，最後逮捕了修道院方共六十二人，但至少有兩百人以上在這場戰鬥中遭到擊斃。其中也有部分支持者趁亂逃離孤島，將索洛韋茨基修道院的抗爭傳達到俄羅斯各地。

在索洛韋茨基修道院發生的抗爭並非特殊案例。俄羅斯當時有一群通稱為舊禮教派的信徒，他們無法接受尼康的改革儀式，仍然恪遵「改革之前的古老儀式」。其中有部分的信徒為了逃離迫害，躲到了俄羅斯邊境的各個地方，築起了屬於自己的據點。對於虔誠的信徒來說，要活在「反基督教」的世界是不可能的事，不過在這稱為俄羅斯的國家裡，有的是無限的可能——特別是在俄羅斯北邊延伸出去的廣大森林，對他們來說是再適合不過。他們透過在森林中四處搭建的「隱修所」彼此聯絡，並持續遵守自己的「古老儀式」。只是迫害的步伐終究逐漸逼近，當政府派遣的軍隊接近他們時，他們會將自己關在木造小屋，並且放火燒掉屋子。如此的「火之洗禮」、或說集體自焚，就是他們能夠訴諸的最後手段。也因為如此，北方森林裡出現了零散的「火災痕跡」。據說一次最多接受「火之洗禮」的人數，甚至高達兩千人之譜，目前普遍認為，到十七世紀末為止，共約有兩萬人選擇了如此激烈的手段。

不過，這個宗教上的抗爭共同體，能採取激烈行動的人數或程度仍然有限。因為他們多數人受限於世俗生活，無法離開城市與村落，因此只能悄悄保持「古老的儀式」，或是停止出席教會活動以表達抗議，但這依然不是件容易的事。

◎教會改革與神父

那麼，普通的信徒與村落、城市中的教會神父們，又是怎麼看待儀式改革的？對於當時不須研讀聖經、也沒看過聖經的人們來說，在教會進行的儀式與典禮就是信仰的全部，儀式即為信仰本身，更是救贖的手段。然而某天，當神父們突然對他們說往後十字的畫法不能再用兩根手指，而是要以三根來畫、開導他們巡禮教會的行進方向要與至今為止的相反時，一般信眾們肯定是吃驚不已吧。而這點對只會初步識字，且欠缺神學知識的神父們來說也是相同的。所以他們才會認為，不管有什麼理由，都不能馬上遵照這種「由上而下」的儀式改革指示來做。

一六七〇年代時，尼康的儀式改革幾乎沒有影響到多數的地方教區，這些教會依然照著舊有的典禮書進行祈禱儀式。一六八三年，梁贊的都主教巴別爾到了許多村落與小城市內的教區做巡察時，對於這些教會沒有照著新的典禮書儀式的景象感到吃驚不已。不過要把這些現象解釋為神父或一般信徒們在「抵抗」改革，倒也未必正確；因為這些教區的神父們並未將典禮書汰舊換新的主要原因，是因為他們還沒收到這樣的指示，而且新的典禮書也還未送到他們手上。原因不需多說，正是因為俄羅斯國土實在太過廣袤。城市教會還不要緊，但若是要將儀式改革的命令傳達至每個遙遠、孤立的小村子的教會中，或是要把在牧首的印刷廠印出來的修訂版典禮書，一本本送到鄉村神父的手上，那肯定會需要一段很長的時間。因此這樣的狀態，直到進入了一六八〇年代才開始獲得改善，而地方教區的神父終於回應中央的要求時，時間也已到了世紀末。

反對接受修訂後的典禮書、為了保護舊有儀式而戰的神父與教區人民的數量始終不多。就算有抗爭，也大多是因為反對來自外部的強硬做法。除此之外，大多數教區的神父們，皆很溫和地接受並遵從這些「來自上層的指示」。真正危險的，反而是那些沒有固定教區的「行腳神父」、遭到撤職的神父，以及流亡神父等等的「邊緣神父」們。他們強調「舊有儀式」的正統性，且四處宣傳。首都部分的菁英階級，則會像波雅爾貴族莫洛佐娃一樣，為他們提供庇護所。而不會受到教會與國家介入的邊陲之地，也為他們開闢了自由活動的機會，像是頓河哥薩克人的地區，對他們來說就是一個很好的選擇。

◎要保持單身？還是結婚？

話說回來，在一六六六年的教會會議中，除了正式敲定改革儀式之外，對於「鰥夫神父」的相關限制也做了改變。「鰥夫神父」只要取得主教的特別許可，就能續任他目前的職位。此外，若是較年輕的神父，他們也能在「降職」之後，獲得再婚的權利。這項改變，透露出了原本的嚴格規定，其實並非來自古君士坦丁堡教會法典的事實。聽到「基督教」，腦中只會想到「天主教」與「新教（Protestant）」的人，或許會完全無法理解這部分到底在說什麼吧。那麼，我們就來簡單回顧這段有關神父結婚問題的基督教歷史。

現在的人，看到他人在教會舉行結婚典禮也不會覺得奇怪。毋庸置疑地，此現象亦是歷史演變而來的結果。最初，以保羅為首的基督教第一代領導人們，不論是對於聖職者還是世俗的人們態度都一樣、甚至可以說他們反對的就是「結婚」本身。在《哥林多前書》中，保羅是這麼說的：「論到你們信上所提的事，我說男不近女倒好。但要免淫亂的事，男子當各有自己的妻子，女子也當各有自己的丈夫。」「我願意眾人像我一樣；只是各人領受神的恩賜，一個是這樣，一個是那樣。我對著沒有嫁娶的和寡婦說，若他們常像我就好。倘若自己禁止不住，就可以嫁娶。與其慾火攻心，倒不如嫁娶為妙。」儘管保羅這麼說，但現實中，別說是世俗的人們，在第一代教會中的聖職者們有妻室都是極為普通的現象。在四〇一年的羅馬教會會議，以及五三五年的克萊芒教會會議中，聖職者才有了單身制度，性偏離也在此時受到嚴正的批判。可是這並沒有太大的效果，到一〇〇〇年左右狀況都沒有太大變化。在馬克·布洛克的著書《封建社會》中就提到：「若當上了管理農村教區的神父，就表示將來要與教育程度、收入都不高的教區人民們，過著差不多的生活。」「他們也幾乎都是有妻室的人。」擁有妻室的人，本來就不是只有位階不高的聖職者，其中也包含了司教、教皇等高階的神職人員。

根據闕口武彥的說法，如此的狀態直到額我略七世於一〇七三年就任教宗時開始，經過五代、共四十六年從修道院出身的教宗領導的教會統治後才開始有了轉變。他們不斷斥責、排斥「聖職者的姦淫行為」，其中激烈攻擊聖職者擁有妻室現象的彼得·達米安，就在給教宗的信中提到：「透過覆手，聖靈將寄宿於你的手上，然而你卻用那神聖的手，去接觸妓女的陰部。」他認為同一雙手，同時接觸基督身體和妓女身體是瘋狂至極的事、是所謂褻瀆神明的行為。接著，已婚的聖職者們被剝奪了神父的職位，而他們的妻子，則被罵作「姘頭」、「妓女」或是「淫婦」。最後「單身」不只是私人的義務，還成了拉丁教會聖職者的身分規定。於是聖與俗之間的分界線，便在此時劃定。但是直到宗教改革為止，這些情況還是沒有變化，多數的鄉村神父依然是保有「事實上婚姻」的狀態，而教區的人民也認為，只要神職人員們能克盡「職責」，其實也不用特別去責備他們。

◎「失去妻子的神父們」

不過，東方的教會在妻室問題上則有一些不同的發展過程。五世紀前半期，以「娶妻的古典擁護者」馳名的埃及主教帕拉努帝歐斯曾說過：「神職人員不需背負太過沉重的負荷，因為結婚本身是件很神聖的事。如果有人還沒結婚就已從事聖職，那就繼續保持單身。不過，若是在世俗時就已經結婚，也不應該將妻子與聖職者分開。」接著在六九一年，東部教會的特羅里大公會議[11]的規定之中，承認了「神父的妻室」。也就是說，聖職者在授任神父前，他們可以是已婚之身，就任後也可以保持著已婚的關係。但主教以上的階級，依然必須維持修士的身分，也就是保持單身。於是「結婚帶來不淨」的思想在此時建立，不過這與西方教會相比之下，程度還是和緩得多。而俄羅斯教會所繼承的，當然就是前者東方教會的「思想」。

自中世紀以來，普遍認為俄羅斯的教區神父與輔祭在就任前必須是已婚之身。於是他們經常有大家族的背景，神父一職也幾乎是父傳子的世襲交替。村子的農民對這點也表示認可，因為比起由「外來人士」來當神父，還不如讓神職人員的家族世襲。而正教會組織，雖然知道世襲可能導致胸無點墨的聖職者坐上神父之位，但考慮到死去或無法再工作的神父家族的扶養問題，還是會接受村子裡的要求，指派那些神父的兒子「就任」。

問題焦點在於「鰥夫神父」。他們被禁止再婚，若想要繼續從事神職，就必須進入修道院，或者接受「降職」。如同前面所述，一六六七年的教會會議中，決定減輕這一硬性規定，因為特羅里大公會議的規定裡，並沒有提到所有的教區神父都必須是已婚之身。

那麼，新的規定最後有改變了當時的狀態嗎？答案是否定的。因為對於年輕的神父們（年齡並無規定）來說，再婚並不是一個「受歡迎的選項」。因為首先，他們難以取得主教的允諾；再者，他們的薪水會隨著「降職」而跟著降低。其中最重要的是，再婚會讓他們「在社會上失去信任」。選擇再婚的神父，除了要深刻地贖罪、被過去的夥伴遺棄外，世俗社會還會對他投以不信任的眼光、輕蔑他是「因為軟弱才會選擇再婚」。因此，當時幾乎沒有人願意冒如此沉重的精神與社會風險去選擇再婚。

另一方面，選擇進入修道院的神父，反而會為自己開闢新的道路。進入修道院的幾年後，不僅修士身分能得到保障，還能向更高的位階發展。像是「鰥夫神父」當中，就有不少人後來當上了主教、都主教以及牧首。當初牧首尼康也是從教區神父開始發展，但因為孩子們一個接著一個地過世，讓他們對塵世感到厭惡，才會夫妻兩人都進入了修道院修行。而這選擇卻也讓他後來被沙皇看上，在人生上有了亮眼的發展。

「革命」前夕的俄羅斯

◎莫斯科的歐洲人

在中世紀裡，「文化」的核心意義就是宗教與信仰。在許多人認為應從十六世紀起算的歐洲「近代史」裡，路德的宗教改革以及改革後的「宗教戰爭」，在在都透露著到十七世紀中葉為止，信仰一直都是難以解決的主要政治問題。直到十七世紀後半期，各個國家開始向「啟蒙時代」邁進後，「經濟」的優先度也才跟著開始提高。雖然自中世紀後期以來，商人開始進行買入各種珍貴物產，然後前往遠方地區高價賣出的遠距離貿易行為，但是打造大型船隻、進入海洋貿易、大量採購、販賣物資，以圖增進「國家財富」的「重商主義」思想與政策，則是在十七世紀後才有的固定現象。身為「海洋國家」領導者的荷蘭與英國，他們牽動歐洲各國一同加入海上貿易，而這波洪流，也波及到了停留在中世紀、迄今為止一直與西歐人交流不甚頻繁的俄羅斯。

英國人是最早出現在俄羅斯的西歐人。當時為了尋找前往波斯的新路線的霍爾賽一行人，在一五五二年時，誤將船隻開進了白海的港口。被帶往莫斯科的他們，為了與伊凡雷帝交易，獲得了「莫斯科公司」的設立許可，於是英國與俄羅斯之間開始了一些簡單的通商關係。沒過多久，掌控著波羅的海穀物貿易的荷蘭也很快地來到了俄羅斯，就像本章所提到過的，俄羅斯商人們對於不只國際貿易，連國內市場也打算來分一杯羹的他們感到危機。於是強烈要求政府驅逐外國商人。一六四九年，俄羅斯政府曾因查爾斯一世遭到處刑的消息感到震驚，便暫時驅逐了英國商人，但過沒多久後，他們又重新來到了這個國家。

根據最近的研究顯示，十七世紀的俄羅斯，總共有一千三百六十一名的「經商的外國人」，這也就是說，俄羅斯允許這些來自西歐的「商人及他的夥計」滯留於此。他們大多數都是在阿爾漢格爾斯克的定期商場開放期間來訪，是一年裡有數個月會留在俄羅斯的商人。其中荷蘭人占的比例最多，一共有六百六十四名；其次為英國人，三百一十九名，最後是漢堡人，兩百一十名。次多的則是「莫斯科的外國人商人」，即「出身」不明的人，共有一百一十三名，其餘還有呂貝克人六十一名，以及不來梅人十四名。從資料推測，一年之間，大約會有兩百至三百名的商人以及夥計滯留於俄羅斯。

打從一開始，「外國滯留者」就並非只限於商人。因為俄羅斯政府也會為了補充兵力而僱用外國人。特別是一六三〇年代初期，在進行斯摩棱斯克戰役時最為顯著。當然，這現象後來隨著戰爭結束而跟著減少。例如就有資料顯示在一六八二年時，俄羅斯僱用了三百八十一名軍人，十幾年後的第二次俄土戰爭時則雇用了一千名。此外，除了軍人，還有一些人是以醫藥方面、或各種手工業等非軍事身分受政府雇用而來的外國人。

其中不可忽視的部分，就是來自歐洲的旅行者。他們的停留時間雖然不長，但他們以遊記的形式，記述了在俄羅斯這一未知國度當中的所見所聞，並在歐洲社會廣傳開來。最初的歐洲旅行者是以神聖羅馬帝國使節身分來到莫斯科的赫伯斯坦（Herberstein），他在一五一六年至一五一七年、以及一五二五年至一五二六年兩度停留過莫斯科，後來在一五四九年時，他寫了一本《莫斯科國記述》，並在書中廣泛介紹俄羅斯這個國家。這本書對於形塑歐洲人腦中的俄羅斯觀念有著決定性的影響力。於是針對俄羅斯「沙皇的專政制度、道德低落以及對文化漠不關心」的負面印象，就在此時建立在歐洲人的腦海裡。接著在一五九一年，英國的佛萊契爾也跟著出了一本《關於俄羅斯國家》的書。

在當時的著書中，若說到亞當・奧利里斯（Adam Olearius）的著作《莫斯科與波斯遊記》裡頭描述的詳細程度，絕對無人能出其右。這本遊記，是奧利里斯在一六三〇年代作為好斯敦王公的使節三度造訪過俄羅斯後，於一六四七年所發行的書籍，用德文書寫的這本遊記，後來被翻譯成歐洲的各國語言。它的內容比起赫伯斯坦的記述還要詳細許多，是當時最新的資料，不過它的內容基本上幾乎與赫伯斯坦的看法相去不遠。最後要提到的是，身為荷蘭使節團的一員，同時也是後來阿姆斯特丹市長的尼可拉斯・威森，他停留在俄羅斯的期間，雖然只有一六六四年底開始的短短四個月，不過他所寫的《日記》中，卻記述了許多令人興趣盎然的見聞。只是它的內容，仍同樣在敘述俄羅斯人「除了沙皇自身，其餘的人全是奴隸」，這種自赫伯斯坦的著作問世以來，歐洲人對俄羅斯一直難以撼動的刻板印象。

◎建立「外國人的村莊」

不管這些外國人的身分是商人或是軍人，他們通常會選擇莫斯科作為居住地。當然，外國人在進入國家時，同時也會帶進他們的生活文化與「文明」。不過，這也讓他們與俄羅斯人之間產生了各式各樣的嫌隙。原本就「不歡迎外國人」、深恐「神聖之都」遭受外國人汙染的上層神職人員們，因而強烈地督促著政府。後來，外國人被禁止雇用俄羅斯人當作工人與傭人，以及穿著俄羅斯人的服裝，此外，他們也不能取得農民耕作的領地。然而除了最後一項，其餘禁止項目都沒有發揮太大的效果，因為政府很快就發現了外國人先進的知識以及合理的技術，對他們而言是必要的人才。因此在與他們共事的人之間會出現「西化派」，也是無可厚非。

一六五二年，阿列克謝政府在莫斯科郊外的亞烏扎河對岸設置了一處「外國人區（日耳曼區）」[12]，並要求所有外國人必須在四週之內處置莫斯科市內的住居，然後搬到這個村莊裡。他們藉由這樣的方式，試圖避免正教徒受到外來的「負面」影響。部分歷史學家認為，這種做法其實與中世紀歐洲都市對猶太人採取的隔離措施相似，只不過不同的地方在於這個村子並不像是無法自由進出的「猶太人集中營」。根據一六六五年的調查資料，「外國人區」裡頭曾有兩百零六戶居民居住，其中一百二十六戶為軍人背景。假設一個家庭有五人來計算的話，村莊的人口應有一千兩百人左右。再推測其中含有身為土耳其人、韃靼人等的傭人來看，若只算歐洲人的部分，應約占一千人左右。在一六八〇年代後期，居住於莫斯科的法國外交官努維爾也針對「戈可伊（河川名）的外國人」——即這村莊的外國人人數，提出了相同的數字。此外，據說當時村莊內有兩個路德派教會，與一個喀爾文派教會，村內人們在溝通時使用的語言則以德語為主。

這座位於莫斯科郊外的村落裡，所有的廣場、噴水池、大馬路，抑或是帶有庭園的二、三樓宅邸皆散發著歐洲氣息，宛如一座歐洲小都。過去，克柳切夫斯基用較為保守的譬喻，稱此處為「築於莫斯科東郊的西歐一角」，而聖彼得堡大學的普拉托諾夫則稱其為「在俄羅斯這片文化沙漠中出現的綠洲」，給予了非常高的評價。於是歐洲文明，便藉由「外國人村莊」進入了俄羅斯，不過這大多是物質、實體上的部分。若談到文化面的影響，則不能忘了基輔神學院所發揮的功能。

十七世紀初，烏克蘭淪為波蘭的統治地區，受到天主教國家統治的烏克蘭，人民的東正教信仰岌岌可危。一六三一年，後來當上基輔都主教的基輔洞窟修道院院長彼得・莫吉拉為了活化正教信仰而創設了神學院。莫吉拉把在波蘭、羅馬耶穌會的「學院」中學到的經驗，作為他設立神學院的參考。當時的「學院」，是在西班牙、法國到波蘭之間地區的天主教世界中，最普及的中等教育機構。

莫吉拉在神學院的課程中，除希臘語、教會斯拉夫語以外，還加入了拉丁語的課程。雖然他大膽的改革在初期引起了反彈，不過後來部分透過拉丁文認識了歐洲現代思想的畢業生們，透過自己的學識，在莫斯科引起了非常大的迴響。莫斯科的貴族中出現了將孩子送往基輔，或是從基輔招聘家教的人。畢業生西梅昂・波羅茲基即是此現象中的代表性人物，他以頌歌作家的身分侍奉於阿列克謝沙皇之下，同時擔任阿列克謝兒子的教師。西梅昂的弟子梅德韋傑夫同樣也侍奉著阿列克謝沙皇，並同樣打算在莫斯科設立神學院，然而，他的計畫卻碰上了正教領導者頑強的抵抗，最後更因此喪命。但是，即使梅德韋傑夫落到如此下場，這股趨勢依舊是難以阻擋。

◎地方的俄羅斯

十七世紀末，領土廣大的俄羅斯，再次出現了擴展的傾向。據推測，當時俄羅斯人口約為一千萬人，但人口密度卻非常低，每平方公里連十人都不到。反觀同時代中擁有最多人口的法國，具有兩千萬人口，人口密度則是每平方公里三十四人。俄羅斯雖然龐大，人口密度卻是無可比擬的低。大都市當中，約有二十萬人口的只有莫斯科一處，第二大都市雅羅斯拉夫爾則連五萬人都不到。換句話說，除了莫斯科之外，其餘的地方都市與農村皆可以說是經濟貧乏、且行政體系也無法稱得上是十分完善的狀態。不過，這並不是因為俄羅斯將這些地方放置不管。

俄羅斯在十七世紀時期的地方行政，全都是由「軍政長官」[13]一手管理，他們從莫斯科被派遣至各縣的主要都市，在一六二〇年代時約有一百八十五人，而到了一六九〇年代時，則已有三百人。他們是薪水由政府給付的官員，多數是退役軍人。若是重要的都市，該處的地方長官就會有兩人，任期約是兩年左右，時間並不長，而主要的任務則從過去的軍事事務，逐漸轉移到徵稅與民政事務。地方行政在這樣的轉變下漸漸走向官僚制，但他們卻時常引起地方居民的反彈。會有如此狀況，大多是因為地方長官在短暫的任期中，時常以收取

「禮品」為由，日復一日地剝奪地方居民以充實自己私囊的緣故。另一個造成反彈的原因，就是他們的到來侵害到了原本建立於該地的自治生態。對居民來說，要防範這些權力濫用與剝削的行為於未然，基本上是不可能的事，因此他們只能透過請願書請求撤換地方長官，又或者透過密報這個唯一的手段進行告發。當時貪汙瀆職的官員人數，隨著離中央之間的距離愈遠，數量就愈多。其中以西伯利亞狀況最為嚴重，希望前往「貪汙天國」西伯利亞任職的人從來沒有少過。

不必多說，西伯利亞是毛皮的寶庫。毛皮商人隨著打頭陣的狩獵業者，一同來到此處，而沙皇政府也一毛不差地向他們收著稅金。於十六世紀末來到俄羅斯的英國人佛萊契爾，就指出俄羅斯的國家年收入中，有三分之一是來自毛皮事業。該處的毛皮來源非常豐富，根據十七世紀的史料記載中，就有貂、黑狐、白狐、白鼬、歐亞紅松鼠、河狸、山貓、黑白北極狐、兔子、狼、花豹與黑豹等動物。在世紀中葉時，西伯利亞的俄羅斯人人數約為六萬人，而推測人數比這數字高出三、四倍以上的被統治的原住民們，皆被課有繳納一定數量的毛皮作為「毛皮稅」的義務。

在各種毛皮之中，以「紫貂」的毛皮為最美，並且是擁有柔軟觸感的特級品。因此才一時半刻，就成為了歐洲「王侯貴族們」之間炙手可熱的商品。對於征服者俄羅斯人來說，紫貂皮是地位與名譽的象徵，而現在更是可以讓自己發一筆大財的商品。據說到了十七世紀中葉，俄羅斯一年就有二十萬張的「紫貂」毛皮交易量。雖然這個數字終究只是推測的結果，但濫捕卻是事實，且這個事實也很快地就招致了資源枯竭的結果。

建造在西伯利亞的堡壘、要塞，隨著安全的確保以及人口的增加，逐漸朝著「商業都市」發展，周邊也開始經營起了農業。一六六一年，位於貝加爾湖附近，出現了東西伯利亞的重要都市——伊爾庫次克要塞。到了世紀末時，這波發展潮流已到達了太平洋海岸。不過就如前面所說，西伯利亞的俄羅斯人人口，仍然僅有十五萬人左右。

◎斯坦卡．拉辛的叛亂

一六六七年，阿列克謝政府聽說居住於頓河下游的哥薩克人，開始出現了不穩的徵兆。說到哥薩克人，基本上就是來自俄羅斯或是波蘭的逃亡農民。他們在大河川的河口附近建起零星的小城市，並在自己選出的首領[14]下過著自治共同體的生活。他們最大的特徵，就是在農業外兼營牧業、吸收了草原騎馬遊牧民族的生活方式。他們自我武裝，組成了大小集團，不斷對附近的大城鎮進行掠奪。他們雖然也經營畜牧業與漁業，但主要的生計還是靠著掠奪來維持。據推測，當時頓河哥薩克人人口約有兩萬人，是哥薩克族群中規模最大的。莫斯科政府承認他們的存在，且定期提供他們穀物、鹽以及高酒精濃度的蒸餾酒，作為委託他們警備國境的報酬。

頓河哥薩克人的遠征活動以往都是向著波斯進行，這是常見於頓河哥薩克人遠征的現象。但不同以往的是，這時頓河哥薩克的掠奪遠征行動，皆未詢問過居住於哥薩克人本部——切爾卡斯克老一輩的哥薩克首領們就逕自進行。此外，這些遠征集團又大多以年輕哥薩克人為中心。當時遠征的指揮官名為斯捷潘．拉辛（又稱斯坦卡），是位年約四十的老哥薩克；雖然在過去花了兩年的遠征裏海行動中，部隊產生了許多的犧牲者，不過遠征帶回來的大量戰利品，卻使他的聲望大大提升，吸引了大量哥薩克人參加他準備的下一次遠征。漸漸地，拉辛排除了切爾卡斯克首領在頓河地區的影響力，一手掌握了此處的主導權。

一六七〇年春天，拉辛再次帶頭發起了遠征。這次的遠征行動中，部隊一共集結了六千人。光是這個人數，就足以對周邊地區帶來威脅，然而這次遠征卻不是沿著伏爾加河向下游走，反而是逆流而上。於是位於伏爾加河河畔的城市，一個個因為拉辛軍的攻擊，而導致城內秩序遭到推翻，由哥薩克的自治體制取而代之。他的遠征具有明顯的反權力的色彩，據說許多城市在拉辛的部隊接近時，會因此反而自己打開城門，帶著「鹽與麵包」夾道歡迎他們。而周圍各村莊中的農民，甚至也回應了拉辛的號召，在攻擊了領主的宅邸後，加入了遠征隊。

呼籲人民起義的「蠱惑文書」傳單裡，提到了他們的陣營中，有著現任沙皇的後繼者阿列克謝．阿列克謝維奇，以及「失寵」的牧首尼康。換句話說，他們清楚了解此次拉辛的叛亂行為並非是「反沙皇」，而是針對以貴族為首的「惡人」們所進行的正義之戰。就這樣，伏爾加河的中下游流域一帶，成為了拉辛軍的勢力範圍。此處值得注意的，就是哥薩克部隊中，還包括了巴什基爾人、楚瓦什人等等的非俄羅斯民族。這些人，正是因為俄羅斯的殖民，

斯坦卡．拉辛的叛亂　1667至1671年，拉辛領導俄國城鄉各被壓迫階級反抗封建主階級和封建農奴制國家的戰爭。圖為被送至莫斯科途中的拉辛，後於紅場處決。

以及強硬的基督教教化政策而長期受到壓迫的一群。

阿列克謝政府提高警覺，緊盯著拉辛軍的動向，並對他們的政治宣傳開始進行反擊。政府公開阿列克謝的兒子早在一六七〇年一月已病死，以及表示被判流刑的前牧首尼康早已被移至他處的消息。一六七〇年十月，拉辛的叛亂在辛比爾斯克的攻防戰中分出了勝負。相較於投入了擁有最新裝備「新軍」的政府軍，拉辛的部隊若撇開有武裝鬥爭經驗的哥薩克人不談，剩下的多是沒有像樣武器，且到幾天前為止都還是農民、社會階層不高的一般民眾。在這場戰役中負傷的拉辛，暫時回到了頓河，不過他卻在那裡遭到過去的夥伴所拘押，並引渡給政府軍。而切爾卡斯克的首領們採取「引渡」，而非以「頓河的法律」裁決拉辛的舉動，正訴說著他們自己捨棄了傳統的自治體制。隔年六月，拉辛最後在莫斯科的紅場上遭到處刑。

阿列克謝政府在頓河哥薩克人放棄自治的同時，要求他們對沙皇「宣誓忠誠」，首領們對此毫無抵抗之力。至此，位於邊境的「自由且自治的共同體」，就幾乎完全被納進了沙皇的支配之下。

7 《會議法典》是俄羅斯王國的一部綜合法典，在一六四九年由全國縉紳會議通過，一直執行了將近兩百年，直到一八三二年。法典不僅搜集整理了此前俄羅斯所有的法律條文和官署公文規定，更參考了立陶宛法和拜占庭法等外國法律。是俄羅斯歷史上第一部系統性的綜合法典，也是第一次將國家法、刑法、民法、家庭法和刑罰種類分門別類進行了歸納，決定了一五至一七世紀俄羅斯的法律基礎和發展規律。

8 「Слобода」此詞彙為俄羅斯歷史上的一個地理概念，指特定的集落或都市內的地區，也可翻譯為「大村莊」或「區」、「街區」。

9 格里戈里．卡爾帕維奇．科托希辛（？——一六六七），俄羅斯王國使節官署官員，一六六三年底被派遣往德聶伯河地區負責跟波蘭人的談判。因不願幫當時的地方軍政長官尤里．多爾戈魯科夫公爵誣告陷害前任長官而被迫流亡外國，輾轉經波蘭、普魯士最終抵達瑞典。之後在瑞典國家檔案館工作，奉瑞典政府之命，寫下了關於阿列克謝沙皇充滿批判性的史書。

10 也稱機密官署，存在於一六五四至一七二六年間。由阿列克謝沙皇創立，目的是為了監督國家管理和是官員否認真執行沙皇的命令，此外還負責刑偵最嚴重的叛國罪行。部分俄國史學家認為，這是俄國最早的秘密警察、特務機關一類的機構。

11 特羅里大公會議，為公元六九一至六九二年間召開的東正教宗教會議。由於召開地點在君士坦丁堡的特羅里宮，所以被稱為特羅里大公會議。又，因為之前的第五次和第六次會議沒有結果，所以特羅里大公會議有時候也稱為「第五、六次大公會議」。會議最終確定了一百零二條教義，其中有不少是否定了西方羅馬公教的教義。這次大會對於東正教教會有著重要意義，進一步完善和確定了很多教義的解釋和教會法則，當然也更進一步加深了和羅馬教廷的分化。

12 「日耳曼區」是一個所有在俄羅斯的外國人被要求只能在此居住的指定居住區。外國人被限制居住在這個特殊、四周有柵欄圍繞和受到警衛的地區，俄羅斯人也不能進去，除非有特別的通行證。這個區也是一個特權區，只要居住在限定的大村莊裡，外國人可以享有和在家鄉同樣的生活水平，能上他們自己教會的教堂祈禱，而且可享有免稅待遇。

13 「軍政長官」為俄羅斯王國的地方軍事指揮官，在很多情況下會兼任地方行政管理的職務，成為地方軍事和政治管理的最高官員。軍政長官由沙皇任命，在其就任時會得到沙皇訓令規定其職能權限，每個長官職能權限的大小因其管轄區大小、兵力多寡和重要性而不同，並沒有統一明確的規定。

14 哥薩克首領中文音譯為「阿塔曼」，是哥薩克人的村長、族長、軍隊領袖的稱呼。詞根為突厥語，阿塔（ата）意為「父親」，曼（ман）意為「人」，即「像父親一樣的人」，該職務並非天生獲得也不可血親繼承，而是由哥薩克人選舉產生。

第三章
彼得大帝的「革命」

彼得大帝　在位期間力行改革，使俄國的版圖不斷拓展，並將俄國推入現代世界。

著迷西歐的年輕皇帝

◎克里姆林宮中的權力鬥爭

一六七二年五月三十日清晨，克里姆林宮的鐘聲，宣告了皇帝阿列克謝的兒子誕生的喜訊。

三年前的一六六九年，阿列克謝失去了長年陪伴他的妻子瑪麗亞・米羅斯拉夫斯卡雅。夫妻倆一共生下了十三位孩子，其中當然也存在著預定好的男性繼承人。在瑪麗亞過世兩年後，阿列克謝結了第二次婚，對象名為娜塔莉亞・納雷什金娜。

這位叫做「彼得」的男孩，一開始並不在繼承人的人選之中，但是，在克里姆林宮內納雷什金家的地位很高。按以往的通例，與沙皇結婚的王妃，其親族都會在政府內占有一席之地。在阿列克謝還在世時，這現象所造成的問題還未浮上檯面；不過在阿列克謝於一六七六年去世後，騷亂很快就蔓延開來。一言以蔽之，這場騷亂即是第一任王妃的米羅斯拉夫斯基家，與第二任王妃的納雷什金家之間發生的繼承人之爭。阿列克謝過世後，起初是由米羅斯拉夫斯基家的費奧多爾三世登基，雖然眾人認為以他十六歲的年紀，在順利上任之後，應該不會產生什麼太大的問題，然而若要說到最大的隱憂，或許就是他孱弱的身體狀況了。

果不其然，費奧多爾沙皇的統治只過了短短六年，就隨著他的過世而閉幕。費奧多爾是位聰明、想法先進，並且打算改變守舊俄羅斯的沙皇。所謂守舊的俄羅斯，即是「正教為主」、「貴族為重」的俄羅斯。他迎娶了擁有波蘭血統的貴族女孩，絲毫不介意拉丁文化會帶給俄羅斯何種影響，倒不如說，他反而想進一步地去接受這些影響。費奧多爾在位時，廢止了徒具形式的門第制度，以謀求不再以門閥、家世為主的任用制度。費奧多爾的做法，讓部分學者將其視為「費奧多爾改革」，並將之定位為後來「彼得大帝改革」的先鋒。無奈費奧多爾身體羸弱，結果他的統治時期並不長。一六八二年四月，結婚後沒多久的費奧多爾，就在沒有留下任何子嗣的情況下，與世長辭。

一場繼承人之位的爭奪戰，很快地就在費奧多爾病床的枕邊展開。米羅斯拉夫斯基家有一位叫做伊凡的十六歲男孩，他是費奧多爾的弟弟，但同樣身體不好，且還有精神發展上的遲緩。與之相比之下，彼得當時雖然剛滿十歲，但非常健康，是位體格壯碩的孩子。納雷什金派系開始了支持彼得的行動，並在後來獲得了牧首約阿希姆的支持。最後，費奧多爾死去時，在母親娜塔莉亞「攝政」的條件下，彼得得以即位。然而過沒多久，米羅斯拉夫斯基派又發動了反擊。

米羅斯拉夫斯基派系的主要人物是一位二十五歲、正值青春年華的女孩——索菲婭，她同時也是已故的費奧多爾的姊姊。索菲婭頭腦聰明，曾與兄弟姊妹們一起受過高等教育，不過她對於權力的慾望卻比任何人都還要強。當時住在莫斯科的法國外交官努維爾就這樣描述過她：「索菲婭從未閱讀過任何馬基維利的著作，卻將馬基維利所有的處世方法發揮得淋漓盡致。特別是在『不謀略就無法獲得任何收穫』，以及『在統治進入危急狀況時，就算犯罪也是無可厚非』這幾點上。」後來，索菲婭撒了一些「餌」給負責莫斯科警備勤務的射手衛隊，策畫了推翻納雷什金派系的計畫。

同年五月，也就是彼得即位後的隔月，射手衛隊闖進了克里姆林宮，襲擊了納雷什金派的主要人物。這起事件，使得包含使節官署的首長阿爾塔蒙·馬特維夫在內，共有四十人遭到殺害。娜塔莉亞與彼得雖然勉強逃過一劫，但權力終究還是落入了索菲婭手中，後來，彼得被降格成伊凡的「共同統治者」。雖說同時有「兩位沙皇」是個奇特的現象，但拜占庭帝國也曾有過這樣的先例。於是，掌握了實權的索菲婭開始「攝政」，而彼得與他的母親，則

費奧多爾三世 十六歲即位，但因為病弱，執政時期只持續了六年。

被一同放逐到位於莫斯科郊外一處名為普列奧布拉任斯基的村子內生活。後來，即使克里姆林宮有舉辦儀式活動，彼得也沒有什麼受邀參加的機會，就這樣在沒有受過正規的帝王教育下，遭中央放任不管。

◎索菲婭攝政時期

索菲婭與寵臣瓦西里·高禮信一同治理著她的國家。瓦西里·高禮信的年紀比索菲婭要大上一輪，也有風聲傳出他是索菲婭的情夫。他們最初所碰上的難題，顯然正是射手衛隊。因為射手衛隊當中，包含他們的指揮官哈萬斯基在內，存在著許多「舊禮教派」的支持者。索菲婭曾因射手衛隊的問題搞得焦頭爛額，但她最終還是順利地鎮壓了後來由哈萬斯基所引起的「哈萬斯基之亂」[15]。俄羅斯之後緩和了非正教徒的規定與限制，並設立了參考基輔神學院所設計出的高等教育機關「斯拉夫·希臘·拉丁學院」[16]、接納了法國的胡格諾教派——也就是所謂的逃亡新教徒。在當時的俄羅斯裡，最通曉西歐的高禮信擁有許多的外國人朋友，傳聞他曾經思考過「解放農奴」的議題，雖然這說法沒有證據證實，但他確實打算讓農民的地位有一定的改善。

然而，索菲婭在對外政策上卻跌了很大一跤。在她加入了對抗鄂圖曼帝國的「神聖同盟」後，在一六八七年的春天，俄羅斯發動了對克里米亞的遠征。高禮信握有全軍的指揮權，但遠征行動卻因為水源的補給出了問題，在沒有獲得任何戰果的情況下，就以不戰而歸結束。政府後來以「暫時性撤退」為由，正當化這次行動。一六八九年二月，俄羅斯發動了第二次遠征，並在同年七月時以「凱旋軍」的身分回到了莫斯科。高禮信受到國家毫不保留的獎賞，但很快地、這次凱旋就被人發現只是個單純的演戲與虛報。

在索菲婭政府失去信賴後，支持彼得的一派很快就發動了攻勢。他們打算藉由讓已長大成人的彼得「結婚」，而使索菲婭的「攝政」名分失去大義立場。於是在一六八九年一月，舉行了彼得的結婚典禮。他的結婚對象為耶夫多奇娜・羅普金娜，是個位階不高的貴族的女兒。之所以會「選擇」這女孩當然有其箇中原因，因為按照傳統舊慣來說，結婚通常會使克

攝政的索菲婭　已故的費奧多爾與伊凡的姊姊，有著成為君主的強烈意志。

里姆林宮內的階級排序產生變化，因此他們才選擇了這種出身於貴族世家、卻又不會造成太大影響的女孩子。

八月中旬，彼得的反對派策畫了針對他的「襲擊計畫」。雖然索菲婭確實有讓自己成為「皇帝」的想法，但這次的「計畫」是否是由她親身發起，則仍有待商榷。總之，不管真相究竟為何，有個人知道了這個「陰謀」，且前去通知了在普列奧布拉任斯基村的宮殿裡休息的彼得。彼得在得知消息後，便快馬逃至莫斯科近郊的謝爾蓋聖三一修道院中。隔日，許多支持彼得的聖俗兩界高官，便陸續聚集到了彼得身邊。事情演變到了這個階段，可說是彼得的勝負已定。後來他們逮捕了高禮信，並將他流放至北方，索菲婭也被軟禁於新聖女修道院，終身過著受人監視的生活。政治的實權，在此時終於轉移到了納雷什金家族手上。

◎彼得與「日耳曼區」

對於彼得支持派來說，一六八九年是個很大的里程碑，不過此時的彼得，仍未開始他的「親政」。這時的政治，是由母親娜塔莉亞，以及舅舅列夫・基里爾洛維奇・納雷什金代為掌管，年僅十七歲的彼得還未能擁有充分的話語權。同一時期，彼得與他的妻子耶夫多奇娜之間的關係開始逐漸疏遠，但他們還是在結婚的隔年產下了第一子阿列克謝，有了後繼之人。又過了一年，次子也跟著出生，不過在未滿一歲之前就已夭折。顯示出了縱使是沙皇家族，嬰、幼兒——特別是男孩子的死亡率，也仍是居高不下的現實。

彼得從少年時期就對軍事表現出了濃厚的興趣，他會集合同年紀的朋友一起玩軍隊遊戲。而這個角色扮演遊戲，後來也變得愈來愈正式。在這種被稱為「彼得的遊戲兵團」的軍事訓練中，不只有人受傷，甚至還有人因此死亡。彼得的身邊總有一位叫做亞歷山大・緬什科夫的人陪著他。緬什科夫雖然出身寒微、父親是個地位不高的士官，但他多才多藝而且精力旺盛。緬什科夫有個軼事，據說他在孩提時期，曾在街道上賣過一種叫做「皮羅什基」的餡餅。而這位緬什科夫，正是後來成為了彼得的「左右手」、在俄羅斯中僅次於彼得的大人物。

在彼得頻繁往來於莫斯科郊外的「日耳曼區」，與其中的居民變成好友後，讓彼得有種自己猶如進入了世外桃源的感覺。彼得時常會拜訪村中一位叫做帕特里克・戈登的人，帕特里克出身於蘇格蘭，同時也是彼得後來的軍事顧問。同時，彼得與弗蘭茨・萊福特的關係也相當良好，弗蘭茨是瑞士傭兵的孩子，當時已經在俄羅斯居住了十五年，雖然傳聞教彼得玩耍、喝酒的人也是他，不過對於彼得來說，弗蘭茨無異是個最棒的朋友。其他還有像是教會彼得說荷蘭語的安德烈．維尼爾斯，他的父親是第一位在俄羅斯設立「鐵工廠」的商人。彼得的第一位「情婦」安娜，也是「日耳曼區」中的酒吧老闆約翰．格奧爾格．蒙斯的女兒……彼得就這樣在各式各樣的朋友陪伴下，一邊玩鬧、一邊學習長大。可想而知，一位沙皇做出如此行為，不免有人會投以白眼，其中又以神職人員尤其嚴重，不過彼得對此卻毫不在意，甚至還反過來組織了所謂的「小丑與弄臣的戲謔與酗酒宗教會議」[17]，大肆飲酒作樂來諷刺他們。

◎親政之始

一六九三年七月，彼得為前往白海的港都阿爾漢格爾斯克而離開了莫斯科。在這個俄羅斯當時唯一的港口裡，彼得參觀了外國的商船。隔年夏天，彼得又再次來到了阿爾漢格爾斯克，這次他還登上了位於白海的索洛韋茨基群島，造訪了該處的修道院。彼得此時對航海與造船產生的興趣，後來影響了他的一生。身為基督徒的彼得，雖然也會穿著沙皇的正式服裝出席教會儀式，但這其實是源自他對於虔誠的母親娜塔莉亞的愛。一六九四年一月，彼得的母親過世，於是他順理成章地開始「親政」。兩年後，他同父異母的哥哥伊凡五世也跟著過世；據說彼得在此時，才產生了對默默承擔所有「儀式」的伊凡有了憐憫之心。而伊凡的死亡，同時也代表著已經沒有事物能再將彼得束縛在「傳統」之上。

彼得最初的戰役沿革了過去的歷史——朝南方進軍，但他的目標與索菲婭相較之下就顯得保守一點。彼得的戰略，是選擇先攻下鄂圖曼帝國所控制的頓河河口要塞——亞速。不過這場發動於一六九五年夏天的遠征，卻仍以失敗收場。原因是他們無法切斷來自鄂圖曼帝國海軍的補給，加上在戰爭中途，他們還遭克里米亞韃靼人從部隊後方偷襲。

然而，彼得並不是一個會因為敗戰而一蹶不振的人，他很快就重新整備好了自己的部隊。首先，他先在軍隊主力中成立了海軍，並在位於頓河中游的沃羅涅日地區裡挑了一處城市來興建造船廠，接著強迫聖俗兩界的高官一同負擔造船的費用。不僅如此，彼得還從全國召集了工人，在附近的森林裡進行伐木與運送工作，同時任用旅居俄羅斯的外國人來進行造船作業。「快速」、「大量動員」就是彼得的改革事業最大的特徵，從這次造船計畫中，我們也能看見這改革事業的雛形。

一六九六年五月底，俄羅斯的海、陸軍再次包圍了亞速，俄軍這次花不到兩個月，就成功打下了敵人的要塞。雖然彼得心中有個盤算，打算把這「長年不結冰」的亞速，作為俄羅斯的新貿易港口，將之整建成「新阿爾漢格爾斯克」，但這計畫卻在沒多久後宣告中止。凱旋回到莫斯科的俄軍在城內舉行了勝利遊行，遊行隊伍以海軍大將萊福特為中心，彼得則是位在其後與之一同行進。儘管只是部分的勝利，但俄羅斯戰勝了大國鄂圖曼的消息，已十分足以震驚歐洲世界。

◎兩百五十人的大使節團

一六九七年三月初，在亞速戰役告捷的俄羅斯政府，為了更進一步找尋一同對抗鄂圖曼帝國的盟友，派遣了使節團前往各個歐洲大國。使節團共有兩百五十人，規模非常浩大。雖然派遣使節並非是件稀奇的事，但說到這次使節團裡較特別的部分，就是其中有三十五人是為了學習造船與航海，而自願前往荷蘭的「志工」，且這三十五人之中，其中一位就是彼得本人。彼得化名為「彼得．米哈伊洛夫」，跟著使節團形影不離地一起行動。彼得會選擇隱姓埋名，自有他的理由存在，因為匿名能讓彼得避開繁瑣的歡迎、歡送會等外交儀式，而獲得自由行動的機會；另一個理由，就是能夠對國內外隱藏他不在俄羅斯的事實，藉此避免可能發生的「權力空白」問題。從彼得即使冒這麼大的險，也要前往歐洲的行為來看，更能感覺出他想親眼見識歐洲文明的先進，以及想向他們學習的強烈意圖。換句話說，這個大使節團，就像是這位年輕沙皇的「校外教學」，而當時陪在他身邊一起周遊列國的，還有他的得力能臣——緬什科夫。

大使節團在旅途中，順道拜訪了柯尼斯堡、德勒斯登與維也納，並與在地的君主們締結了良好關係。不過他們此行的主要目的地是阿姆斯特丹與倫敦，也就是當時最先進的「海洋國家」之首都。彼得在莫斯科好友的故鄉、素有「造船大城」之譽的贊丹稍作停留後，到達阿姆斯特丹時，時間已是八月初。彼得與十名夥伴在該處取得了工作許可，一起在東印度公司的造船廠當「造船師傅」。這些行為並非只是一時的「政治表演」，因為他們在十一月初時，還一同見證了巡防艦的下水典禮。

他們在阿姆斯特丹停留長達四個半月的時間裡，幾乎都在學習如何造船。其餘的時間，也與荷蘭省督（stadhouder）奧蘭治的威廉（威廉三世）進行會談，或是參訪醫院、植物園，以及參觀風車和煙火。而其中最吸引彼得的，就是陳列在博物館之中的「珍奇物品」，例如用酒精保存的五十個小型人體，以及人體解剖實驗展示，這些東西後來有一部分被搬到了他「私人的收藏櫃」裡。這些體驗，為什麼會讓彼得想將這處因為世界貿易而極其繁榮、街道整體皆有運河連接的阿姆斯特丹，作為他新首都「聖彼得堡」的參考對象，自然就不必多加解釋了。

隔年一月初，彼得一行人越過了海峽，來到了倫敦。事後才知道，他們來到這裡的目的是為了學習造船的「理論知識」，不過他們也並非只是靜靜坐著讀書而已。在德特福德，除了有彼得從皇家學會會員約翰．伊弗林處租借來的宅邸之外，還有一座「皇家海軍造船廠」，而這所造船廠，正是他們此行的目的。許多人都認為彼得只對造船與航行感興趣，對於自然之美、宏偉的住宅以及華美的公園建設則不屑一顧，但其實不然。雖然彼得確實認為英國是最好的「水手」之國，但他同時也知道英國財富的基礎在於貿易與商業。所以對於海事以外的事物，彼得也同樣關注。他在此處的三個月裡，就造訪了天文台、鑄造廠、兵器庫、皇家學會與大學，也曾在倫敦市內散步、參觀過倫敦塔。彼得知道，英國雖然在「體制上」是個強大的君主制國家，但是實際上「國王的預算」有其上限，且還需要經過議會的認可，因此在這方面不足以作為俄羅斯仿效的典範。

彼得在倫敦最大的購物目標是認可商人專賣的菸草。至於他個人採買的部分，則有各式時鐘、磁鐵、地球儀、刀劍、長袍和假髮，甚至為了當作俄羅斯的參考還買了棺材。再來，他還買了幾位黑奴；據說當時的價位是女人三十英鎊，小孩子二十英鎊。當時靠著英國等西歐各國的「三角貿易」，有大量奴隸從非洲被運到了西印度諸島。而英國名士家庭中，也很流行將奴隸作為傭人使用，至於這位俄羅斯沙皇購買奴隸的目的，是否就是想要模仿這股風潮，我們就不得而知了。在三個月的停留期間結束後，彼得一行人離開了英國。此時將宅邸租借給他們的伊弗林，則因為房屋受到破壞，向政府提出了約三百五十英鎊的損害賠償。

在五月分離開倫敦的彼得一行人，順路來到了德勒斯登，並於六月時到了維也納。當時維也納的神聖羅馬皇帝利奧波德一世剛從一六八三年發生的第二次維也納圍城戰驚險突圍。他的部隊在後來的贊塔戰役中擊退了鄂圖曼軍，雖然這次大使節團的主要目的，就是尋找一同對抗鄂圖曼帝國的盟友，不過此時的海洋大國，卻把精神放在西班牙的王位繼承問題上，並不把鄂圖曼帝國的議題視為最急迫的事項；至於維也納的宮廷方面，也因為剛打贏贊塔戰役，態度也表現得不甚積極。

在彼得一行人準備從維也納出發前往威尼斯時，他們收到來自莫斯科的消息，指出國內發生暴動，且過去想殺

彼得的西歐體驗　在英國德特福德（Deptford）的造船廠裡，彼得喬裝混進了工人之中，學會了造船技術。圖中左邊手持鋸子的人就是彼得。

害彼得的射手衛隊也在此時捲土重來。在收到消息後，彼得取消了訪問威尼斯的計畫，連忙趕回莫斯科，大使節團的旅程也在此正式告終。這個大使節團，最終總共雇用了九百位外國人，他們雖然多與海上事務有關，但也包含了建築師、藥劑師等各方面的專家，而這也是大使節團當初成立的目的之一。簡單來說，這些人就像是「御僱外國人」[18]一般的存在。對於彼得來講，參加這次的使節團也讓他獲得了很大的收穫——當初認為「俄羅斯必須有所改變」的想法，在他參加使節團後，更加確定了這件事已經刻不容緩。

戰爭與「俄羅斯帝國」的誕生

◎大北方戰爭爆發

如同前面所述，彼得在對外政策上繼承了索非婭的方針——持續向南推進，與鄂圖曼帝國的威脅針鋒相對。他所發動的亞速遠征戰，正與此方針互相呼應。雖然作戰目標比起前政府顯得較為保守，但彼得在這場戰役中所建立的「亞速艦隊」，正是俄羅斯史上第一支海軍。然而俄羅斯能做的事，終究也只有這些；孤軍奮戰的他們，很難有太大的作為。所以「大使節團」的重要目的，就是在歐洲大陸上，找尋成立反鄂圖曼帝國同盟的可能性。只可惜，歐洲當時正面臨西班牙王位繼承戰爭的風起雲湧，無暇思考「反鄂圖曼」的議題。

從維也納回到俄羅斯的路上，彼得獲知了莫斯科暴動已獲鎮壓的消息，於是轉道前去與波蘭國王奧古斯特進行密會，同時派了密使前往哥本哈根。俄羅斯、波蘭，以及丹麥，這三個國家共同的歷史，就是都曾與瑞典發生過戰爭，也同樣因此失去了領土。因此為了準備對瑞典發動戰爭，這三個國家結成了反瑞典同盟，是為所謂的「北方同盟」。當時的瑞典，自三十年戰爭的英雄古斯塔夫二世・阿道夫所開創的時代以來就一直是個「軍事大國」，同時也是握有波羅的海制海權的「波羅的海帝國」。她的領土不只包括斯堪地那維亞半島，甚至延伸到了波羅的海南岸。一六九七年，當瑞典年僅十五歲的卡爾十二世即位時，眼見收復國土的機會難得，三國於是結成了同盟。至此，俄羅斯沙皇彼得一世的目標，便產生了由南轉向北的一百八十度大轉換。

一七〇〇年八月，俄羅斯趁著與鄂圖曼帝國休戰的期間，正式向瑞典宣戰。戰爭之初，卡爾十二世領軍向哥本哈根進攻，迫使丹麥軍不得不脫離戰線。雖然卡爾年紀輕輕，卻具有身為軍人的天賦，據說他崇拜的對象是古時候的亞歷山大大帝。在卡爾隨著精銳部隊渡過波羅的海、登陸派爾努後，馬上就擊潰了包圍著瑞典要塞納爾瓦的俄軍。儘管俄軍的規模比瑞典軍浩大，無奈士兵們並未受到良好訓練，且多是為了趕上戰爭而急就章結成的軍隊。因此，彼得在初次接戰就嘗到了一次大敗北，俄軍不僅在這場戰役損失不少士兵，還痛失砲兵部隊。此外，彼得當時不在戰場上的這一點，也常被後人視為敗戰的一大癥結點之一。但無論如何，彼得在亞速遠征中得到的盛名確實已不復存在。試想，如果此時卡爾的部隊繼續向俄羅斯進軍，或許之後就不會有近代的「俄羅斯大國」也說不定。

然而卡爾並沒有這麼做，他選擇向波蘭進攻。之所以會這麼做，是他認為俄羅斯隨時都可以處理掉，還是覺得深入正值冬天的俄羅斯是個危險的舉動，這點至今無人能知，不過能確定的是，他的選擇最終成了他在此

彼得時代的北歐版圖　大北方戰爭開戰前，瑞典是包圍著波羅的海的大國。

戰的重大失算。儘管卡爾的決定讓他成功推翻了波蘭國王，並在波蘭扶植了傀儡政權，但這讓他總共花掉了六年的時間。這段期間內，卡爾等於給了彼得時間，讓他得以重新建立在納爾瓦戰役中崩垮的戰爭體制。

一七〇六年八月，駐留在波蘭國王出身地薩克森（位於德國東北部）的卡爾，終於帶著大軍朝莫斯科進發。可是當他的軍隊接近了俄羅斯國境時，發生了一件他完全沒意料到的事情：彼得早就事先將國境附近一帶付之一炬——即所謂的「焦土作戰」，這個作戰讓卡爾再也無法從現地直接獲取食糧。另一方面，卡爾朝南方行進中的補給部隊，也在途中遭到彼得軍隊襲擊，被殲滅於雷斯納亞村附近。即便如此，彼得也收到了一則讓他不禁懷疑是否聽錯的消息：在統一後，理應相安無事、與之相處得宜的烏克蘭首領馬澤帕竟「謀反」了。馬澤帕趁著這次機會，試圖借助瑞典軍的力量，再度嘗試「烏克蘭獨立」的可能性。不過彼得的應對也相當迅速，他馬上派遣身為他左右手的緬什科夫前往「本部」，成功使叛亂收束在最小限度。和馬澤帕一起投靠瑞典軍的部隊，不過寥寥數千而已。

最後，兩軍在烏克蘭的要塞波爾塔瓦發生了全面性的衝突。卡爾的軍隊因為遠征的長途跋涉而疲弊不堪，相較之下，彼得引領的俄軍則已完全重整態勢。俄軍規模不在話下，裝備與訓練方面也都占有高度優勢。一七〇九年六月二十八日，進入戰鬥狀態的兩軍，不到日落之前就已分出勝負，結果為瑞典軍全軍潰滅。敗戰的卡爾與馬澤帕艱苦渡過了聶伯河，逃至鄂圖曼帝國的領地內。對於俄羅斯來說，這場「波爾塔瓦戰役」乃是一場決定了大北方戰爭勝利的劃時代戰役。

◎《尼斯塔德和平條約》與帝國的誕生

然而戰爭並沒有因此而結束。後來的五年間，卡爾在鄂圖曼領土一處稱為賓傑里的地方，不斷糾纏、慫恿坐鎮於此的蘇丹，要他攻擊俄羅斯。而且彼得的俄軍也真的有一次被逼得走投無路，可是這依舊無法讓瑞典挽回劣勢。一七一四年，在瑞典海軍在「甘古特海戰」中敗給了俄羅斯新成立不久的波羅的海艦隊之後，卡爾在年底時回到了因為出征而長期不在的瑞典，此時他的國家的經濟早已因為戰爭顯得疲憊而蕭條。一七一八年底，卡爾在挪威附近的要塞遭流彈擊中而身亡，且又由於擊中他的子彈，是從後方射來，因此這起事件是「內部人所為」的說法傳得沸沸揚揚。然而真相究竟為何，至今仍不得而知。後來，包含俄羅斯在內的同盟軍再次參戰，此次連普魯士都一同加入了戰線。戰爭直到俄軍登陸，並攻進了瑞典本土後，雙方才終於開始進行和平交涉。

一七二一年八月底，雙方在芬蘭南部的一座小港村尼斯塔德締結了條約。根據條約內容，瑞典除了「瑞典領土的波美拉尼亞」以外，失去了在波羅的海南岸所有的領土，至此，「波羅的海帝國」正式垮台。相對地，俄羅斯則得到了「波羅的海三國」——即愛沙尼亞、利沃尼亞和英格里亞，等同於獲得了波羅的海的出海口。俄羅斯在戰爭中，得到了比預期中還大的戰果；透過這場戰爭，他們成為了「東北歐地區」的強國、一個霸權國家，並且持續至今。

在簽訂《尼斯塔德條約》後，俄羅斯為這個條約帶來的和平，整整慶祝了一個月。此時，俄羅斯已將首都從莫斯科遷至聖彼得堡，國家的最高統治機關——參議院，則賦予了彼得「祖國之父」、「大帝」，還有「皇帝（Imperator）」等稱號。於是，俄羅斯就成了由「皇帝」所統治的國家，因此也改成以「帝國（Imperium）」自稱。原本「皇帝」與「帝國」一直以來都是富有歷史淵源的稱號，直至當時也只有「神聖羅馬帝國」在使用這個稱呼，因此所有歐洲大國當下對此皆不予承認，但這終究也只是時間上的問題。隨著俄羅斯在歐洲國際政治上的發言力量不斷增強後，「俄羅斯帝國」的稱呼便固定了下來。所以，自一七二一年開始，俄羅斯進入了所謂「帝俄時期」的新時代。

◎導入徵兵制

在彼得的統治時期中，自長達二十年以上的大北方戰爭爆發後，就一直都是烽火不斷的日子。戰爭，可說是十七世紀全歐洲都在發生的事，甚至可以說「和平」反而是罕見的現象。過去，歷史學家克柳切夫斯基，就對發生在彼得身上的戰事與改革之間的關聯指出：「戰爭是彼得實施改革活動的原動力。」「戰爭告訴了彼得該從哪裡開始進行改革，同時也給予他改革的效率與手段。而改革的各項方策，則是依照推動戰爭的必要而導致的順序，一個接著一個處理。」這是非常切中要點的看法，不過到了彼得執政後期的各種「計畫性」改革，就顯然不能再從戰爭的觀點加以切入。即使如此，彼得所做的軍事改革內容，如果不考慮到當時所面臨的戰爭的話，就無法進行探討。

一七〇五年二月，也就是納爾瓦戰役戰敗後不久，彼得馬上就發出了「徵兵令」。他向全國的村莊指示要「從每二十戶人家中，挑選出一位優良且適任此勤務的單身人士」來當軍人，而具體上要推誰出來擔任士兵，則是全權交給村莊自行決定。自此，俄羅斯開啟了徵兵制度的歷史。同年十二月，俄羅斯再次以相同的基準，向國內發出指示。再到了後年的十月，國家又發出了一次徵兵令，不同的是，這次的選人基準中，廢除了只挑選單身人士的規定。就像資料顯示的，俄羅斯幾乎每年都在實施徵兵，直到波爾塔瓦戰役告捷後，徵兵的基準才緩和了許多。一七一三年一月時，選兵基準從「二十戶中挑選一人」的規定減半成「四十戶挑選一人」，到了隔年二月更降至了「七十五戶中挑一人」。然而每年徵兵時，通常都會遇到各村莊「遲交士兵」的問題，非得政府三催四請，村莊才交出人來。據說在彼得的執政時期，平均每年就從全國村莊裡徵用了兩萬人的士兵，執政初期時甚至高達三萬人。

當初，俄羅斯並未對兵役設定一個期限。因此，「當兵」就意味著要與村莊、家人永遠分隔兩地，這自然會讓農民對此感到顧忌與逃避，然而就算如此，他們還是得交出士兵不可。那麼，村莊究竟是用什麼樣的方式來「選人」的？有些村莊選擇了最公平的方法——「抽籤」。不過沒過多久，大多數的村莊，都選擇把徵兵作為懲罰性的象徵，挑選村莊中的「懶惰鬼」與「酒鬼」去當兵。這是只有當時的村落才會演變出的方法，由於當時的農民們需要向土地領主，也就是貴族或修道院繳納「地租」，對國家也有需要繳納的稅項，而這些租稅的繳納，連帶影響著整個村莊，所以說如果有一個人遲繳，他的應付額就必須由每個村民分攤，又或者是由有負擔能力的農民代為繳納。在這樣的體制中，窮人或是支付能力不足的人，都將成為村落的負面要因，更何況是「懶惰鬼」與「酒鬼」。此外，若是將富裕的農民交給國家，該人的離開也會造成村落部分的虧損，因此即使是領主也不會同意這樣的決定。於是，各村莊最後都選擇將兵役推給貧窮的農民，並給予被挑上的農民微薄的安家費後，就把他「趕出」村外。

◎貴族的兵役義務

那麼另一方面，指揮這群農民士兵的軍官們又是怎樣的狀況呢？軍官們通常沒有例外地、清一色全由貴族擔任。就如前面提過的，十七世紀的貴族們，有責任「騎著馬、帶著佣人並攜帶武裝」參加戰爭、遠征或是守備國境。在沒有戰事的日子裡，在一定的條件下他們可以在獲賜的封地中度日。然而到了彼得的戰爭時代，無法允許貴族這樣的生活作風。

自大北方戰爭開始至波爾塔瓦戰役為止，彼得採取了各種措施去掌握年輕貴族的人數，以及將能作戰的貴族動員到最大極限。一七一一年，俄羅斯在設立參議院的同時，廢止了過去的「人事官署」，至於原先在人事官署進行的業務，則轉由「參議院附屬人事處」處理。人事處除負責登錄貴族的勤務，也負責「檢閱」該員的勤務狀況。另一方面，在一七一四年，政府為強化貴族的土地所有權，導入了「一子繼承制」[19]，並同時廢止了「封地下授」的機制。於是貴族們便被賦予了「永久性的國家勤務」，不過相對地，他們也能夠領到「薪水」。至於這個「國家勤務」，最後於一七二二年公布了根據年資與功績設計出的「官等表」[20]後，才終於有了一個完整的體制。

如此，彼得便將國家勤務——特別是「兵役」，交給了貴族們負責。除非是生病或是因傷脫離軍旅，否則貴族們必須一生肩負這個義務。且彼得立的法條幾乎沒去顧及到貴族們的「退伍」及「休假」，這讓他們無法像自己的父親、祖父一樣可以住在自己的村子裡。直到戰爭結束後，政府才總算對貴族們個別的申請，給予了為期四個月、六個月或十二個月的「休假」。不過要完全解除兵役，只能透過兩種方式：一是「透過敕令，或是擁有陸軍參事會裁定的醫師證明來申請」，而另一種方式，就是「死亡」。

◎從戶稅至人頭稅

在彼得的改革中，同樣與戰爭有直接關聯的大問題即是「人頭稅的實施」。一七〇八年，也就是波爾塔瓦戰役發生的前年，彼得實施了全國的戶口調查。在俄羅斯，「戶稅」是從十七世紀中葉開始就在施行的稅項，當時的課稅單位是以「一個家庭」來做計算，前面提到的「徵兵」，也同樣是按每個村的家庭數所進行的。不過當時參考的資料，是一六七八年至一六七九年間實施的全國調查所建立的檔案，換句話說，自從這檔案建立後，俄羅斯已經有快三十年都沒再實施過全國調查。且在戰爭的長期化之下，國庫早已入不敷出，所以政府才會思考，在這段期間內，國內的家庭數肯定增加了不少，要是對那些增加的家庭數進行課稅的話，勢必可以期待獲得更多的稅收。

新的戶口調查總共花了三年的時間，然而調查的結果讓政府大吃一驚——全國符合課稅條件的家庭數，竟從原先的七十九萬戶減少到了六十三萬五千戶，等於減少了大約百分之二十。雖然也有部分地區顯示人口增加，但多數地區都是呈現減少的狀態，就連占全國戶數三分之一的主要地區——莫斯科省，也減少了百分之二十四。

然而，政府並不全盤相信這份報告。他們認為，派遣至各個地方的調查官可能收了「賄賂」而記載了較低的數字，再加上農民們為了避稅，通常也會打掉自己居住的小屋，去和其他家人組成一個「大家庭」。俄羅斯農民住的屋子像是一種「原木組合屋（log house）」，這種屋子蓋起來不需大費周章，拆起來更是「小事一樁」。在前一次的調查中，政府也早就發現了這種作弊方式，於是他們決定不採納這新的數據，而是同樣依照三十年前的舊數據繼續進行課稅。

五年後，政府再次嘗試全國性的戶口調查。在此次稱為「土地調查委員會」[21]的調查中，政府在中途階段發現部分數字不甚明朗，於是決定中止了它。政府這次依然懷疑其中有著作弊行為，因為俄羅斯的地方行政體系非常不完備，人手不足的關係也讓地方行政有許多漏洞可鑽，即使下了帶有威嚇性的命令，能解決的問題也極其有限。因此，雖然最終政府還是以原來的調查結果為主，但是沒過多久，他們就從法國得到了可以根除問題的稅制改革的想法，並開始研討。後來，不再以「家庭」，而是以「個人」為課稅單位的人頭稅就這麼誕生了。

一七一八年十一月，彼得發出了以下的敕令：「所有人必須受領申告書，並在一年的期限內，誠實報上何村的何人之處共有幾名男性。」隔年一月，參議院發布了具體的實施方法，其要點只有一個：清點所有農村內的男性數量。也就是針對上從老人、下至剛出生的嬰兒所進行的人口調查。這麼做的目的，不外乎就是為了將課稅單位從「家庭」更改為「個人」，所以先做事先調查。只是，除了預先料想到的虛報與隱匿問題外，這調查也因為不少長期住在農村內、被稱為「холоп」的「奴隸」，或是不法離開法定住所的逃亡農民、流浪漢等「自由人」處置等等問題而花了很長的時間。在調查開始後過了兩年，才總算將國內人口統計完畢，得到總共有四百萬人的最終數據。

◎常備軍的必要性

另一方面，彼得在稅制上的改革，不單是更改課稅單位而已，其實打從一開始，他就將這稅項當作軍事稅來思考。雖然因為尼斯塔德的和平協議，讓大北方戰爭在俄羅斯的勝利下收場，但對於俄羅斯來說，自己所面臨的國際情勢依舊與過去一樣嚴峻。因此若像以往一樣，在戰後解散大部分的軍隊，勢必將會帶來非常大的危險；彼得自己也很清楚，他們必須要有一支像歐洲一樣的「常備軍」。政府一年間的開銷，此時已經達到了四百萬盧布，再加上在戰時頻繁加入的臨時稅，在戰爭結束後，失去了「為支撐作戰」而徵收的「正當理由」。因此彼得才會設立新的「人頭稅」，來取代至今課徵的「戶稅」。在新稅制上路的同時，彼得也踏出了像是廢止至今為止的臨時稅等各種根本的稅制改革之路。

在人頭稅的稅額設定上，彼得的處理方式，合理到令人吃驚的程度。起初，他將四百萬盧布的金額除以四百萬人的人口，讓一人負擔一盧布。而在透過後續的補強性調查中，在一年後得知人口增加到了五百萬人，而最終的調查結果，總人口則來到了五百四十萬人。於是政府也因應這人數的變化，將稅額分別降至八十戈比與七十四戈比（一百戈比等於一盧布）。歷史學家博戈斯洛夫斯基留下的《彼得大帝傳》裡，就詳細記載了彼得大帝的每一天，雖然全書未完成，但他對此次的稅制改革精確地指出：「改革者在這樣的情況下，不能只是一個關心國家經濟狀況的財政家，而是要以只針對數字做操作的數學家角度來行動。」自一七二四年起，俄羅斯的男性必須開始向國家繳納一人七十四戈比的人頭稅。雖然一直以來，蘇維埃的歷史學家不斷強調這稅金的沉重程度，但目前的學界中也已出現了完全相反的見解。總而言之，彼得這種「實施人頭稅」的根本性財政改革，就是「基於戰爭之必要」所應運而生，在各方面都充滿了軍事的色彩。

新首都聖彼得堡

◎「建立在淚水與死屍上的城市」

聖彼得堡是象徵彼得大帝「革命」的城市。不同於因襲傳統的「古都」莫斯科，這城市在各方面都非常「世俗」且充滿計畫性。而瀰漫在這新都市的積極進取風氣，即使過了三百年，仍能在現代俄羅斯中感覺出來。

一七〇三年，也就是「納爾瓦戰役敗戰」後，彼得在涅瓦河河口的三角沼澤地帶上築起了要塞，並將此作為基礎開始建設新的城市。然而此處不僅寒冷、地處濕地地形與惡劣氣候中，洪水更是每年報到，是個集滿各種不利生存條件的地方，但這裡卻同時也是俄羅斯的領土中，離歐洲最近的地方。城市的名字「聖彼得堡」是由守護聖人「聖伯多祿」的名字變化而來。起初，這城市被定位為要塞而建，但到了隔年九月，彼得很快就表示出了要將這座城市變為新首都的意思。後來，城市的營造計畫、建設以及財政、人力資源等各方面，都有彼得的深度介入。

不必多加解釋，建立聖彼得堡並非一蹴可幾。這座城的建立史，可從一七一二年大略區分為兩個階段；第一階段為「基礎施工時期」，這階段主要在強化位於城市北方、終年狂風呼嘯的沼澤地地基。為了這個工程，彼得發出命令，表示一年就要從全國的村莊、城鎮強制徵用四萬名的工人，不過實際上，最後真正報到的卻只有兩萬多名。工作內容雖然只是單純的土木粗工，但因為惡劣的氣候與食、衣、住品質的欠缺，使得許多人不是生病，就是在工作中喪命。甚至有報告指出因為工作沉重、氣候低溫以及飢餓而死亡的人，總數高達六萬人之多。姑且不論這份報告的可信度，我們仍能察覺到，當時疾病與死亡都是「稀鬆平常」的事情。一世紀後，學者卡拉姆津就曾以「這是蓋在淚水與死屍上的城市」的描述，批判著這座城市。

當時彼得在小木屋中一邊與「洪水」較量一邊指揮著前線作業，但地基脆弱的問題卻怎樣都難以解決。於是彼得在一七一四年時，下了一道有名的命令。他要求所有要進入新首都的貨運馬車，每一台都必須「繳納」三塊重五俄磅（一俄磅約為四百克）的石塊，船隻則是依照船身大小，「繳納」十塊至三十塊不等的十俄磅石塊。這項繳納石塊的義務延續了六十年以上，因而打下了這處石造城市的基礎。

基礎穩固後，接下來便要開始處理人的問題，過去的「強制」手段再次被運用於其中。彼得建立了貴族高官的移居清冊，並命令擁有超過五百戶農民人家的富裕貴族在瓦西里島搭建兩層樓的石造宅邸。除了他們以外，各地富裕的商人、手工藝者也被命令移居至此。至於當初設立在莫斯科的各種專門技職學校，後來不是搬遷至此處，就是在這裡重新再蓋一間。就這樣，到了彼得統治時期的後期時，新首都的人口已經達到了四萬人。

在人變多了之後，接著就必須思考糧食的問題。要讓住在帝國邊境的新首都居民能夠生存下去，自然不可缺少來自全國各地的穀物等各種物資，而為了將物資送進新首都，就必須整建道路與運河。然而即使在拉多加運河與上沃洛喬克運河開通後，首都內的「高物價」現象依舊沒有改善。他們持續投資這座城市，即使成本已高居不下，政府依舊沒有放棄這座城市。某個歷史學家認為「雖然沒有直接的證據」，但彼得的大事業，很可能是在效仿古羅馬的君士坦丁大帝在建設「巨大又莊嚴的首都」（君士坦丁堡）一樣，裡頭充滿了政治意味。

◎「委員會內的流暢行政」

在城市建設的同時，政府機關也在進行轉移。一七一二年，這座城市迎來了轉捩點。首先，這年彼得將皇宮移到了此處，因為對於彼得來說，莫斯科是個充滿「舊俗與傳統」的地方，是個會反對任何革新政策的「極端保守主義城市」，因此對於將皇室移走一事，他可說是毫無留戀。同時，彼得設立了「參議院」，取代掉早已有名無實的「貴族會議」。參議院原先是當沙皇因為遠征等關係而不在國內時，能夠暫時代理國政的機關，但在它移到了聖彼得堡之後，便開始擔任推動沙皇最高意志的角色，也就是負責將沙皇意思傳達至每個中央、地方的政府機關，並監督其作業的角色。

彼得同時也對中央政府做了根本性的改變，例如在行政體系上，他廢除了至今所設的數十種官署，改採流行於當時歐洲的委員會（collegium）。後來，德意志的哲學家萊布尼茲就曾這麼說：「良好的行政，只有透過委員會才有辦法實現，它的架構就如同時鐘的機械構造，每個齒輪都發揮著確保彼此都能持續轉動的功能。」如此強調了彼得的作法正確。包含了「國外事務」、「陸軍」、「海軍」等主要委員會的十二個「委員會」[22]就在此刻發跡。各委員會的決定會被視為「合議」的結果，並有詳細的規則來限制之。「主要委員會」的首長雖是由彼得的親信擔任，但副長則是由精通委員會形式的外國人來當。委員會發跡之初，裡頭的七百一十六名成員之中就有六十六人，也就是將近百分之十是外國人。他們皆是曾經帶來卓越貢獻的外國人，因此薪水也比俄羅斯人還高了五、六倍。於是，俄羅斯在涅瓦河沿岸、由義大利建築師特廉津所設計、建造的「委員會」之中，開始了新的國家行政。

在這一連串的改革中，彼得將改革草案的檢討方案交付給了好幾個政治家。即是說，彼得採用了將所有問題訴諸於審議解決的「民主主義式手法」，不過實際上，所有議題在最後還是會由彼得的想法決定，這象徵著「沙皇專制」的地位終究不曾動搖。另一方面，在「官等表」設計完畢後，官員們基本上也是基於「平等」原則，以年資、功績來作為晉升參考，但彼得身邊存在著所謂的「特別的寵臣」，於法律上不允許的事，彼得會對他們睜一隻眼閉一隻眼。

◎設立神聖宗教會議

在新的十二委員會設立的同時，俄羅斯也成立了專門處理教會問題的「神職委員會」。不過在神職人員因為不滿此委員會地位與世俗委員會相等，而產生了強烈反彈之後，在一七二一年時，此委員會改名為「神聖宗教會議」，並規定其「於宗教議題方面，有著參議院等級之權力」。不過這只是彼得的場面話，實際上，他對每個委員會都用了一樣的說法。雖然至今人們依舊不知彼得是否知道在他父親阿列克謝的時代中，曾經發生過「尼康事件」，但他自己很清楚，今天自己能坐在沙皇的位置上，正是因為有教會高階神職人員的幫忙。相反地，他也知道，強烈反對他的「革命」的人也正是這群教會人士。所以在他親政後，便致力於削弱教會勢力的經濟能力與權威。

彼得的教會改革，在牧首阿德里昂於一七〇〇年十月殞落後踏出了第一步。他的前一任牧首約阿希姆，自彼得當政以前，就不斷批判流行於高官之間的剃鬍鬚、著洋服的風氣，阿德里昂也不例外地繼承了他的作風。他「排斥外國人」，也看不慣彼得的「大使節團」，連後來在彼得進行改革時，也率先站出來大吼大來干擾他們。在彼得暫時延緩了阿德里昂的繼任期程後，才在十二月任命了「代理人」。接著更把一七〇一年時，在阿列克謝時代廢止的修道院官署重新啟用，並任用了世俗人士作為其官署的首長。

經過如此更動後，正教會在形式上，就成了下轄於沙皇權力下的一個機關。教會透過土地財產得到的收入全被收進國庫，神職人員只擁有處理有關「宗教事務」的權限。最後在一七二〇年八月，彼得正式廢止了牧首一職，而新成立的「神聖宗教會議」，正是彼得在這一連串教會政策中的最後收尾。宗教會議的議長雖由教會人士雅沃斯基擔任，不過與參議院同樣，彼得也在宗教會議設了負責監視其行動的「督察長」職位。

後來有位以理論支持彼得的教會政策、名為費歐汎．普羅哥珀維奇的學者出現。他是位畢業於基輔神學院，並曾在波蘭與羅馬的耶穌會「學院」念過書的學者。一直以來，彼得都在追求一位擁有豐富的教會、世俗歷史知識，以及擅用修辭學、辯證法的有才「頌詩作家」。於是彼得很快就看上了普羅哥珀維奇，並讓他在聖彼得堡揮灑他的文采。普羅哥珀維奇在他的代表作《君主意志的正義》中，將傳統、拜占庭式的「皇權神授」的固有想法，與該時代歐洲中的自然法思想做結合，理出一套世俗權力應優於宗教權力的根據。而在他為神職委員會的規定所寫下的《神職規則》[23]中，則強調了建立於制度上的委員會擁有的許多優點，以及教會改革的必要。其中特別令人注意的部分，即是「神父的教育問題」。

◎教育神父的義務

俄羅斯直到當時，都沒有一間能夠教育神父的正規神學院，這種現象很難令人相信竟會發生在一個基督教國家中。由於當時神父的職位是靠世襲傳遞，因此初步的教會儀式都是由長輩傳給孩子，而這過程之中，確實是沒有「神學」教育的存在。上述的《神職規則》中，就批判那些成天飲酒、愚昧，因而不受民眾尊崇的在俗神父。而為了提升他們的資質，《神職規則》規定他們必須接受「就任神父之前的」教育，為達成這個目的，就勢必要在各管區內設立神學院，且為了向民眾解釋教義，也必須製作易於理解、方便攜帶的入門書，並將其常備於教會之中。雖然設立神學院的要求並非是第一次出現在俄羅斯，不過在《神職規則》出現之後，這個要求才受到具體的重視。

而那本有關正教會教義的簡便入門書，正是由普羅哥珀維奇一手編成。這本以深入淺出的問答形式寫成的入門書，從一七二〇年開始，在五年內就印刷了十二版，總計一萬六千本以上。他們也規定在俗的神父們必須定期在教會朗誦這本書。不過另一方面，設立神學院的議題卻是遲遲無法推行，再加上即便學校成功設立，他們也無法輕易地招攬到學生，於是彼得便要求神父們學習希臘文與拉丁文，並嚴格指示「沒有學習意願的人，就算是神父、輔祭，既無法勝任教導子弟的職位，也不能在任何地方就任」。然而這些作為，早就超過了一般神職人員們的認知範圍——他們不知道為什麼非得要去學習對他們來說是「異端語言」的拉丁文。不只是把孩子當作人力看待的神父們，心中並沒有將孩子送進學校的打算，就算是被半強制入學的孩子們，也會時刻尋找「逃亡」的機會。彼得如此強制對神職人員導入正規教育的做法，事實上反而是強化了他們對「世襲」的傾向。過去的村神父之職，可以由農民等外部人士所擔任，是較為開放的社會集團。但在改革之後，卻是從實際層面上完全封閉了這樣的道路。不過即使是在這樣的背景中，彼得在當政後期，依舊開設了四十六間學校，並有約三千名的學生在學。

接著在一七二二年五月，彼得以國家安全為由，命令神父們公開自己所聽見的懺悔內容。雖說彼得的本意是將「謀反」防範於未然，但這樣的做法，卻是讓俄羅斯的神父們成了收集政治情報的代理人。彼得跨過了不可跨越的最後防線，讓教會徹底成為了政治的「侍女」。

◎波羅的海的貿易路線

彼得的經濟政策，最初是專注於擴充軍備上。例如在重工業方面，他將主力放在製造武器所需的冶鐵業；在輕工業方面，則是把重點擺在為了能讓國內軍服需求自給自足的纖維業等等。也因此，這些產業與前世紀相比，都展現出了顯著的成長。同時，他的政策也認同在多種產業中推行工業化，還有將其製品輸出至外國以增進「國家財富」的想法。這與路易十四世時代時，法國的財務總監柯爾貝爾所象徵的「重商主義」經濟思考模式有著異曲同工之妙。為此，彼得勢必要進行諸多改革，但最重要的課題，即是國際貿易港口的位置考量。位在白海的阿爾漢格爾斯克港不只離莫斯科遙遠，加上它會結凍的特性，使得它每年有半年的時間無法使用，並且有無數可能發生海難的機會。這代表阿爾漢格爾斯克港在成為國際貿易港口之前，它還有著兩、三重的難關要過。於是新首都聖彼得堡，便在這時有了代替阿爾漢格爾斯克港，作為一個新國際貿易港的責任。

在彼得開始新的都市建設後，很快就有許多聲音要他利用波羅的海的航路，推行俄羅斯與西歐各國的貿易，彼得也因此設置了較有利的低額使用費。但這在和平締結之前，效果還是有限。連結新都市與俄羅斯內陸的通路，至當時仍未整備完成，再加上瑞典海軍的搜捕等因素，使得這條海路充滿了各種危險。

彼得的命令可說是非常急切。在一七一五年當初，他要求所有輸出品要有一半都藉由聖彼得堡出口，不過到了隔年，他就面臨了不得不將該規定降至六分之一的窘境。這顯示出在大北方戰爭結束之前，阿爾漢格爾斯克港仍舊有它不可動搖的優勢。就好比一七一二年時，阿爾漢格爾斯克港總共有一百一十艘外國商船進港，相較之下，聖彼得港只有六十艘。但在《尼斯塔德條約》簽訂後，這個比重就被逆轉，此後經由聖彼得堡港口的貨物出、入口雙方面都有了飛躍式的成長。甚至在一七二四年一月時，彼得還必須設置最高高達百分之七十五的高額關稅，以阻擋大舉流入的外國商品。

隨著波羅的海貿易的開始，聖彼得堡開始與國內各都市間也形成了新的貿易路線，河與河之間的運河建設也開始動工，就連連結伏爾加河與頓河的構想也在此時浮現，不過這個構思卻在離當時非常遙遠的蘇維埃時期才得以實現。彼得與其它的歐洲君主們一樣，將眼光放到了東方貿易上，他曾經派遣使節團至中國，嘗試尋找與印度之間的交易路線。彼得晚年命令維他斯·白令所進行的北太平洋探險雖然有著學術性的背景，但其中也絕非與商業貿易毫無關聯。

◎皇太子阿列克謝的叛變

彼得一生中一共結了兩次婚，第一次是在一六八九年一月，也就是彼得十七歲的時候。當年他與第一任王妃耶夫多奇娜·羅普金娜舉行了婚禮，而這場婚禮，就像前篇所述，是彼得支持派所一手準備的政治婚姻。結婚隔年，耶夫多奇娜產下了阿列克謝，據說彼得還有另一子在一年後相繼出世，然而卻是早早夭折。後來彼得與耶夫多奇娜間的關係漸漸疏遠，與酒吧老闆蒙斯的女兒安娜的關係，則因為彼得天天造訪「外國人村莊（日耳曼區）」下，變得愈來愈親密。在「大使節團」歸國後，彼得開始與安娜一起生活，並將王妃耶夫多奇娜送進了修道院，這個決定，促成了兩人在實質上的離婚，而若由當時八歲的皇太子阿列克謝的角度來看，那種感覺就像是某一天母親突然被人奪走了一樣吧。

後來，彼得相中了一位叫做瑪爾塔的女孩子，她的父親是一位來自利沃尼亞，並在緬什科夫的宅邸內工作的農民，不過彼得對於她的身分，卻是不感一絲偏見。到一七〇九年年底為止，瑪爾塔共產下了兩個女兒，她在一七〇八年時改宗正教會，並同時改名為凱薩琳・阿列克謝耶芙娜。一七一二年二月，兩人的結婚典禮正式舉行，於是農民的女兒、曾經身為女傭的她，就此成為了「沙皇的王妃」。

隨著皇太子阿列克謝的成長，他漸漸表現出反彈彼得強權式「帝王教育」的跡象。他不接受負責教導自己的德國老師的一切教導，包括政治、外文以及軍事，在學習上表現得非常怠惰。又急又惱的彼得，於是嚴厲地斥責阿列克謝：「要是你不肯照著我說的做，我就不認你這個兒子！」於是兩人之間的不和關係，就這樣浮上檯面。

後來，阿列克謝不僅不隱藏對彼得「教育」的反彈行為，甚至開始討厭起他的父親。在阿列克謝進行告解時，就表白過「我曾想看他死掉的樣子」，而聽到如此內容的神父，則是安慰他道：「想必神會原諒你的。我們也曾經希望他消失在世上，或許因為他給大家的負擔實在太大。」阿列克謝有著重視莫斯科傳統的人們支持，且支持者中，甚至有表示「阿列克謝是我們唯一的希望」的高階神職人員存在。

一七一五年十月，決定性的一刻到來了。這年，阿列克謝的妻子產下了一位男嬰，但他在襁褓之中就已夭折，同時間，彼得寫了一封信給阿列克謝，信中再一次提到「革命」不能中斷的必要性，並在之中如此告訴他：「未來，要是你不肯將自己性命奉獻在追求國家與人民的福祉之上，這個皇帝之位，與其傳給你這不中用的兒子，我會選擇交給其他對國家更有用處的人。」過沒多久，凱薩琳也生下了一位男孩。聽到這消息的阿列克謝，最後向彼得表示自己沒有繼承皇位的意思、表明了放棄繼承權之意。對此，彼得則再次確認阿列克謝的想法，問他若真的沒有意願繼承，就必須進修道院修行。而阿列克謝則堅持自己的決定，並同意了這個條件。

至此，問題看起來是告了一個段落，不過阿列克謝進入修道院的消息，卻遲遲沒有回報過來。彼得曾釋出作為阿列克謝父親的最後溫情，若阿列克謝回心轉意的話，他原本是打算讓他加入自己位於丹麥的遠征軍。接到這個訊息後，阿列克謝的馬車立刻朝著聖彼得堡駛去，但在途中卻突然急轉南下，一路朝著維也納的方向狂奔。過去，神聖羅馬皇帝卡爾六世的王妃與他亡妻曾是形同姊妹的關係，也就是說，阿列克謝決定向神聖羅馬皇帝尋求庇護。發覺孩子下落不明，並且在拚命收集情報後，得知兒子竟然「逃亡到維也納」的彼得會有多憤怒，自然是不言而喻。後來，彼得向卡爾六世要求交出阿列克謝，並威嚇其若不照做，將不惜發動戰爭。後來經過一年以上的搜捕與外交交涉後，一七一八年一月底，阿列克謝終被引渡回國，並在莫斯科接受審訊。在逮捕、處決了相關人士後，於六月底宣布的「推翻政權計畫」調查結果中，阿列克謝自己也被宣判了「死刑」。這個死刑判決，有著聖俗兩界的高官共一百二十七名署名同意。死刑宣告後的兩天，阿列克謝還未等到行刑之日，就在監獄中結束了自己二十八年的短暫生涯。據傳，阿列克謝之死是彼得親手所為，但真相究竟為何，自始自終都沒有答案。

◎大帝駕崩及民眾反應

阿列克謝事件並非只是單純的親子對立，不少人在心情上是站在支持體現舊有事物的阿列克謝那方。對此，彼得大帝也是時時刻刻保持著警戒。就像前篇所述，阿列克謝的死刑判決書，有經過聖俗兩界高官的署名。不過其中卻少了一個人的名字——鮑里斯・彼得羅維奇・謝列梅契夫公爵。謝列梅契夫出自名門貴族，也是俄羅斯最初的將軍。他因為年事已高，加上生病的緣故，並沒有辦法離開莫斯科，但他的病情被人懷疑是裝出來的，不過實際上，謝列梅契夫卻真的在隔年二月辭世。彼得將他的遺體運至聖彼得堡，將其葬於蓋在亞歷山大・涅夫斯基修道院中的墓地裡。這個新首都一直缺乏與之名號相符的「萬神殿（Pantheon）」，因此就算已從人變為「遺體」，也依舊難以獲得自由。

當阿列克謝在獄中死亡時，彼得大帝有位兒子將滿兩歲。後來彼得將這位與他同名的孩子「彼得・彼得羅維奇」以連名的方式記載在正式文書中，公開了將其立為皇位繼承人的意思。然而在這之後的一七一九年四月中旬，也就是阿列克謝事件發生後還未過一年時，年幼的彼得卻也跟著夭折。

此時的彼得，已經沒有兒子可以繼位。在三年後的一七二二年二月，他公布了新的帝位繼承法，其內容允許「能以當時統治國家的君主意思，來選擇他所期望之人繼承自己的皇位」。此外，若那位未來的皇帝產生了「某些墮落的跡象」時，也可剝奪該人之權利，並任命其他人選作為繼承者。簡單來說，這法令是彼得的遺言、是他的人事規畫，彼得就算死了，也打算讓他的想法在後世繼續活著。不過在這法令中，彼得自己並沒有寫上自己所期望的人選。就這樣在沒有繼承人的狀態下，彼得於一七二五年一月二十八日時因為尿毒症過世。彼得在晚年罹患膀胱炎，雖曾以手術暫時恢復過健康，但最後仍敵不過病魔，結束了他五十二年又八個月的生涯。

彼得駕崩的消息震驚了許多的人，特別是受彼得相中、認同了自己的才能、至今與他一同推動「革命」的人們，更是對於彼得的早死，除了吃驚之外還是吃驚。像是為了學習航海術而赴威尼斯留學，並在後來成了駐君士坦丁堡大使[24]的伊萬・伊萬諾維奇・涅普柳耶夫，

彼得大帝家族　圖描繪著彼得大帝、凱薩琳王妃、兩位公主以及皇孫，也就是後來的彼得二世。中間的幼兒可能就是彼得・彼得羅維奇。

這位出身於諾夫哥羅德地方的貧窮貴族，便如此說道：「接到這則噩耗後，我一想到自己還未報答皇帝的恩情，以及皇帝對我所釋出的種種關懷，就讓我哭到眼淚把訃聞層層濡濕；我可以向天發誓，我至今仍不敢相信皇帝的死訊是真的，這讓我失魂落魄了一天一夜……」

不過大多數的人看大帝與他「革命」的角度完全與涅普柳耶夫不同。本來就很保守的神職人員們，不論高階低階，都在此時一舉批判彼得的「革命」。對於大部分的貴族來說，彼得的行為也確實是難以理解。他們與一般民眾不同，深知彼得並非「冒牌頂替的沙皇」，也不是「反基督」，而是真正的沙皇。但他們不能理解的，是為何這位沙皇要將首都北遷、離開莫斯科，又為什麼他要一直採取會與大國產生摩擦的擴大領土政策，還要花費大量金錢去維持一支海軍？也正因為他們無法在這部分上取得共識，所以才會造成國家荒廢，連自己的領地也被迫廢弛。

雖然立場不同，不過大多數的民眾在這點的看法上卻是完全相同。在他們的認知中，「這些事情決不會發生在過去的沙皇統治時期。當時的鬍子是高尚的象徵，衣服也比現在的好看，那時的沙皇都會和王妃一起到各式各樣的修道院朝聖。」，「會這樣做的才叫做沙皇，所以彼得不是我們的沙皇。彼得是反基督，他背棄了整個王國，跑去與日耳曼人深交、住在日耳曼人的村裡、穿著日耳曼人的衣服，甚至會在禮拜三和禮拜五時吃肉。」雖然還有其他許多的證詞，不過民眾對彼得大帝「革命」的基本看法，通常都是上述這些。對於民眾來說，一次次席捲而來、一次次增強的負擔已讓他們難以承受，可無奈這就是沙皇的命令。因此他們認為，「目前的沙皇」並不是一位愛國愛民的「真正沙皇」，應該就如傳聞所說，「真正的沙皇」肯定早在他的孩提時代，就在「外國人村」或「國外」被人「掉包」了。

在充滿傳統意識的俄羅斯民眾腦中，彼得大帝的「革命」通常只會被以這種形式來理解，但其中仍有些例外。農家出身、並在一七二四年寫了《貧富之書》[25]的批評家伊凡．波索施科夫，就很有道理地表示：「沙皇有保護農民的責任。雖然領主只是暫時性地擁有農民，但沙皇卻是農民永遠的主人。農民的富有，將成為王國的富有；若農民窮困，王國也將跟著窮困。」不過這段話並非是波索希可夫對彼得「革命」的批判，因為他在別的地方，就也曾批評過：「我們的君主用著以一抵十的力量，打算將國家拉上巔峰，但底下卻有更多的人在拉扯，試圖讓國家往下沉淪。」

◎「革命」與個人的定位

先前也提到過，彼得大帝的「革命」規模，遍及了整個國家與社會。其他也還有很多事情能說，不過最後就讓我們以現代歷史學家的言論來思考看看：彼得在這個「革命」行動中，他個人的定位是什麼。

在蘇聯解體後，俄羅斯的歷史學家們有了一個理所當然，卻又非常沉重的課題——重新檢視歷史。其中隸屬於俄羅斯科學院俄羅斯史研究所（聖彼得堡分部）的葉甫蓋尼·阿尼希莫夫，就是在重新檢視包含彼得時期在內的十八世紀的議題上發言最積極的人。他在蘇聯晚期出版了關於導入人頭稅的專門研究後，又於一九八九年寫了一本叫做《彼得的改革時代》的著作，這本書後來又被翻譯成英文版。即是說，阿尼希莫夫可說是研究這領域的第一人，接著我們再來談談他於一九九六年秋天，在東京舉行的研究發表會所發表的報告「彼得改革與俄羅斯角度的歷史歸結」其中的內容。

首先，在發表會開始前，阿尼希莫夫分享了他在俄羅斯所進行的問卷調查。根據他的問卷調查「哪一段俄羅斯歷史，最讓您感到驕傲？」的結果，第一名為占了百分之五十四點三的「彼得大帝時代」。換句話說，有超過半數以上的人把第一名都給了「彼得大帝時代」。第二名為布里茲涅夫時代，不過它的票數卻不到彼得時代的三分之一，兩者間的差距相當大。在阿尼希莫夫指出蘇聯解體後五年，是一個具時代指標的背景後，他又以俄羅斯人會「對彼得大帝產生共鳴」的原因，列舉了彼得大帝的特質。諸如「他是有魅力的領導者，有如傳統父親般可靠，令人產生景仰孺慕之情」、「毋庸置疑地，彼得大帝打響了這個國家的名聲」此外，彼得朝向目標勇往直前的意志、勇氣，和率直的性格等各種「富有個性的出眾魅力」，在在都受到俄羅斯人所激賞。

即使這只是民意調查，不過事實上，俄羅斯的歷史學家與文學家們早已在「彼得的遺產」議題上，持續了超過三個世紀的研究與討論。在這議題上，阿尼希莫夫認為以下兩點都是「不爭的結論」：第一點，他指出在彼得發動改革之前，「歷史的風向」早已慢慢吹往變革的方向；也就是說，當時社會在各個方面都產生了問題、有著必須立刻著手解決的危機。第二點，就是彼得的選擇有個傾向，他會從所有可得的改革方案中，去選一個「最強硬、不可妥協、讓俄羅斯社會產生最多犧牲」的方案。此處第二點的爭議處，我們暫且不談；重點在於，彼得大帝的目的，是要把俄羅斯人從「受洗的熊」變成「啟蒙的國民」。這裡所謂的「熊」，雖是俄羅斯人的暱稱，但並非是種輕蔑的說法。彼得為達成這個目的，選擇了借助專政與「強制性的手段」，因此「借助強制力而得的進步」，就成了彼得改革的最大特徵，這點我們在所有領域中都能看見。在成功推行了許多改革的一七二三年，彼得也曾親筆寫過這些字句：

要是老師不強迫教導學生，我的國民們肯定會像個不愛上學的孩子一樣，不願意跟老師學習字母。學習對他們來說，肯定是非常不快的事，不過只要好好唸下去，這些心情之後都會變成感恩，眼前的現狀就是最清楚的證明。我在各個方面都聽見了大家對我說的感謝之聲，這也是為什麼我幾乎所有的政策都會以強制的手段推行的原因。

雖然阿尼希莫夫本身對大帝的「強制手段」感到相當不以為然，還舉出幾個因其而生的弊病，展開了具體的探討過，不過他仍認同彼得大帝改革的成果以及改革所帶來的莫大影響，並做出了肯定的評價：「我們直至今日，都只是走在彼得大帝為我們在歷史上闢好的林中小路上。」

透過阿尼希莫夫的主張，我們可以清楚了解到彼得大帝的改革，是「由上至下的革命」。彼得的改革終止了俄羅斯「民族文化的一體性」、孕育出「兩種不同型態的國民」，這其實與「革命」並無太多差別。雖說專政這種「獨裁體系」並非是這個時代專屬的產物，不過透過彼得的雙手，才真正讓專政變得「一元化、固定化」。彼得大帝透過這些方法，為俄羅斯決定未來走向發揮了很大的效果，但只將他視為特例的做法並不妥當。畢竟傳統上擁有專制性權力的俄羅斯皇帝們，若擁有堅強意志，也並非無法做出同樣的事情。因為歷代沙皇們對於權力的限制都很敏感，且貴族與民眾也都多少對於「強大的沙皇」抱有著期待。

---

15 「哈萬斯基之亂」，即一六八二年五至九月間的射手衛隊政變事件。在索菲婭成為了國家的實際主掌後，伊萬．哈萬斯基公爵被任命為射擊衛隊管理部和財政部的首腦。哈萬斯基公爵率領射手衛隊謀反，掌握了莫斯科，讓首都處於他的軍政府支配之下。騷亂一直到同年九月十七日哈萬斯基公爵被索菲婭以和談為由騙來逮捕之後與長子一同被斬首而結束。

16 斯拉夫．希臘．拉丁學院，是俄羅斯歷史上的第一所高等教育院校，創立於一六七八年，它的創立標誌著俄國高等教育的開始。該學院不僅招收貴族子女，更允許教士、公務員、商人甚至農民子女進入學院就讀。該學院在一八一二年拿破崙攻占莫斯科時被嚴重破壞。在一八一四年關閉。

17 這個組織（英譯：The All-Joking, All-Drunken Synod of Fools and Jesters）成立於一六九二年，一直存在到一七二五彼得大帝去世為止。這是彼得與跟自己志同道合的改革派及親友們，模仿西方騎士團和教團組成的一個教團式組織。這個組織成立的目的是為了嘲諷守舊的西歐天主教會、俄國反對改革的守舊派。後來也擴大到了嘲諷俄國自己東正教會的守舊。因此，這個組織一直被宗教界批判為是一個「反基督」性質的組織。

18 指日本在幕末至明治時代時為了趕上歐美腳步而大量公聘的外國籍顧問，受僱者主要協助日本發展經濟、工業、制度等學問（殖產興業）。

19 由彼得大帝在一七一四年頒布，規定了貴族關於領地的繼承權限和相關法律，規定只有貴族的長子有權繼承領地，禁止貴族私自下授、劃分或跟其他貴族以地產賭博私自更改領地面積。也是這個法令讓俄國歷史上第一次出現了「不動產」的概念。

20 「官等表」為彼得大帝在一七二二年頒布的一套完整的文武官僚體系，將所有的陸軍、海軍和文官分為十四個等級，每個等級對應相應的軍銜或職務，並且每一個等級都有繁瑣且各異的敬語稱呼。該體系一直延續到十月革命之後才被蘇俄政府廢止。

21 「土地調查委員會」的原文為「Ландрат」，這個詞是彼得大帝自己原創的詞，是由德文音譯轉成俄文的寫法：Land→Ланд、Rat→рат，兩個詞合併組成的。

22 「委員會」是彼得大帝在一七一一年創立政府參議院的同時創立的國家各部門的最高行政機構，它們直屬於參議院，全面取代了之前的「官署」，確立了俄國現代國家機構的雛形。直到一八〇二年，才被新的機關「部」所取代。

23 《一七二一年神職規則》是由彼得大帝和費歐汎共同制定頒布，裡面詳細規定了俄國正教會在俄羅斯帝國的地位、職責和權限。

24 雖然鄂圖曼帝國攻滅東羅馬帝國後已經改名為「伊斯坦堡」，不過當時人提起帝都時，仍然會習慣性稱之為「君士坦丁堡」。這種情況終鄂圖曼一朝未曾改變。

25 《貧富之書》在書中闡述了彼得大帝時期的貧富差距，以及應對的改革措施，呼籲限制農奴制、以刑罰限制哄抬物價。被後世稱為俄羅斯的重商主義之書。

第四章 女皇時代

凱薩琳二世　透過政變，從丈夫手中奪走政權的凱薩琳二世。在其治下俄羅斯經歷復興，達到其歷史頂峰並成為歐洲列強之一。

「宮廷革命」時代

◎混亂的繼位者問題

俄羅斯自彼得大帝歿後至凱薩琳二世於一七六二年六月即位的三十七年間，共有六位男女輪番占據俄羅斯的皇位。然而他們每位都與凡庸之人並沒有太大差別，就連像是普希金這位偉大的詩人，也形容這群人是「不足以延續北方巨人遺志的繼承者」，因此由他們所帶領出的時代，自然就沒有太多考究的價值，這點即使在推行重新探討蘇維埃史學的現今學界，也大致確定了如此看法。不過透過研究，他們依然在之中找到了新的史實，並基於新發現的史實做出了新的見解。

彼得臨終時，現場的高官便開始了擁立新皇帝的準備。但令人感到在意的唯一一點，就是他們選上了一位女性當作候補。被彼得大帝挑選為高官的緬什科夫等人，選擇了擁立大帝的王妃，而非彼得的男孫。於是凱薩琳・阿列克謝耶芙娜，便成了俄羅斯的第一位女皇。在近衛兵的幫助下，強行讓王妃當上皇帝的緬什科夫，也不忘同時要對貴族們進行懷柔。隔年年初，俄羅斯成立了由八名議員所組成的「最高樞密院（BTC）」，最高樞密院的地位比參議院要高，議員則由新貴族、多爾戈魯基家與高禮信家等名門組成。掌握著這最高樞密院權力的人，正是緬什科夫。於是緬什科夫便成了凱薩琳一世親信中的親信，介入著所有方面的決議。

然而到了一七二七年春天，隨著凱薩琳因病倒下，繼承者問題又再次浮上檯面。在利害一致的結果下，新舊貴族們選擇擁立彼得大帝的孫子——彼得．阿列克謝維奇來作為凱薩琳的後繼者。此時，緬什科夫搶先下了一步棋，讓躺臥病榻的凱薩琳同意了新皇帝與緬什科夫女兒瑪麗亞之間的婚約。在凱薩琳於五月初病逝後，十二歲的彼得二世正式即位。此時緬什科夫對政權的掌控，看似已經固若磐石，然而事實上卻不然。

問題就出在於彼得二世身上。受「岳父」庇護的彼得二世，在即位的第一天就開始對緬什科夫的政治干涉表現了反彈態度，這反彈的範圍甚至也波及到了他那位「公認的新娘」身上。過去老是奉承著那位「全能掌權者」的政治氣氛，也開始產生了微妙的變化。同時，對緬什科夫旁若無人的行動感到不快的舊貴族們，亦在此時團結了起來。他們後來成功讓皇帝彼得二世簽署了命令緬什科夫引退，並將他流放至西伯利亞的公文。一七二七年九月，緬什科夫名下的龐大土地財產遭到沒收，與包括皇帝未婚妻在內一共三位的「不幸女兒們」一同被流放至西伯利亞西部的別廖佐夫。在流放的兩年後，緬什科夫過世。過去被稱為彼得大帝

「左右手」的緬什科夫最後的命運，就如同在訴說著俄羅斯政治家的末路一般。

緬什科夫的倒台，卻也導致俄羅斯一時之間產生了「權力空白」。緬什科夫的評價確實不甚良好，其威壓式的態度亦招致了人們反感，但在緬什科夫離開後，政府內卻沒有像緬什科夫一樣有豐富經驗與執行力的政治家或軍人存在。當時實際掌權的是身為名門貴族的阿列克謝．多爾戈魯基，但他同樣透過「最高樞密院」，讓自己的女兒與皇帝訂下婚約，然而從後世看這行為，卻也只不過是「緬什科夫愚蠢行為的重演」罷了。另外，因為這位年幼的皇帝對狩獵異常感興趣，也讓多爾戈魯基與他的兒子花了大量的時間與他交遊。最後，婚禮終於敲定在一七三〇年的一月舉行，為慶祝這場婚禮，大量人潮自各地漸漸湧入莫斯科。至此，多爾戈魯基家的統治大願，眼看就近在眼前。

然而，天不從人願。在結冰的莫斯科河上舉辦的新年傳統聖水典禮結束後，彼得二世便罹患了感冒，倒臥病榻。隨著日子過去，彼得二世的身體每況愈下，甚至感染天花，最終於一月十八日半夜，也就是結婚典禮的前夕病逝。遇到這突發狀況的多爾戈魯基，只能顯得茫然自失。

◎名門貴族的挫敗

彼得二世死後，俄羅斯再次展開了繼承者的選任活動，而多爾戈魯基家等舊貴族們仍舊握有此事的主導權。最終，他們選上了一位名為安娜．伊凡諾芙娜的女性。安娜與彼得大帝並無直接關聯，而是過去曾與彼得大帝同為「共同統治者」的伊凡五世的女兒。一七一〇年底，十七歲的安娜嫁給了庫爾蘭公爵。不過說也不幸，結婚兩個月後，安娜就失去了她的丈夫。在那之後的二十年間，安娜便鬱鬱寡歡地在米塔烏（即現在立陶宛的葉爾加瓦）的城市內過著一個人的生活。米塔烏無論是宗教或是文化，都與俄羅斯完全不同，而住在這種地方的安娜，對向來渴望有個「傀儡政權」的舊貴族政府來說，實在是再好不過的人選。後來他們為請安娜回來，派了使節到了米塔烏，並要求安娜在一份形同「條件」的公文上簽字。在安娜同意並簽署了公文後，她回到了莫斯科，於是自彼得二世即位以來，首都又再次遷回了莫斯科。

其實安娜所簽署的公文裡，內容大幅限制了俄羅斯傳統的專制君主權力，這件事情在公開之後，引起了服役貴族的強烈反彈。他們擔憂俄羅斯將再次成為大貴族們鬥爭不斷的戰場，讓俄羅斯再次進入「混亂」時代，於是他們不接受公文上任何的「條件」，並寫了一份

「請願書」，希望安娜能仿效自己的祖先，以「專制的方式」治理國家。

在安娜到了莫斯科十天後，她在克里姆林宮內接見了要求維持專制權力，以及廢止「最高樞密院」的服役貴族代表，並問了在場「裝得一臉疑惑」的多爾戈魯基道：「你在米塔烏拿給我看的細項（指條件），原來不是每位人民（narod）的意思嗎？難道你欺騙了我嗎？」語畢，便將記載著「條件」的誓約書給撕破，扔到一邊。就這樣，多爾戈魯基等名門貴族的「貴族寡頭制」策略碰上了一個大釘，首都也在之後又回到了聖彼得堡。

安娜女皇　伊凡五世的女兒、彼得大帝的姪女。

◎關於「日耳曼人掌權」

安娜回到俄羅斯時並非是孤身一人，她的身邊還有著一位叫做比隆（日耳曼人）的寵臣。對於沒有受過完整教育又欠缺深思熟慮的安娜來說，比隆是個不可或缺的存在。比隆天天與安娜形影不離，甚至有人目擊到他們手牽著手的畫面。安娜將治國大任交給比隆，不過除了比隆之外，安娜還有另一位日耳曼的重要人物，他叫做奧斯特曼（Heinrich Johann Friedrich Ostermann）。奧斯特曼自一七〇八年在彼得大帝底下做事以來，就一直是位長久位居政治頂點、實際處理著政治大小事的人物，是位相當資深的高級官員。就這幾點看來，我們幾乎可以說「日耳曼人掌權」就是安娜時代的特徵，可是這樣的說法究竟是否恰當？

自彼得大帝時代以來，有許多的外國人湧入了俄羅斯。雖說他們多是技師與軍人，但其中也不乏有人爬上了政府的頂端。他們效忠大帝且堅守崗位，因而獲得了很高的地位與薪水，然而這也同時是他們的極限，因為負責治理國家的人，終究是那強大的皇帝，外國人最多只能當他的幫手。

不過這也只限於大帝還在世時。當大帝死後，情況就完全不同了；外國人在彼得過世後，開始要求更大的權力，並且來勢洶洶，難以抵擋。於是眾人開始批判外國人（特別是日耳曼人）的跋扈行為，但這邊我們要注意到的是，當時的俄羅斯的民政與軍事，也正是因為有這些日耳曼人才能夠運作，他們許多人因為與俄羅斯人通婚而成了「日耳曼裔俄國人」，與俄羅斯人一起工作著。也因此國內並不存在像是要控制權力的「日耳曼人黨派」，也沒有像「比隆時期」這個詞形容的一般有犧牲俄國人以圖「日耳曼人的利益」之類的行為。而說到他們的權力鬥爭，那又是另一段主要訴說人們的國家主義感情受到利用而發生的故事。

一七四〇年一月底，安娜過世，而她過世時也同樣沒有子嗣。不過在安娜過世前幾日，她指定了姪女安娜．列奧波德芙娜出生剛滿兩個月的兒子伊凡作為後繼者。此時在由比隆代為執政的世局中，發生了「日耳曼派」的內部紛爭。在這紛爭中，米尼赫將軍首先逮捕了比隆，並將他流放；奧斯特曼則見機不可失，趁機解除了米尼赫將軍的軍職，自己掌握了權力。於是俄羅斯中，便暫時確立了「皇帝伊凡六世、安娜．列奧波德芙娜攝政、宰相奧斯特曼」的體制。

然而，仍處於「日耳曼人統治」的俄羅斯現狀，終於讓俄羅斯軍人的不滿爆發開來。近衛軍開始出現支持伊莉莎白．彼得羅芙娜這位「彼得大帝女兒」的舉動，雖然安娜也察覺了這跡象，打算盡快將伊莉莎白嫁至國外，但她早已錯失良機。一七四一年十一月底，安娜與伊凡雙雙遭到逮捕，安娜被流放到了北方，伊凡則被送進了位在什利謝利堡的監獄。不僅如此，奧斯特曼、米尼赫、比隆等日耳曼人，也全都被流放到了西伯利亞。於是「日耳曼人統治」的現狀便到此告了一個段落，只是在二十年後，同樣的問題又再以不同的形式出現。

◎彼得大帝的女兒

就如前章所述，彼得大帝一生中結了兩次婚。在「大使節團」歸國後，彼得與第一任王妃耶夫多奇娜告別，他們兩人產下的皇太子阿列克謝因為忤逆大帝，因而過了一段逃亡、最終死於獄中的悲劇人生。另一方面，彼得與第二任王妃凱薩琳之間共生下了兩男兩女，男孩之中同樣叫做彼得的孩子在四歲夭折，另一位也在出生後不久過世。於是活下來的孩子，就只剩下年齡相差一歲的安娜與伊莉莎白，她們兩位都是彼得在舉辦結婚典禮前所出生的孩子，也就是所謂的私生子。姊妹倆在父母親的庇護下，過了一段幸福的少女時代。一七二五年底，年滿十七歲的姊姊安娜嫁給了好斯敦公爵。妹妹伊莉莎白是位肌膚白皙、雙目有神且身體健朗的美女，據說她的舞蹈在當時無人能出其右。但就在父親彼得大帝與母親女皇凱薩琳雙雙過世後，她的處境便急轉直下，彼得二世與他周圍的人都對伊莉莎白極為冷淡，所以她向來都是一個人在莫斯科的郊外生活。

到了一七三〇年一月，彼得二世結束了短暫的人生，伊莉莎白則因為母皇的「遺言」而成了「合法的皇位繼承人」，不過「最高樞密院」卻以伊莉莎白是「私生子」為由，拒絕伊莉莎白即位。事情發展的最後，他們選擇由庫爾蘭公爵的寡婦安娜·伊凡諾芙娜來登基，自此，伊莉莎白便開始過起她「十年的陰鬱生活」。當上女皇的安娜不僅不喜歡這位可能對自己權力造成威脅的「堂姊」，甚至還尋找著將她送進修道院或是嫁至國外的時機。在皇位轉到了下任代為伊凡六世攝政的安娜．列奧波德芙娜手上時，安娜．列奧波德芙娜雖對伊莉莎白的處境表示同情，但在伊莉莎白身為大帝之女，且擁有許多支持者這點上，又讓她不禁與安娜同樣對她保持警戒。直到近衛軍主張伊莉莎白「父母皆是過去的專制君主」，因此有登上皇位的「合法權利」，並發動武裝政變時，伊莉莎白已是三十二歲之身。

伊莉莎白女皇　父親是彼得大帝的伊莉莎白，繼承了父親的統治原則。

新女皇伊莉莎白上任後，立即宣布自己會依彼得大帝的治理原則來當作自己政府的活動基礎，她藉著宣揚自身是延續大帝理念的繼承者身分，向天下宣告著自己即位的正當性。此外，她也深知前政府偏重外國人的做法受到了許多批判，於是在人事任用上優先挑選「有能力的俄國人」，此舉也使得許多日耳曼人離開了俄羅斯。雖然伊莉莎白的執政時期長達二十年，但隨著時間的過去，她對國家事務的熱情也日漸減退，以致於最終縱情於觀劇、舞會等極盡奢侈之能事。那座有著豪華外觀的冬宮，就是在伊莉莎白的執政期內所建造。不過在她的執政期中，我們也能發現法國文化與思想對俄羅斯的影響力正在日漸提升。

伊莉莎白的在位期間內值得一提的現象即是工商業的顯著發展。當時握有政治實權的舒瓦洛夫兄弟[26]廢除了國內關稅，刺激了經濟的流動。同時，俄羅斯最初的貸款銀行，也在此時為了貴族而成立；貴族們可以透過將土地或農民作為擔保，以年利率百分之六的利息進行高額貸款。此外，貴族不僅將商人趕出釀造業，自己獨占了這純利率極高的產業外，也透過土地測量事業強化了貴族的土地所有權。然而儘管伊莉莎白的在位期間施行了許多親貴族政策，但貴族最關切的，仍舊是為國家服勤的問題。

◎貴族解放令

自彼得大帝歿後至凱薩琳二世即位之前，交替著登上俄羅斯皇位的六位皇帝皆是意志薄弱、沒有統治主見的一群人。雖然他們的統治基本上繼承了彼得大帝時期的體制，不過這依舊難以避免產生部分的退化。其中特別值得一提的，就是貴族對特權擴大的要求；它最初的跡象出現在安娜·伊凡諾芙娜即位之際。這部分我們在前篇也提過，名門貴族向她提出了對

「沙皇專制」權力的限制條件，不過在這議題上，他們並未得到一般貴族的支持。一般貴族們不像名門貴族，他們反而較愛好原先的「沙皇專制」制度。接著，那些名門貴族又再次提出要求，希望政府可以廢除一子繼承制。

於一七一四年仿效英國而導入的這個制度，即使在彼得大帝的改革中也是相當不受歡迎，因此自當時就有許多貴族在尋找著這制度的漏洞。雖然政府承諾會對「非繼承的」貴族提供薪水、軍服、食物、治療及年金的保障，不過這事實上只不過是個空頭支票。在安娜女皇即位後，一子繼承制很快就遭到廢止，而領地這「不動產」則是依循一六四九年的法典集，得以平均分割後讓孩子們繼承，而貴族的女兒們也能「像過去一樣」拿到「嫁妝」。

另外一個重要問題就是減輕「勤務義務」。在彼得大帝的統治時代，被強制要求「終身勤務義務」的貴族，他們的不滿在大帝死亡的同時爆發了出來，國內出現了各式各樣規避、怠慢勤務的現象。對此，政府批判道：「許多貴族的未成年人，不僅不至參議院的人事處報到，更不接受勤務的分派，在自己家裡怠惰度日。」雖然也有看法指出，這些逃避工作的貴族多出自貧窮貴族之家，但這股罷工、怠工的趨勢卻依舊勢不可當，到了安娜即位那年，甚至出現了廢止勤務的要求。

一七三六年十二月，安娜政府變更了以下兩條法規：一、若家有一人以上的兒子，則認可其中一人有「為保持家室經營而留在家中」的權利。二、從事國家勤務達二十五年之人，擁有「回家」的權力。不過取而代之的，就是未成年的人（七歲至二十歲）需要接受國家三次的「調閱」（分別實施於七歲、十二歲、十六歲），且在未成年時有「學習」的義務。在一七三六年更動的這些法令，雖因與鄂圖曼帝國爆發戰爭而延期實施，但在戰爭結束後，因為這些新規定，軍隊還是有超過半數以上的軍官得以退役。在此同時，俄羅斯就像名畫《孩童軍官》所呈現的，暗示著當時有人會試著「鑽漏洞」，在未成年孩子的勤務登錄上動手腳，以求提前結束二十五年的勤務時間。

在伊莉莎白統治期間內同樣鬧得沸沸揚揚的減輕勤務問題，直到彼得三世的統治期間才獲得根本上的解決。一七六二年二月，政府發布了一則「貴族解放令」。在「解放令」中，政府宣言未來仍「希望」貴族能繼續他們的國家勤務，但不會再以強制的手段要求他們。此外，政府廢止了貴族在軍事與行政領域上工作的義務，改由自願的方式。但命令對此還額外附加了一條要求，那就是要貴族們不得怠慢對自己兒女的教育。這樣的「解放令」受到了貴族們的歡迎，但具體上，依照每位貴族地位與收入的不同，每個人受到的對待還是有很大的差別。

◎彼得三世的半年在位期

就如前篇所述，彼得三世在即位後發布了「貴族解放令」。不過彼得三世的統治時期，卻因為發生了「宮廷革命」，在短短半年內就迎接了結局。這場武裝政變使彼得三世被迫退位，並且遭人殺害。接著就讓我們來看看，這場「宮廷革命」究竟是什麼樣的事件。

伊莉莎白女皇即位後，很快就派遣了特使前往好斯敦公國的首都——基爾。伊莉莎白的目的，是要接回姊姊安娜在一七二八年過世後所遺留下來的孩子，並立他為繼位者。伊莉莎白要接回的孩子叫做彼得．烏爾里希，從血緣關係來看，烏爾里希是彼得大帝的孫子，不過當時的瑞典卻也因為國王沒有子嗣的緣故，讓彼得同時也被選定為瑞典國王的繼承候選人之一。當時俄羅斯正在與為了企圖收復波羅的海失地的瑞典作戰，要是一個不好，他們可能會面臨與率領瑞典軍的大帝孫子作戰的危險，因此這事情需要盡速執行。不過這個行動中，同時也包含著伊莉莎白鞏固自身權力的目的。最終在一七四三年，十四歲的彼得以皇太子的身分回到了俄羅斯，並在改宗後改名為彼得．費奧多羅維奇。

接著，伊莉莎白開始為彼得皇太子選妃，從候選人中雀屏中選的，是波蘭斯德丁城的安哈特．采爾布斯特家的女孩蘇菲亞。由血緣來看，蘇菲亞是彼得的「再從姊妹」（祖父兄弟的孫女）。雖比原定時間還晚了一年，不過蘇菲亞還是順利來到了俄羅斯，並改名為凱薩琳·阿列克謝耶芙娜。一七四五年，兩人在莫斯科的聖母安息主教座堂舉行了婚禮。能夠如此盡快將繼承問題打理好，我們甚至能想像，此時伊莉莎白的臉上或許還露出了安心的表情。可惜的是，這兩位年輕人相處得卻不是很好。

皇太子彼得在出生後便失去了母親，並在一處與俄羅斯毫無關聯的環境中成長，於是他天生就親普魯士，且崇拜著腓特烈大帝。從他從早到晚都沉溺於軍隊遊戲這點，也能看出他在精神上的不成熟。酒同時也是彼得令人頭痛的一點。彼得天天酗酒，過著自我放逐的生活。因為對他來說，俄羅斯與自己出生、長大的地方不同，是個完全的「異國」，因此他並不喜歡這裡。這些跡象都讓伊莉莎白愈來愈不安，她甚至開始思考是否要立彼得與凱薩琳之間的孩子保羅為後繼者，然後由凱薩琳攝政。自來到俄羅斯那天起，在學習俄語、融入俄羅斯習慣的方面上，都表現出積極態度的皇太子妃凱薩琳，讓伊莉莎白心中對她的評價頗為良好。然而就在這個問題還未敲定下，伊莉莎白便於一七六一年十二月與世長辭。於是，彼得三世便順理成章地成為了後繼者。

伊莉莎白的不安很快就應驗了。彼得三世即位後，不只在所有事務的處理方面都採納了普魯士的作風，還在一七六二年四月與腓特烈二世締結了和平條約。於是自五年前開打的

「七年戰爭」因而單方面中止，占領著普魯士首都柏林的俄軍，接到了即刻從該地撤出，並將至今獲得的所有領土歸還給普魯士的驚人命令。更有甚者，俄羅斯甚至連一戈比的賠償金也沒向對方要求。於是花了高額的戰爭資金、流了大量鮮血的俄羅斯軍隊與社會，會對沙皇如此荒謬的決定感到悲憤異常也是無可奈何。

對於新沙皇的強烈不滿，漸漸演變成了擁立皇后凱薩琳的陰謀。六月二十七日，這個集團開始執行武裝政變，並成功順利執行。彼得三世不僅被逼到不得不宣布退位的窘境，還在被逮捕的一週後遭到殺害。而問題的核心——這是否為凱薩琳的直接命令，至今不得而知。他們對外宣稱皇帝是因為「流行病」猝死，並在幾天後為彼得三世舉行了葬禮，不過據說凱薩琳本身並未出席。彼得三世的遺體後來並非安葬於羅曼諾夫家的墓地，而是亞歷山大·涅夫斯基修道院的墓園中。事情發展的最後，沒有任何「正統性」的年輕寡婦凱薩琳，正式成為了俄羅斯女皇。

彼得三世　在政變中被暗殺，結束不到半年的統治。

啟蒙君主凱薩琳二世

◎「俄羅斯是歐洲大國」

儘管凱薩琳二世在萬眾矚目之下即位，她仍因為自己純正的日耳曼人血統在民眾之間產生了負面評價，假冒彼得三世的人也一個接著一個出現。諸如「彼得三世是在打算施行『好政策』時，遭到貴族陰謀迫害而死」、「葬入地底的人不過是個影武者，真正的彼得三世還在哪個地方好好活著」這類的傳聞，一直在民間層出不窮。另一方面，貴族們仍未撤銷他們對身分權力擴大的要求，他們希望廢止會傷及名譽的肉刑，以及立法保障個人財產權。萬事謹慎的凱薩琳二世對此設置了委員會來進行研討，不過不久後，他們決定否決貴族們的要求。

在凱薩琳二世初期的改革中最有代表性的政策，即是為了刺激國內經濟而號召移民、設立「自由經濟協會」等等的重農主義政策。政策實行的成果，讓薩拉托夫中心一帶的伏爾加河下游流域中，出現了約六千三百戶的日耳曼人家。此外，「自由經濟協會」也同時探討了農奴勞動對經濟產生的損益。我們能看出凱薩琳二世這些政策的出發點，都體現著當時歐洲時代精神的「啟蒙思想」。所謂的「啟蒙思想」，就是指透過理性思考，去改革宗教、政治、經濟、教育等各領域，以推動人類生活的進步與改善的思想。凱薩琳二世為了打造一個最棒的舞台來發表自己的理念，於是成立了新法典編撰委員會。

一七六六年十二月，凱薩琳二世公布了召集新立法委員會的公告。其實自彼得大帝時代以來，俄羅斯已經開過無數次類似的委員會，但無論是哪次，都是中途便草草了結。這次委員會與過去不同的地方，就在於凱薩琳的委員會召集了神職人員、貴族、市民、鄉村服役貴族、國有地農民等各身分代表，合計五百三十六名（除此之外還有由政府任命的二十八名），是個不小的數字。隔年八月，凱薩琳二世在開會之前，先朗誦了自己準備的「訓令」。這「訓令」總共由二十二章、六百五十五項組成，內容是在宣示凱薩琳二世的統治理念。凱薩琳二世表示「俄羅斯是歐洲的大國」，像俄羅斯如此領土廣袤的國家，「專制君主制」才是最適合的制度。她藉著這樣的說法，試圖正當化自己擁有強大權力的理由。此外，她同時也揭示了法律之前人人平等、市民自由等法治主義的原理。此外，凱薩琳二世有些「宣傳癖」，因此「訓令」在事先就已翻譯好西歐各語言的版本並印刷出來，在歐洲的思想圈子裡廣為流傳，然而「訓令」仍不能稱為是她自創的作品，因為其中四分之三的內容，皆是借用孟德斯鳩的《論法的精神》與貝卡里亞的《論犯罪與刑罰》等歐洲思想家的想法，所以這訓令幾乎可以算是「山寨版」的替代品。

一七六八年十二月，因為俄羅斯與鄂圖曼帝國爆發戰爭，導致立法委員會不得不中止。雖然這次會議同樣沒有斬獲，但地方的代議士在參加會議時，一同帶進議會總數超過一千五百封的「請願書」，仍成為了政府日後「地方改革」的重要參考。

◎普加喬夫大起義

一七七三年夏天，烏拉爾地區的烏拉爾哥薩克村莊內出現了一個男人，他以彼得三世之名，並向哥薩克人承諾會奪回屬於他們「失去的自由」。這位男人本名為葉梅利揚·普加喬夫，是個年過三十的頓河哥薩克人。普加喬夫更聲稱凱薩琳二世為「權力篡奪者」，並打著「為明君而戰」的名號，號召哥薩克人參戰。在普加喬夫的號召下形成的部隊，隨著時間的經過日益壯大，邊境上的多數城市也手持「麵包與鹽」，歡迎著他們的「遠征」。

政府對長期以來隱聲匿跡的哥薩克人所突然發動的叛亂大吃一驚，同年十月，政府發出公告，指明「普加喬夫假借已故的彼得三世的名號，帶領著善良平民走向墮落與毀滅，是個欺世盜名的惡人、盜賊」強烈地抨擊普加喬夫，並同時下令將普加喬夫發出的「假公告」悉數收集並焚毀。對此，普加喬夫則組織了仿造政府機關的「軍事委員會」來治理征服地區，企圖進一步擴大勢力。一七七四年，普加喬夫發出的「敕令」中，表示服從於他的人將獲得「自由」，這些人將不用再受兵役、人頭稅、地租等負擔。於是當時有許多貴族被冠上「謀反普加喬夫權力之人」、「使農民落魄之人」的罪名遭到逮捕、處刑。普加喬夫利用著民眾對於「明君」的純真幻想，試圖樹立一個「沒有貴族身分的國家制度」。呼應著這場以根絕貴族身分為目的的叛亂，有不少的貴族與他們的妻子皆遭到殺害。

加入叛亂活動的人，不只有俄羅斯城市、農村內的農民，其他像是為了逃離中央「統治與壓迫」的逃亡民眾、曾在烏拉爾礦廠工作的工人、為求脫離強權統治的非俄羅斯人異教徒，以及因為俄羅斯人的出現而深受經濟上、宗教上壓迫的巴什基爾人、卡爾梅克人，皆參與了普加喬夫發動的戰役。尤其是自十六世紀以來便受盡辛酸的巴什基爾人，更是在薩拉瓦特．由拉艾夫的領導下，豁出性命地戰鬥著。

發生於俄羅斯東南方的政府軍事據點——奧倫堡要塞的攻防戰，是這場戰爭發展的最高峰。一七七三年十月，普加喬夫軍團包圍了這個要塞，直到一七七四年三月，俄羅斯政府投入了由比比可夫將軍所率領的大軍，才終於「解放」了這處城市。在這場戰役後，普加喬夫軍團漸轉守勢、開始敗退，在他們撤退所經過的伏爾加河中下游流域，引發了接連不斷的農

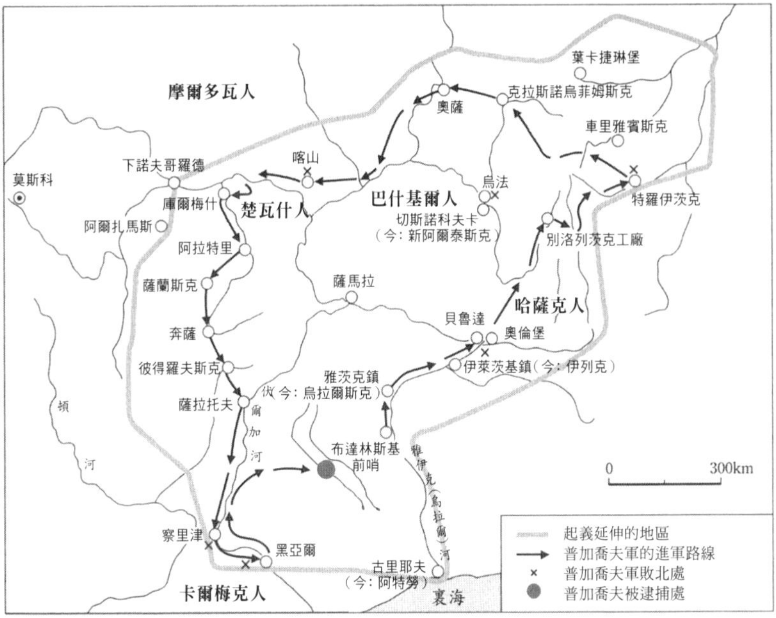

普加喬夫大起義　一七七三年，哥薩克人的領導者普加喬夫稱自己為彼得三世，並號召人們為「明君」而戰。捲入了非俄羅斯人異教徒的叛亂持續了一年以上，最終普加喬夫於一七七四年被捕，並於隔年處刑。

民起義，逼得當地貴族不得不進城逃難。在一七七四年八月底的察里津戰役後，普加喬夫軍幾乎全滅。同年九月初，普加喬夫遭同伴倒戈逮捕，引渡給了政府軍。到了隔年一月，普加喬夫在莫斯科接受處刑。後來，如何去避免像是「普加喬夫之亂」的暴動再次爆發，便成了凱薩琳政府的緊急課題。

◎地方改革與都市文化

一七七五年十一月，凱薩琳政府發布了有關地方行政的基本法。女皇認為哥薩克人的叛亂會在不受任何的阻力下迅速擴展的原因，主要就在於「地方的無力」。由於彼得大帝的地方改革只進行到理念的層面，於是在大帝歿後不僅馬上面臨終止，甚至退化到十七世紀時的程度。俄羅斯的地方行政因為官員的不足與怠慢下，幾乎無法正常運作，除了地方稅收與徵兵時常出現延宕，他們更不曾為地方「福利」做過任何考量，於是在普加喬夫之亂後，政府便有了一個執行徹底改革的契機。

在彼得大帝時代，俄羅斯只被大致劃分為八個省，而到了凱薩琳二世即位後，則發展到了二十五個。然而即便如此，這些省的規模還是太大，根據基本法，一個省的人口約是在三十萬至四十萬人（可課徵人頭稅的男性人數）才算正常。另外，基本法還建立了新的行政劃分，它規定一個省需設置十至二十個縣，而一個縣約有兩至三萬的人口。照著這新規定施行後，俄羅斯分成了四十一個省，而到了凱薩琳二世治世後期時，則已細分出了五十個。就這樣，在歐洲中擁有五十個省的俄羅斯便如此誕生。這些省各自有一個「省長」，而重要的省與少數幾個省，則還有由有力政治家擔任的「總督」存在，諸如新俄羅斯省的波坦金、特維爾省的席維爾斯，以及雅羅斯拉夫爾省的梅里古諾夫等人都是這個例子。此時的俄羅斯，可說已建立起實質性的「地方分權」。

在考慮到人口規模、經濟、地理，以及民族的一體性後，縣的劃分最終大幅地增加到了四百九十三個。不過這些新的縣中，有許多都屬於「大型村落」或是「波薩德」——也就是商人或手工業者的居住區。以雅羅斯拉夫爾省來說，十二個縣裡就有七個是這樣的形態。當時叛亂的爆發點烏拉爾，也從原先的十九個縣細分至四十一個，但它也同樣有著上述的問題。

凱薩琳的地方行政改革還有一個目的，那就是讓在「貴族解放令」實施後住回老家的貴族們參加行政或判決的工作。她讓在地的貴族以省與縣為單位組成貴族團，並藉由選舉選出地方的官員與法官。於是會期為三年一次、於冬天舉行的貴族集會便如此誕生。每當有地方上固有的問題需要進行討論時，貴族們就會利用這個場地。包括彼此之間的生意交流、女兒們的婚嫁乃至於各式各樣的花邊新聞，在在都吸引著他們參與這樣的集會。如此成立的俄羅斯貴族團，在以身分為主導的自治地方行政中，出現的時機雖然有些推遲，但依舊發揮出了一定的效果。

俄羅斯的人口，在一七九六年時約達三千七百四十萬，不過都市人口比例卻占不到百分之四點二。居住在都市裡的人多數屬於「波薩德民（工商業居民）」，在繳稅的制度上為連帶責任制；也就是說，都市的基本定義就是「在共同負擔稅賦的條件下，獲得有限自治權利的體系」。此外，因為都市並未與農業完全分離，所以裡頭存在著許多外出工作的農民與「商業農民」。過去，人們稱莫斯科是個「大型村落」，不過在當時，幾乎所有的都市都是這所謂的「大型村落」型態。

經過了凱薩琳二世的地方改革後，縣開始成為地方政治、經濟、文化的發展中心，裡頭出現了辦公廳舍、學校等嶄新的公共建築，以及像是印刷廠的地方。從沃羅涅日與雅羅斯拉夫爾發行了俄羅斯最初的地方刊物這點來看，也不難發現地方開始留心於自身歷史與文化的跡象。

女皇與寵臣波坦金

◎凱薩琳二世的親信與寵臣

若問到凱薩琳二世時期中，誰是最能幹的政治家，一定會有許多人會說出帕寧與貝茲博洛德柯這兩人的名字。尼基塔・帕寧比凱薩琳二世還大上十歲，一開始是凱薩琳二世之子保羅的教師，而在她即位後，帕寧也隨之成為政府的支柱。凱薩琳二世對帕寧熟練的政治手腕、靈活的腦袋以及對統治的熱情有著高度的評價，她對帕寧的信賴，直到帕寧於一七八三年死亡為止都沒有中斷過。

在帕寧死後，亞歷山大・貝茲博洛德柯便成為了女皇後半期的政府支柱。一七四七年出生的貝茲博洛德柯比女皇還要年輕得多，但他精通先例與國家法律，且是位不收受賄賂的清廉之士，這讓凱薩琳二世給了他很大的信任。一七八四年，貝茲博洛德柯當上了外交委員會的副長，湧入女皇辦公廳的龐大國內外資訊，女皇都是交由貝茲博洛德柯來消化解讀。然而，有些人卻用別種眼光看待著如此能幹的政治家，偶爾還會出手妨礙，而這些人，就是女皇的寵臣與情夫。

據說凱薩琳二世在三十四年間的統治時期內總共有二十一位情夫。若再加上即位之前的兩人就有二十三人，不過情夫歸情夫，這群人中有好幾位在政治上發揮了相當大的功能。像是在凱薩琳二世初上任的十二年間，她與策動了暴力政變的主要人物格利高利·歐爾洛夫之間就是情夫情婦的關係，雖然凱薩琳二世拒絕了歐爾洛夫的求婚，但據說她所產下的子嗣中，有三至四位的父親就是歐爾洛夫。歐爾洛夫雖然也會對政治提出意見，但凱薩琳二世的政策卻不曾為其產生大幅變動。一七七一年，當莫斯科發生歷史上最後一次鼠疫時，凱薩琳二世所派去處理的人就是歐爾洛夫。歐爾洛夫在那裡防止了疾病的蔓延、妥善應對民眾的恐慌，並且最後帶著「古都的救世主」的名號，凱旋回到了聖彼得堡。歐爾洛夫雖然得到了凱薩琳二世的大大褒賞，但他的要求依舊未獲女皇接受，隔年，女皇認為歐爾洛夫已無用武之地，於是讓他遠離了皇宮。

◎瓜分波蘭

此處要提到的人叫做斯坦尼斯瓦夫·奧古斯特，他是波蘭貴族，也是凱薩琳即位前的情夫。一七六三年，當波蘭國王去世時，凱薩琳二世擁立他當上波蘭的新國王。波蘭的國王通常是由選舉產生，在十八世紀時代，波蘭的王位都是受鄰近大國的意志所操作，直至當時，國王皆由薩克森地區出身的人所擔任。過去俄羅斯皆採支持的立場，但這次凱薩琳二世則想藉著這個機會扶植過去的情夫，而她的計畫也順利地如願成功。

同為啟蒙主義者的新國王在就任之初馬上就推行了國家改革，以試圖達到祖國再生的目的，為響應新國王的做法，波蘭各地的愛國貴族也漸漸組織起「聯盟」。這讓凱薩琳二世對波蘭的「過度改革」感到危機，於是派出了軍隊，與普魯士、奧地利一同干涉著波蘭的內政。這個結果，造成了一七七二年的波蘭第一次分割，這次分割讓波蘭失去了三分之一的領土與人口。然而即便如此，改革的腳步依舊沒有停下。一七九三年一月，柯斯丘什科等人對於波蘭第二次分割的反對運動持續升溫，然而卻遭到蘇沃洛夫所指揮的俄軍鎮壓，國王也因而被帶到了聖彼得堡。一七九五年十月，波蘭遭到第三次分割，於是波蘭王國這中世紀大國，便就此消失在歐洲的政治版圖上。其中，凱薩琳二世是唯一一位連續參加了三次分割議題的人，不過在普魯士與奧地利顯露無遺的「獲取領土的野心」之下，俄羅斯的「擴張主義」反而不甚明顯。

◎波坦金與「新俄羅斯」

對於凱薩琳二世來說，「真正的伴侶」只有格里高利．波坦金一個人而已。波坦金比凱薩琳二世小了十歲，也是參加武裝政變的其中一人，不過學界普遍認為，直到凱薩琳二世即位的第十二年，也就是一七七四年二月時，波坦金才成為了凱薩琳二世的「真正伴侶」。在那之後的兩年，波坦金不曾離開過女皇的身邊，兩人頻以信紙交流，關係親密得甚至會讓人認真討論起他們是否已「祕密結婚」。凱薩琳愛好美男子，但波坦金的長相絕非她的喜好。最近寫了《凱薩琳二世》一書的法國女俄羅斯史學家卡蕾兒．壇蔻斯推測，擁有法國精神修養的凱薩琳，或許是因為波坦金擁有最突出、濃烈且露骨的「俄羅斯的性格」，所以才會被他吸引。眾所皆知，凱薩琳二世是位現實主義、冷靜且理性的人，而波坦金則是位擁有想像力與熱情去「嘗試突破可能性框架」的人。或許女皇認為只有像這樣的人，才能夠填補自己所欠缺的部分吧。

在「瘋狂的兩年」結束後，波坦金以女皇「最好的朋友」、「國家第二人物」身分施展著權力。特別是克里米亞地區的經營工作，更是由他全面著手，對於俄羅斯來說，將鄂圖曼帝國作為後盾的克里米亞韃靼人，自中世紀末期以來就是棘手、難以處理的對象。不過到了十八世紀，強大的鄂圖曼帝國開始不斷衰弱時，在俄羅斯眼中，即代表著奪取克里米亞、稱霸黑海的時機已漸漸成熟。

打贏了發生在一七六八年的俄土戰爭的俄羅斯，與之締結了庫楚克開納吉和約，透過這個條約，俄羅斯獲得了黑海北部沿岸的廣大地區，以及通往黑海的出口。雖然人們普遍認為克里米亞汗國是個獨立國家，但失去了鄂圖曼帝國這後盾之後，汗國汗王的位子便由兩帝國所推舉的候選人繼任。一七七八年，俄羅斯為了黑海艦隊的基地，打造了赫爾松城，以及開始著手以女皇之名命名的葉卡捷琳諾斯拉夫城的建設，他們計畫在此建造大學、天文台，以及類似羅馬的聖彼得大教堂的教會。

至此，鄂圖曼帝國失去了黑海的制海權。一七八三年四月，根據敕令內容，俄羅斯合併了克里米亞，於是這過去的汗國，被人改以克里米亞的古稱「陶里斯地區」[27]來稱呼，並在此建設塞凡堡，以作為黑海艦隊的停泊港口。對於來到俄羅斯門下的汗國韃靼名門三百三十四人，俄羅斯則給予了他們俄羅斯貴族的權利與利品。

一七八七年，鄂圖曼帝國再次向俄羅斯宣戰，然而戰爭結果卻是自己吃了一場大敗。一七九一年，兩帝國簽訂雅西和約，俄羅斯的領土再次得以擴大，但女皇卻不滿這樣的結果。當時前去交涉的人是代表外交委員會的貝茲博洛德柯，在他冷靜分析下，認為俄羅斯國庫已經空虛，再加上與瑞典的戰爭，俄羅斯已沒有再持續戰爭的籌碼，這樣的結果對俄羅斯來說已經相當有利。但對於凱薩琳二世來說，不管是從俄軍在陸、海戰上的勝利，或是因戰爭的人數犧牲等各方面來看，這樣的收穫都不能稱作是「輝煌」的成果。

但不論結果如何，透過條約獲得的廣大地區變成了「新俄羅斯省」、併入俄羅斯帝國內。而負責這地區開拓政策的人，就是在一七七五年當上省總督的波坦金。他採行對貴族下授土地、給予移居者各種獎賞，抑或是利誘逃亡農民或「舊禮教派勢力」的人們去該地居住的策略。透過這些策略，直至當時仍被當作荒地棄置的廣大地區，在一七八二到一七八四年間，人口就從五十三萬人成長到了七十萬人，在一七九三年時更是達到八十二萬人。最終在十八世紀末時，就連克里米亞半島的人口也已倍增至了十萬人（男性）。

波坦金公爵　後來成為了僅次於凱薩琳女皇的「國家第二號人物」。

◎女皇的克里米亞視察之行

一七八七年一月初，凱薩琳踏上了視察克里米亞的旅途。在公開說法上，此行的目的是要視察新俄羅斯與克里米亞在併入俄羅斯後，其開發進展到了什麼程度，不過實際上則是女皇宣示這些區域將「永遠」屬於俄羅斯領土的示威行為。視察旅程中有許多的外國人與女皇一起同行，不過這次的舞台其實是屬於波坦金的。深知女皇喜歡盛大、華麗排場的波坦金，總共花了三年來準備這次的行程。女皇的視察之行，從頭到尾都是無可比擬的豪華與華麗。整個旅團共由十四輛四輪廂型馬車與一百六十四輛的橇馬車（其中四十輛為備用車）組成，而光是女皇位於旅團中心的巨大廂型馬車，就需要三十匹馬來拖行。據說女皇在廂型馬車內與平時一樣處理著行政事務，唯一不同的地方就是就寢時間比平時還早了一、兩小時，提早到了約晚間九點。

在一月底到達基輔的旅團，在此度過了三個月的生活，直到聶伯河於四月解凍之後才繼續乘船南下，再由葉卡捷琳諾斯拉夫搭乘馬車，繼續視察新俄羅斯與克里米亞的行程。沿路的樹木、宏偉的市容與村落、服裝華麗的居民、一群群的家畜以及填滿了收成穀物的糧倉……這一幕幕都映入了女皇的眼簾之中。不過這些位於視察路線上的人們，則早必須為了修補道路或橋墩、購買食糧以及準備驛遞馬與馬飼料而四處奔走，有些地區的貴族甚至還被迫負擔一個農民五戈比的臨時稅。那臭名昭彰的「波坦金村」一詞，即是從上述的原因而來。

某位外國人就曾諷刺這些都是「偽裝出來的豐饒生活」，他指出：「事實上，城市的建設都是馬虎完成，村民會穿著華麗的民族服裝出門迎接女皇，其實也是收到要他們這麼去做的命令。且穀倉裡的袋子裡裝的不是作物，只是滿滿的沙子，家畜們也是趁著夜間從一處趕到另一處，所以同一群家畜大多都會有五、六次與女皇見面的機會。」波坦金為滿足女皇

新俄羅斯省　囊括了包含克里米亞半島在內的廣大地區。

而不遺餘力是個不爭的事實，也因為這樣，當時該地區出現了部分的「波坦金村」。但我們並不能將它們全部視為「裝飾用的村子」，因為這正是俄羅斯正一步步開墾、投注努力於新俄羅斯且慢慢獲得結果的跡象。

四月底，凱薩琳二世來到了新俄羅斯的赫爾松，她在這裡與奧地利皇帝約瑟夫二世（Joseph II）進行了會面。他們所談論的，即是一般稱作「希臘計畫」的內容。奧地利與俄羅斯過去都曾將鄂圖曼帝國視為最大的威脅，但現在鄂圖曼帝國已明顯呈現出了衰弱之勢，於是凱薩琳的計畫，就是要趁著這個機會，在俄羅斯的庇護下重建「東羅馬帝國」。在她將一七七九年誕生的第二位孫子取名為君士坦丁的舉動中，就表現出了這個意志，不過這裡提到的「希臘計畫」，倒是沒有太多的相關文獻流傳到後世。

接著，凱薩琳二世的馬車進入了克里米亞，並於五月二十一日到達了巴赫奇薩萊。這裡是過去克里米亞汗國的首都，但位於此處的宮殿早已因為掠奪，於一七八三年與俄羅斯合併前就已是近乎全毀的狀態。或許來到此處的凱薩琳二世會認為，當下就是對長期遭受汗國侵擾的俄羅斯來說最值得紀念的一刻吧。後來，詩人普希金也來到了巴赫奇薩萊，並創作出了優美的敘事詩《巴赫奇薩萊的淚泉》。這篇著作與布流洛夫的畫作藉由莫斯科大劇院廣為流傳，不過也有現代學者提出批判，指出那之中存在著「俄羅斯的東方主義」，表示這不過是詩人以歐洲人的優越觀點以及歐洲人的「既有印象」來描寫居住於異國的「野蠻韃靼人」而成的作品。

凱薩琳二世繼續朝塞凡堡前進。那裡的港口停著十五艘軍艦，在凱薩琳二世視察了波坦金的黑海艦隊後，想必是獲得了非常大的滿足。在歸路上，女皇在波爾塔瓦這處決定了彼得大帝拿下大北方戰爭勝利的地區，參觀了由五萬人將士舉行的演習後，才經由圖拉進到了莫斯科。來到莫斯科的女皇受謝列梅契夫公爵邀請，來到他位於庫斯科沃村莊的宅邸，並在此觀賞了有名的「農奴劇場」歌劇。同年七月初，回到了聖彼得堡的女皇，寫了一封信給波坦金，裡頭除了讚揚他的功績，也感謝因為他的幫忙，才能讓自己在這長達六千公里的旅途中「完全沒生過病」。四年後的一七九一年十月，為處理俄羅斯帝國與鄂圖曼帝國間的和平議題而回到了雅西的波坦金在該地逝世，據說凱薩琳二世在接到波坦金死訊後不僅昏厥倒地，還終日以淚洗面。

◎晚年的凱薩琳二世

在凱薩琳二世前往視察克里米亞的時間點前後，美國獨立戰爭與法國大革命相繼爆發，將歐洲帶進了動盪時代。一七八九年七月，巴黎民眾占據了巴士底監獄，農村中的貴族宅邸遭到放火，裡頭的歲貢帳簿等文件付之一炬。曾經耗費大量精力去鎮壓普加喬夫之亂的政府，對此狀況自然無法坐視不管。據說，凱薩琳二世在聽到國王路易十六世遭到處刑的消息後，便長期倒臥病榻，但她仍很快就做出宣言，表示將為路易十六世服喪六日，並與法國斷絕外交關係，此舉也相對地讓俄羅斯成了被逐出法國的貴族之避難處。同時，她強化檢閱傳達法國事件的出版刊物，並且為了掃除相關書籍，還對各書店實施了「搜查」行動。凱薩琳二世雖然積極推行啟蒙與書籍出版，但在碰上法國大革命後，這一切的行為都產生了事實上的停滯。不過與其這麼說，不如說凱薩琳二世的「啟蒙政策」，打從一開始就不曾允許有人來做批判。

一七六九年，凱薩琳二世出版了名為《應有盡有》（後來又改名兩次）的諷刺週刊雜誌，雖然出版人掛的是她秘書的名字，但眾所皆知女皇才是真正的發行者，以及這份雜誌是她啟蒙事業的一環。而與這本雜誌對抗的，則是由法典編撰委員會的書記尼可拉・諾維柯夫（一七四四－一八一八年）所發行的批判週刊《雄蜂》。這本來自基層、充滿諷刺意圖的週刊，起初受到女皇政府的抵制，不過十年後，遷至莫斯科的諾維柯夫，又再次展開了活力十足的出版活動。裡頭刊載著伏爾泰、盧梭與狄德羅等法國的啟蒙思想家，以及俄羅斯作家在

凱薩琳時代的領土擴張圖

各領域上的作品。此外，諾維柯夫也是共濟會的中心人物，凱薩琳二世同樣不喜歡他這點，在法國大革命爆發後，女皇便抓著這點，指控諾維柯夫組織反政府團體並對他加以鎮壓，於是諾維柯夫在一七九二年被捕入獄，原先作為他活動據點的印刷廠也不能再作使用。

此處要提到的還有亞歷山大・拉季舍夫（一七四九—一八〇二年），他出生於富裕的貴族家庭，是受過高等教育的菁英人士。拉季舍夫於萊比錫大學留學時，除了法律之外，他還學習了人文與自然科學、醫學與文學。一七七一年，拉季舍夫回到了俄羅斯，並開始在政府機關工作，但「百科全書派」的拉季舍夫在工作場合內卻是處於孤立狀態。據說他的性格與肖像畫呈現的文靜穩重的氣息不同，其實是個「直性情又容易動怒的人」。一七九〇年，拉季舍夫出版了一本書籍，名為《自聖彼得堡到莫斯科的旅程》。這本書花了拉季舍夫數年寫成，並在自家的印刷廠印製了六百五十部。這本書雖是以「第一人稱」的角度，對朋友敘述自己在旅途中發生的種種事情與情景的遊記體裁，但它的內容卻明顯是在批判著俄羅斯的現狀，也就是在批評專制政治與農奴制。所以，這本書一發行，馬上就遭到了查禁。後來，政府更逮捕了拉季舍夫，並將他送入監獄、宣告了他的死刑，不過他的刑罰後來受到減輕，被流放到了西伯利亞，在伊利姆斯克過了十年的流放生活。就拉季舍夫的觀點來說，他認為人類應是為了追求自由而被創造出來的生物，但實際上卻四處都有枷鎖限制著人。為了「人類的自由」，必須要有位肯犧牲自己的「英雄人物」，而專制君主迫害哲學家的現象，將是他哲學正確的證明；也就是說，被逮捕與流放，原本就是他的計畫之一。

法國大革命發生的那年，凱薩琳二世已是六十歲之身。晚年的她變得肥胖，又因為風濕病而無法隨意走動。一七九六年十一月初，在凱薩琳二世因為急性腦中風倒下後，就再也沒有恢復意識。

在她三十四年的治世中，不管是掌權的時間長度還是功績的顯赫程度，都能與彼得大帝並駕齊驅。有人比喻，推行「革命」時，彼得總共用了筆、劍與斧頭來進行，而凱薩琳二世卻只用了筆而已。雖然這描述甚為誇大，但身為外國人的女皇在俄羅斯所建立的成就，仍是我們無可否定的。

◎保羅皇帝的短暫統治

收到女皇病危消息後，當時四十二歲的皇太子保羅是第一位趕到冬宮的人。倒下後就持續處於昏迷狀態的女皇，最終在十一月六日早晨過世。當保羅趕到時，外交大臣貝茲博洛德柯告訴保羅，女皇生前留有一封記述著遺言的信，據說兩人後來將自己鎖在女皇的辦公室，花了很長的時間拿暖爐燒毀大量文件。之後，宮廷之中開始有些風聲，內容指出凱薩琳二世女皇在生前準備了有關繼承人的宣言，而宣言中欽定的後繼者是女皇的孫子亞歷山大，所以等到保羅被捕後，他勢必會遭到流放；且這小道消息也並非是空穴來風。

保羅自幼就沒受到母皇凱薩琳二世的疼愛，特別是在凱薩琳二世發動武力政變後，她甚至反過來認為保羅是自己的「潛在敵人」。因為從血緣來看，保羅擁有正宗血統，所以等保羅成人，他大可名正言順地當上皇帝。或許就是因為與這種「正統論」有所關係，因此凱薩琳二世拒絕保羅在一切國事上的介入。於是保羅便未曾受凱薩琳二世賦予過任何重要職務，就這樣過了三十年以上的漫長皇太子人生。保羅是個三分鐘熱度、脾氣暴躁且生性多疑的人，他討厭母親的這點自然不必多說，不過最後繼承了皇位的，卻也正是保羅。

保羅皇帝登基後，他的政策主要在於徹底否定母皇凱薩琳二世過去實施的政策，不僅如此，他還釋放了拉季舍夫、諾維柯夫等政治犯，並限制貴族的特權。此外，他也修改了皇位繼承法，規定未來只能由父系的男性繼承皇位，排除了未來有女皇產生的可能。

喜好舉辦閱兵典禮的保羅，不僅使長時間站在太陽底下閱兵的將帥們一個個感到心浮氣躁，還要求他們要嚴格遵守規定。在重要的國家對外政策上，保羅的態度舉棋不定，幾乎所有政策都是朝令夕改。最終，激憤難耐的貴族們的不滿情緒，再次演變成了具體的武裝政變。一八〇一年三月的某天晚上，彼得堡軍事總督帕廉等人策動了宮廷衛隊，襲擊了保羅所在的米哈伊洛夫宮，並殺害了他。

保羅皇帝　凱薩琳之子。討厭母親的保羅，否定了女性繼承皇位的權利。

於是，「女皇世紀」被保羅畫下了最後的休止符。在擁立下登基的女皇中，凱薩琳二世是一個例外，她選擇讓寵臣處理國務。普遍來說，俄羅斯女性的地位並不高，不過彼得大帝將貴族女性帶離了傳統的「特蕾姆隔離政策」[28]，將她們送往充滿歐風的社交場合；而凱薩琳二世則在一七六四年設立了斯莫爾尼女子學院，讓女性有接受教育的機會。然而彼得大帝的作為，卻只像蜻蜓點水般，未能長時間持續；同樣地，儘管凱薩琳二世的統治時間再長，女性畢業生最終卻也未達九百人。其原因大多出在多數的平民女性，一直以來都是被強迫在家中過著隱忍的生活。這點從俄羅斯俗諺：「毛皮外套愈打愈暖，女孩子愈打愈溫柔」、「愈是毆打女孩，她們做的湯就愈好喝」中，也能略知一二。

26 指亞歷山大・伊萬諾維奇・舒瓦洛夫伯爵（一七一〇－一七七一）、伊凡・伊萬諾維奇・舒瓦洛夫伯爵（一七二七－一七九七）和彼得・伊萬諾維奇・舒瓦洛夫伯爵（一七一一－一七六二）。其中伊凡・伊萬諾維奇・舒瓦洛夫伯爵協助羅蒙諾索夫向伊麗莎白女皇進言創建了俄羅斯歷史上的第一所大學莫斯科大學，與羅蒙諾索夫和伊麗莎白女皇一同至今被視為莫斯科大學三大創始人之一。

27 古希臘時候稱克里米亞為「陶里斯」，不過這個是希臘文的唸法，轉為俄文則是唸做塔夫里卡（Таврика）或者塔夫里達（Таврида），十五世紀改為塔夫里亞（Таврия）。

28 在傳統的俄國，皇族和貴族女性不得出現在公眾場所，他們未嫁人之前唯一可以做的就是待在深宮（例如此處的特蕾姆宮）裡面，學習宗教禮儀、神學和祈禱。如果要外出，則會有神職人員在旁邊相隨手持巨大的帆布遮擋住不讓外人看到她們。這個只是針對皇族和貴族，平民女生並無此禁令。

第五章 沙皇們的考驗

亞歷山大一世　雖在與拿破崙的戰爭中陷入苦戰，但最後仍獲得勝利。也因為復興歐洲各國王室，因此被尊為「神聖王」、「歐洲的救世主」

在「自由主義」與「民族主義」中取捨

◎亞歷山大一世的登場

隨著武裝政變，俄羅斯的歷史進入了十九世紀。在十九世紀開幕後不久，一八〇一年三月，亞歷山大一世當上了俄羅斯帝國的皇帝。亞歷山大一世出生於一七七七年，即是說當年即位時，亞歷山大是剛過弱冠之年的二十三歲。俄羅斯的人們非常歡迎這位身形高挺、面容端正的皇帝，不過他會受歡迎的理由並非只限於他的年齡。其實早在法國大革命發生後，俄羅斯民眾們已因為凱薩琳二世的壓制性政策與暴君保羅的統治，在天昏地暗的時代中壓抑了二十年以上，不斷期待著解放的日子到來。

亞歷山大是保羅皇帝與普魯士出身的王妃瑪麗亞·費奧多羅芙娜所生的長男。亞歷山大的人生就像過去的保羅一樣，同樣在幼兒時期備受身為女皇的祖母寵愛，後來又被帶離雙親所在的加特契納宮，在冬宮中裡長大成人。亞歷山大的祖母為他選了一位瑞士出身的家教，那位家教名為福雷德里克·拉阿爾普；他是亞歷山大祖母的筆友，同時也是個「意志堅定的共和主義者」。年輕的亞歷山大全盤接受了老師所教導的自由主義與改革的必要性，不帶有一點懷疑。二十歲的亞歷山大在寫給拉阿爾普的書信中，就寫有能夠解讀出「我唯一的希望，就是給予俄羅斯自由，使這個國家免於專制與暴力的威脅」的字句。且就結果來說，亞歷山大執政的初期政策，也沒有枉費眾人的期待。

亞歷山大即位後，就宣言道「自己會依照法律與祖母凱薩琳的心意」來治理國家，並立刻著手改革。亞歷山大不僅復原了在凱薩琳二世時期開創、但在保羅時期取消的所有貴族權利，還釋放了在保羅皇帝時期的迫害下被送進監獄裡的五百位政治犯，俄羅斯與英國的關係也在此時重修舊好。亞歷山大透過通曉西歐思想的朋友們所組成的「非官方委員會」[29]，在改造帝國的話題上展開了熱烈的討論。委員會的成員帕維爾·斯特羅加諾夫、尼古拉·諾沃西里切夫、維克多·寇楚貝以及亞當·耶日·恰爾托雷斯基，個個都是非常年輕且皆出自有歷史的大貴族家庭，不過有趣的是，他們提出的改革方案竟一點也不「守舊」；當然，亞歷山大本身也參與著這部分的討論。

首先，他們執行了中央政府的組織改革，他們設立了八個「部」，取代了在彼得大帝時代設立的「委員會」。部內首長負責各部的管轄事項，部長的任免權則掌握在皇帝手上。另外，為讓各首長互相溝通及協議，俄羅斯國內也設置了「部長委員會」[30]。由於亞歷山大讓每位首長負責各自不同的工作，因此這個首長會議並無法起到限制皇帝行使權力的作用。再來，他們也為高官階層注入了新血，於是當時有三、四十歲的高官與外交官，都是極為普通的事。

在亞歷山大的改革計畫中，最先登場的就是「俄羅斯帝國國民啟蒙教育部」。毋庸置疑，這政策顯示出政府在「理性的時代」中對教育的重視。像是在伊莉莎白時代中設置的莫斯科大學，以及凱薩琳二世時代在各省、縣中所設立的初等教育機關等等都是此種例子，不過這些做法仍舊相當不足。所以，我們在亞歷山大的統治中，可以看到教育改革有著大幅度的進步。他將全國分為六大學區，除了莫斯科之外，聖彼得堡、喀山、哈爾科夫、戴爾普特（現稱塔爾圖）、維爾紐斯等地也都出現了大學。他效仿歐洲，給予了學校大幅度的自治自由。此外，以礦山經營而聞名的傑米多夫家，也在雅羅斯拉夫爾及烏克蘭的涅任分別設立了私立的「傑米多夫法學貴族中學」與「貝茲博洛德柯公爵涅任歷史—語言文學學校」，同時，首都也成立了「貴族中學」，化身為知識的中心。順帶一提，俄國詩人普希金就是就讀這間學校，並以第一屆畢業生身分畢業的學生。於是，在國民啟蒙教育部的推動下，各地中小學校、文理中學等教育機關合計就約有五百處，學生約有三萬四千人。教師之中，則包含了法國逃亡者與耶穌會人員。

但是，亞歷山大與「非官方委員會」所接連打出的改革牌，卻也漸漸造成了保守派貴族的危機；令這些貴族最不安的事情，不外乎就是農民的相關問題。一八〇三年，政府承認了「贖回自由」這種將「伴隨土地」交易的農奴加以解放的政策，並給予了都市市民與商人們土地所有權。這些政策在短時間內，並未讓國內產生太大變化，不過從這些政策中，仍清楚反映出了亞歷山大對於解放農奴的想法。貴族們也認為解放農奴，或許將能夠減少發生像是普加喬夫起義的危險，只是，這仍不是眼前最該擔心的事；他們目前所擔心的，是皇帝的解放令是否會引起大叛亂的爆發，於是「非官方委員會」便在成立約五年後停止了活動。但停止活動，並不表示同時也放棄了改革。

◎斯佩蘭斯基與卡拉姆津

一八〇六年，在上述的時代背景中，有位男人偶然被亞歷山大相中。這個男人原是弗拉基米爾省的鄉村神父，當時為聖彼得堡的神學院教授，名叫米哈伊爾・斯佩蘭斯基。受皇帝之託，動手設計改革案的斯佩蘭斯基，提出了相當大膽的國家改造計畫。他提出的內容包括了設立由沙皇所任命的「俄羅斯帝國國務委員會」以及於每年的五月、九月各召開一次的「國家杜馬」。其中，「國務委員會」原先不擁有立法權，但在一八一〇年一月時，它倒是以審議立法問題的機關召開過一次。該次會議中，總共有皇帝所任命的「議員」以及各部首長共三十五人出席。至於先前提到的「國家杜馬」，則在提案的過程中就遭否決，直到一世紀後，「國家杜馬」才真正出現在俄羅斯裡，可見斯佩蘭斯基的提案對俄羅斯而言，尚言為時過早。說到斯佩蘭斯基提案的核心，其實就是想樹立一個以合法性為基礎的「法治國家」，以求任何人都不會在未經審判的情況下就遭到處罰。精通治國細節、有才幹的政治家斯佩蘭斯基所提出的構想，確實為俄羅斯提供了在未來的正確展望。

然而，斯佩蘭斯基的身邊卻充滿了敵人。因為他出身不高，加上提案過於先進，在在使得思想保守的貴族們對他起了反感。亞歷山大的妹妹凱薩琳．巴甫洛夫娜是當時最有素質的女性之一，在皇宮中也具有一定的影響力。而她，卻同時也是保守派勢力的「據點」。巴甫洛夫娜位於特維爾的宮殿裡，聚集了許多對皇帝自由主義改革感到不滿的人們，他們將斯佩蘭斯基視為最主要的敵人。歷史學家尼古拉．卡拉姆津（一七六六—一八二六）也是這勢力的其中一人。

卡拉姆津同時也是一位在法國大革命後就立刻前往西歐旅行，並出版了《莫斯科雜誌》[31]，向俄羅斯公眾介紹歐洲流行文化趨勢的文學家。他的代表作《可憐的麗莎》同樣在這本雜誌中刊載。卡拉姆津自前個世紀末以來，就埋頭於俄羅斯的歷史研究中。後來，卡拉姆津在朋友的介紹下，獲得了「歷史編撰官」的地位，開始傾注心力於《俄羅斯國家史》（一八〇六—一八二六）[32]的編撰與發行。

卡拉姆津在一連串的歷史研究中，卻也無形地在他心裡形成了保守的政治思想。根據卡拉姆津的說法，他認為對俄羅斯的傳統與利益的一致性上來說，最適合的體制即是「專制」；帝國的強大與繁榮的基礎，都與專制息息相關。故此，卡拉姆津認為，在國家秩序方面上，「所有的新規定都會對其產生危害」。雖然他也承認統治者在權力的行使上必須不受任何集團或制度的限制，不過「專制」與「獨裁政治」還是有所區別。就近代俄羅斯的各種研究來看，學者們普遍將凱薩琳二世定位為「專制君主」，而保羅皇帝則算是「暴君」。由於卡拉姆津對權力的概念源自孟德斯鳩的思想，因此他將「專制」定位為俄羅斯的傳統政治形態，這也造成卡拉姆津曾強烈批判過彼得大帝的文化政策。

一八一一年二月，卡拉姆津出版了統括了自己想法的新作品《論古俄羅斯與新俄羅斯》[33]，並在凱薩琳．巴甫洛夫娜面前朗讀。卡拉姆津後來透過巴甫洛夫娜的介紹而與亞歷山大皇帝照過面。可想而知，兩人在「專制」這點上，產生了意見分歧，然而儘管如此，認為與法國之間將終究難逃一戰的亞歷山大，最終為了拉攏保守派勢力，仍不得不撤掉斯佩蘭斯基的職位。

人們形容亞歷山大的治世初期，是一段「空有外表的自由主義」時期。此時期在基礎上仍充滿了專制與農奴制性質的政治，卻在外頭澆上了一層流行的自由主義、啟蒙思想的糖衣。此外，諸如「嘴上談著共和主義，實際是個專制君主」這種說法，其實也都是在指同樣的事情。在「理性的時代」中成長的亞歷山大，成為了一位「為之獻身」，並且精通「啟蒙」這一意識形態的人。然而，亞歷山大對於俄羅斯的現實環境的認知又有多少？他的政策上，通常缺少平衡性、一貫性以及明確的目的，雖然許多人認為這些缺陷來自於他受過的教育「太過片面」所造成，但還有一件事，是我們不能去忽視的——亞歷山大知道發生在他父親身上的武裝政變。許多人推測，經由武裝政變讓他獲得皇位的這場「悲劇即位」，同時也對亞歷山大的性格與統治思考上造成了陰影。這個線索，將可能是了解亞歷山大「充滿疑問」、「令人無法理解的」行動關鍵。

◎與拿破崙開戰

在一七八九年七月法國大革命爆發後的十五年後，法國誕生了皇帝拿破崙。相當重視與日耳曼之間自古王朝以來關係的亞歷山大，於一八〇五年與英國、奧地利結成了反法同盟，開始備戰。然而在發生於同年年底的「奧斯特里茲戰役」中，同盟軍遭法軍擊潰，俄軍在此戰失去了多達兩萬一千人的將士，就連至今仍被俄羅斯人民稱作「國民英雄」的庫圖佐夫也在此戰中負傷。且據說亞歷山大自己也因為差點在此戰役中成為俘虜，因而恐懼顫抖、眼眶含淚。在隔年十月的「耶拿會戰」中大勝普魯士軍的拿破崙，在立陶宛的小都市提爾西特（Tilsit）裡與俄羅斯、普魯士簽訂和平條約。普魯士不僅失去了波蘭地區的領土，還被迫繳交高額賠償金；不過俄羅斯的命運卻與普魯士大不相同，不僅沒有失去國土，更沒被法國要求任何一毛的賠償金。這是因為拿破崙所重視的，是拉攏了俄羅斯後能夠對英國進行大陸封鎖的戰略意義。拿破崙表示：「俄羅斯皇帝與我之間建立了極其良好的關係，期待今後我們在體制的一致化上能有順利的發展。」而同時間，俄羅斯皇帝則表示：「雖然這聽起來很吸引人，但我還是無法信任他。因為我無法從他身上感覺到誠意；這個帝國衰退時代出現的拜占庭人，不只精明偽善又狡猾。」如此將自己的警戒心表露無遺。

後來，提爾西特的和平條約在俄羅斯國內引起了強烈的不滿。與「革命之子」結成的同盟，讓大貴族們感到不快。另一方面，至當時定期將領地所生產的大量穀物運往英國的南方領主們，也因而蒙受了利益上的重大損失。即使「昨天的敵人是今天的朋友」是在政治世界中一種普遍的常識，但這並無法對民眾解釋為什麼直至昨日還是「反基督」的拿破崙，卻在今天變成了「東正教沙皇的夥伴」。最重要的是，這個和平條約傷了俄羅斯在國際上的威信與民眾的「愛國心」。於是，《提爾西特條約》便成了整起事件的轉捩點。在那之後，亞歷山大開始保留對英國的戰力，轉而準備反擊法國。迫不及待一雪前恥的年輕貴族們，也因此瘋狂、熱烈地支持著皇帝的外交政策。同時間，拿破崙也查覺到了俄羅斯的動向，於是動手準備起對莫斯科的遠征計畫。

一八一二年六月，法俄兩軍開始行動，準備進入交戰。首先，拿破崙的軍隊渡過了尼曼河，進軍俄羅斯的領土；拿破崙的戰術主打短期決戰，打算在開

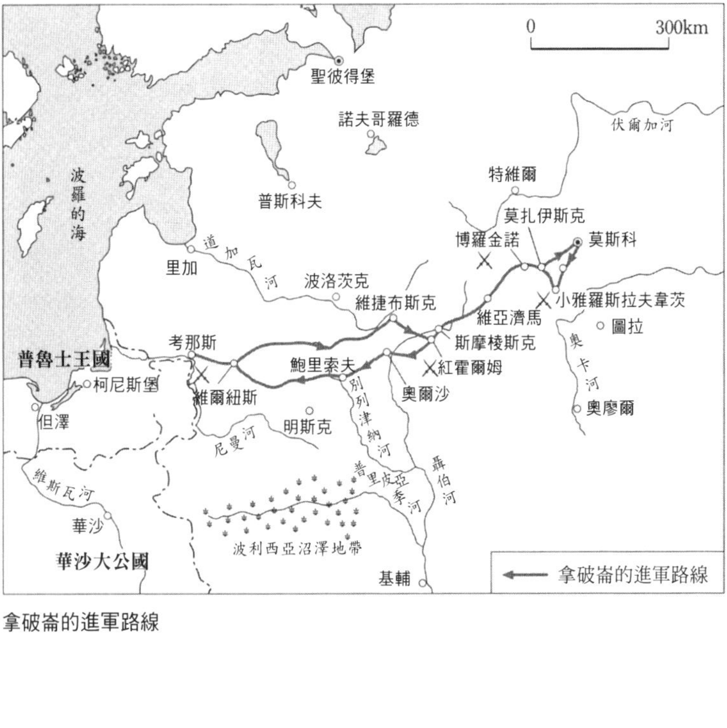

拿破崙的進軍路線

戰後立刻給予敵軍主力致命打擊。然而，他的計畫卻大大落空，他沒預料到俄軍在開戰後立即撤退，且運用了焦土作戰，將領土附近一帶全部燒毀，讓法軍無法從當地獲取食糧。因此法軍在開戰後，馬上就面臨了必須與飢餓和當地居民作戰的窘境。拿破崙的軍隊損失了大量的士兵，不過不斷後撤的俄軍也並非毫髮無傷。俄軍的指揮官在後來由年邁的庫圖佐夫接任，取代掉了巴克萊・德・托里，接著在八月二十六日，兩軍在莫斯科西方一百一十二公里處的博羅金諾地區進入了全面性的戰鬥。依照最新的統計資料來看，俄軍與法軍於此戰投入的兵力分別為十五萬五千人與十三萬五千人。戰役的第一天結束後，俄軍與法軍各損失了四萬五千名與兩萬八千名不等的兵力。兩軍雖尚未在此戰分出勝負，但俄軍的損失明顯大過法軍太多，這讓庫圖佐夫不得不選擇繼續撤退。

◎莫斯科大火與勝利之策

九月一日，戰局產生了一個戲劇性的瞬間——撤退至莫斯科的俄軍，決定棄守莫斯科，開始自其中撤離。選擇將古都莫斯科拱手讓人的庫圖佐夫，理所當然地受到了眾人的嚴正批判。然而，據說當時庫圖佐夫是這麼回答他們的：「失去莫斯科，並不代表失去俄羅斯；不過若是軍隊在此潰敗，到時消失的就不僅僅是莫斯科，而是整個俄羅斯。」後來，俄羅斯一共疏散了多達二十七萬五千名的莫斯科民眾，讓他們與軍隊一同撤離莫斯科。據說卡拉姆津在此時是先讓妻子逃往雅羅斯拉夫爾，自己則是在「俄軍犧牲掉莫斯科的那天」才離開城市。而直到最後都還留在莫斯科裡的人，總共不到一萬人。

期待速戰速決的拿破崙與他的將軍們在進入了俄羅斯的古都後，眼前「空空如也的莫斯科」讓他們不禁懷疑自己是否看錯了。法軍進城當天，城市內有數個地方開始竄出火舌，在當時乾燥的空氣與強風肆虐的助長下，莫斯科瞬間就成為了火海，火勢不斷地延燒，直到第五天才終於開始轉弱，並於第六天熄滅。在大火侵襲下，克里姆林宮雖然沒有大礙，但大量的房屋仍舊付之一炬。自古以來，「木造的莫斯科」就非常怕火；根據推測，在這場大火中化為灰燼的房屋，大約占了全城的三分之二。於是，在莫斯科等著十萬名法軍的，並非是為了緊接而來的寒冬而準備的舒適小屋，而是一整片的焦土。

關於莫斯科這場大火，至今許多人認為是莫斯科省長、同時為當時總督的拉斯托普琴伯爵的命令。古都莫斯科因為這起火災不僅蒙受了經濟上的重大損失，還失去了貴重的文化遺產。例如在十八世紀末於阿列克謝·摩西—普希金伯爵宅中發現的中世紀俄羅斯文學最高傑作《伊戈爾遠征記》，其原始手稿正是大火下的犧牲品之一。只能說有人在大火發生前先謄錄了《伊戈爾遠征記》，真的是不幸中的大幸；另一方面，卡拉姆津的藏書也在這場大火中幾乎全數燒毀，幸虧《俄羅斯國家史》的原稿毫髮無傷。

雖然食糧與乾草在當下並無急迫性的不足，但在俄軍源源不絕的游擊式攻勢下，讓法軍失去了大量的士兵。拿破崙幾度向亞歷山大提出「和平」交涉，但全都遭到拒絕。亞歷山大曾寫了一封信給他信賴的妹妹，信中提到自己在拿破崙面前是有多麼地恐懼。然而在外交上，亞歷山大卻不曾表現出這懦弱的一面，而是貫徹了絕不妥協的態度。亞歷山大曾說過：「與其簽署會讓我祖國蒙羞的條件，我寧願留著鬍子，與我的農民們一起吃著馬鈴薯。」不過相較之下，拿破崙的撤退已是無可避免，因為他不能在這裡過冬，讓自己不在巴黎長達半年；拿破崙自知自己無法在一個遙遠的地方統治自己打造的廣大帝國。於是法軍在進入莫斯科三十六天後，便開始從這化為廢墟的古都中撤退。

緊接襲擊了拿破崙軍隊的，便是俄羅斯有名的「冬將軍（嚴寒冬季）」。當年的降雪比往年都還早來臨，零下二十度的氣候馬上籠罩了他的軍團。法軍士兵除了要對抗寒冷與飢餓之外，還暴露在源源不絕的游擊攻勢之中，而法軍打算在斯摩棱斯克紮營過冬的計畫也落了個空。至此，法軍剩下的軍力只剩三萬士兵與大砲一百五十門。最終，法軍在十一月中旬時，在別列津納河的渡口，遭遇了他們在此戰役的最後悲劇——在俄軍的包圍下，拿破崙的遠征軍在此正式潰敗。拿破崙趁著黑夜脫離部隊，花了一番功夫才回到了巴黎。

後來，這場與拿破崙開戰、被稱為「第一次衛國戰爭」（第二次衛國戰爭對象為對希特勒）的戰爭，由俄羅斯方取得大勝而落幕。一八一四年三月，亞歷山大隨著俄羅斯的精銳部隊一同殺進了巴黎，掌握住了歐洲的命運。而在這件事發生的前幾天，拿破崙已被迫退位。

亞歷山大成為了使拿破崙垮台，以及主導維也納會議的主要人物。會議結果讓拿破崙建立的「華沙大公國」成為「波蘭王國」，並併入俄羅斯的版圖內。俄羅斯對波蘭王國以及於一八〇九年併吞的芬蘭大公國的統治，一直到一九一七年才結束。俄羅斯在首都聖彼得堡剛落成的喀山大教堂內慶祝了這次戰役的大捷，庫圖佐夫將軍的遺骸也同樣安葬於此。

皇帝與十二月黨人們

◎「十二年的兒子們」與寵臣阿拉克切夫

「十二年的兒子們」是一句大家耳熟能詳的形容詞。這個詞指的是在「大衛國戰爭」中作戰，與亞歷山大的遠征軍攻進巴黎的一群年輕、愛國的將士們。在巴黎停留了數月、接觸到自由市民精神的他們，在回到俄羅斯後，便熱切盼望著國家改革。他們打算在俄羅斯裡建立政治上的自由，並廢止農奴制，以喚起市民精神與個人尊嚴。不過要在當時的俄羅斯採取如此的行動，只能選擇像是共濟會的「秘密結社」型式來進行。到了一八一六年，他們開始了行動。

在俄羅斯帝國首都聖彼德堡，以及位於俄羅斯南方、設有帝國軍第二軍司令部的圖利欽皆各有一處「秘密結社」。不過兩處秘密結社間的意見紛歧卻在日後愈來愈明顯。由尼基塔·穆拉維約夫等人組成的「北社」希望能靠著自由主義且穩健的改革，避免俄羅斯發生類似法國革命的流血事件；他們追求著立憲君主制，同時傾向維持領主的土地所有權。而與他們對立的，即是由帕維爾·彼斯捷爾等人所組成的「南社」。南部結社的想法較為激進，他們認為若要推動未來的改革，首要重點就在於奪權；他們主張改革必需歷經十年的獨裁，透過行使獨裁的「強硬手段」後，才能夠為人民帶來幸福。

祕密結社的出現對於亞歷山大皇帝來說，應該就像出現了社會性的支柱，過去被迫藏在心中的改革思想，終於有了得以實現的唯一機會。然而實際發生的事情卻是完全相反，亞歷山大不僅沒有利用這個大好機會，反而還強烈地警戒著年輕貴族們的結社行為。這是因為在他二十餘年的統治中，亞歷山大已經完全慣於聽從保守派貴族們的意見。他開始重用父皇時代的寵臣，像是前戰爭部長阿拉克切夫。於是，阿拉克切夫成了握有一切在皇帝改革初期所出現的部長會議、國務委員會以及皇帝直屬辦公廳的有力人士。

在阿拉克切夫的政績裡最為人知的，即是創設了所謂的「屯田村」。在考量該如何解決因為戰爭後產生的財政困難問題時，他想到了讓士兵與其一家定居於農村的想法。他企圖透過這個政策，以達到削減軍事支出、完善新兵補充系統、以及安置老兵生活的一石三鳥目標，然而這件事情最後卻因為執行不順而在途中廢案。他的改革在最後造成了許多混亂的局面，但他的權力地位卻仍不曾動搖。若說亞歷山大是國家的領主，那阿拉克切夫就是有才幹的領地管理人。在當時，阿拉克切夫起了像一種「避雷針」的功能，讓原本朝著皇帝本人而去的責任與批評，全都轉嫁到自己身上。

打從一開始，歷經大戰後的亞歷山大所實施的各種政策，就不能單以「反動」這種單一說法來去定位它。因為這些政策之中，也包含了自由主義的要素在內。好比一八一五年，波蘭王國就持有在當時富有自由主義色彩的「憲法」，也因此亞歷山大是俄羅斯專制君王的同時，他也是波蘭的立憲君主，以及芬蘭的「立憲大公」。此外，亞歷山大也是農奴解放論的支持者。雖然農奴解放議題在俄羅斯本土並未發生實質效果，最終只以《論自由農民》

（一八〇三）的形式結束，但在所謂的波羅的海三國之中，倒是在一八一六年至一八一九年之間實施了農民解放。但仔細說起來，這個農民解放是屬一種「不帶土地的解放」，因此就結果來說，反而是讓農民們的經濟狀態更加惡化。

◎亞歷山大一世「充滿謎團的死亡」

亞歷山大雖然有些病痛，但他從未罹患過不治之症。在亞歷山大年近半百時，他開始無心統治國家。他經常把自己關在房內，將重要案件全推給阿拉克切夫處理。在亞歷山大的努力下，以聖經普及為宗旨的「聖經協會」在俄羅斯發跡，亞歷山大亦會透過這個協會的活動與信仰尋求著心靈的慰藉。然而協會的設立也遭到了部分人士的強烈反對，反對者表示，四處發放聖經對他們來說就像是「眼睛進了沙子般」，難以忍受的行為。宮廷內雖找來了許多像是貴格會等等的宗教家，然而據說其中多數都只是「各式各樣的騙子」而已。

一八二五年九月初，亞歷山大來到位於聖彼得堡市區內的涅夫斯基修道院，拜訪了一位名為阿列克謝、以殉道者風格生活而聞名的長老。兩人在會面之後，暫時聊了一段時間，在會談結束後，亞歷山大與皇后一起前往了位於黑海沿岸的塔甘羅格的別墅。同年十月中旬，亞歷山大到了塞凡堡、巴赫奇薩萊等克里米亞的各個地區視察。接著在十一月時因為患病、高燒，於是回到了別墅休養，然而他的病情卻沒有任何改善的趨勢。最後，失去意識的皇帝，於十一月十九日病逝。

不管是對皇宮內還是一般庶民來說，亞歷山大的死訊都是件出乎意料的事情。儘管亞歷山大多少有些年邁，但也才四十八歲而已，於是他的死亡，在國內引起了各式各樣的臆測。且在亞歷山大死後不到半年、也就是隔年五月初時，皇后伊莉莎白也在從塔甘羅格回到首都的路上死亡，更加加深了這起事件的謎團。

但不管真相如何，面臨皇帝死亡的皇宮，開始煩惱起了亞歷山大的繼位者問題。在這問題中唯一清楚的條件，就是一七九七年，保羅皇帝所修改的皇位繼承法中已排除了女性的候選機會。亞歷山大在十七歲與巴登的貴族女孩結婚後，總共產下了兩個孩子，不過她們全都是女孩。依照往例，這時應該讓亞歷山大的弟弟康斯坦丁成為預定繼承人，不過這位康斯坦丁曾與他最初的夫人離婚，並於一八二〇年與波蘭伯爵夫人再婚；而根據俄羅斯的法律，與波蘭女性生下的子嗣並不能繼承皇位。

推測在一八二一年或一八二二年，亞歷山大在生前就已命皇宮製作一份指定由他的二弟尼古拉為預定繼承人的「機密聲明」。這份聲明的原稿被保存在聖母安息主教座堂內，並額外製作了三份抄本。由此可知，皇位的繼承問題其實早在亞歷山大死前就已經有了對策，不過其中不知道什麼原因，當時竟沒有人通知尼古拉本人已是預定繼承人這件事。當然，這也是造成了大騷動的主要原因。

◎十二月黨人起義

一八二五年十一月二十七日，為傳達皇帝病逝消息的使者趕到了聖彼得堡。完全不知曉自己已成繼承人一事的尼古拉在收到消息後，立即就向最可能成為皇帝的華沙大公，也就是自己的哥哥康斯坦丁宣示忠誠。同時，近衛軍中隊與高官們也效仿了尼古拉，同樣做了宣示。尼古拉的母親瑪麗亞・費奧多羅芙娜見狀後非常吃驚，她隨即告訴尼古拉，過世的皇帝留有一封指定他為繼承人的「文書」。後來在密文開封並公諸於世後，華沙寄來了大公致意的書信。然而尼古拉並無法欣然接受，他主張自己的哥哥才是「合法的君主」，於是使者不斷奔走於聖彼得堡與華沙之間，但康斯坦丁執意留在華沙，表示出了堅決拒絕的意思。後來，一通消息傳來了尼古拉耳中——有人在策畫推翻帝國的陰謀，這讓尼古拉終於下定決心。十二月十三日，尼古拉聲明即位。至此繼承問題總算告一段落，但俄羅斯國內還必須要重新進行一次對新皇帝「效忠的宣誓」才行。然而，年輕貴族軍官的起義卻也在同一時間發生。

同年十二月十四日，為對新皇帝「宣誓」，參議院廣場聚集了約三千人的近衛軍將士。在此，年輕貴族軍官們的戰略是呼籲這群將士們拒絕宣誓並且引起暴動，以逼迫參議院表明導入立憲制度。他們的中心人物名為謝爾蓋・特魯別茨科伊，他所寫的《向俄羅斯民眾的宣言》中，聲明了推翻舊有統治體制、廢止農奴制、建立信仰自由，以及會在發動起義的三個月後，舉行「大集會」來制定「憲法」等內容。由於近衛軍對於粗野、嚴厲的尼古拉的評價並不好，加上其中又有為數不少想追隨其兄康斯坦丁的人，這幾點讓特魯別茨科伊對起義成功抱有很大的期望。

聽聞「起義」消息的聖彼得堡居民漸漸聚集到了廣場上，據說這些人的數量多達三萬人之譜。他們扔出了石塊與木柴，表示出了對「起義」的支持，但事實上，他們並不是很了解這次起義的目的。因為「憲法（Конституция，讀音 Konstitutsiya）」這一詞並不存於人民平時所慣用的詞彙之中，於是他們以為所謂的「憲法」，指的是「康斯坦丁（Константин，讀音 Konstantin）大公」與他的妻子的意思。這個狀況同樣發生在一般士兵之中，他們對於起義陣營的團長所要求的「拒絕效忠」命令感到非常迷茫。然而起義方也發生了巨大的失算——身為領導者的特魯別茨科伊竟然沒來到廣場上。於是兩陣營花了數個小時互相對峙與說服，直到天色將暗。他們知道這件事必須在完全入夜前了結，最後在政府軍整備完畢後，尼古拉向軍隊下達了近距離同時開火的命令。鎮壓下的結果，造成了起義軍五十六名死亡以及多數人負傷。當天夜晚，廣場點起了營火，在營火的照明下，他們洗去了留在廣場上的血跡，聚集而來的民眾則是抱著複雜的情緒，踏上了歸途。

此後廣為人知、從一八二五年十二月（俄文的十二月寫作 декабрь，音 dekabr）所發生的鎮壓事件演變而成的「十二月黨人」起義，獲得了登上蘇聯時代的著作《俄羅斯革命史》第一頁的地位。一九二五年，為紀念十二月黨人起義一百周年，參議院廣場更名為「十二月黨人廣場」。順帶一提，當時一八二五年發生的起義，也在今天烏克蘭地區引起了小型的起義，但同樣很快就受到鎮壓。

起義後過了不久，俄羅斯馬上就召開了特別法庭，裁決了一共五百七十九人。判決的結果為流放一百二十一名罪犯至西伯利亞，以及五名絞刑處死。死刑犯分別為彼斯捷爾、雷列耶夫、貝斯土傑夫—留明、穆拉維約夫—阿波斯特爾以及卡霍夫斯基。被宣判死刑的這五人幾乎都只有二十幾歲，這也透露了十二月黨人中多數都是年輕人。此外，他們之中也有很多人是出自名門貴族，是受過良好教育、說著法文，以及在與拿破崙戰爭後獲得了西歐知識的人們。換句話說，他們是一群既年輕，也繼承了啟蒙及法國革命傳統自由主義思想的一群人。

被流放的人當中，依然有不少人為了「啟蒙」西伯利亞而盡心盡力的人。他們多數單身，沒幾位是已婚人士。但在已婚人士中，也有像是沃爾康斯基公爵的夫人瑪麗亞等九位「十二月黨人的妻子」願意捨棄貴族身分，追尋丈夫的腳步而自行前往西伯利亞的女性們。這些女性在後來因為涅克拉索夫的詩文而開始聞名四方，但根據文藝學家洛特曼的說法，當時的俄羅斯有個自古以來的習慣，當陸軍軍官要前往遙遠的地區赴任時，他們會派馬車一起接走自己的家族。因此這行為本身與犯罪毫無關係，單純是對於俄羅斯平民來說，跟著囚犯一同自主前往流放地是一件「非常傳統的行動規範」、是單純運送囚犯家族的馬車與囚犯一起同行而已。

專制君主尼古拉一世與「民族性」

◎尼古拉一世的即位與強化治安政策

我想，若說「新皇帝尼古拉與他的哥哥大不相同，是位相當保守的君主」的話，肯定不會有人出面反對。尼古拉在十二月黨人起義爆發時所採取的血腥鎮壓，讓自己被冠上了「自由的扼殺者」、「暴君」的汙名。自古以來，他嚴格的統治時期，就在學界被視為是一種「反動」的時代。的確，尼古拉不僅壓制年輕貴族軍官的反叛、強化了取締措施，同時為了防範外國再給俄羅斯帶來影響，還策畫了各種防範措施，然而就這幾件事情，還不足以能夠馬上稱這時代是「反動的」。因為比起他的政策之外，還有更值得我們必須去注意的事情。從全體來說，或許我們應該反過來重新檢視俄羅斯至當時的「西歐化」路線，找尋「專制」在當時的意義，或許才會有較正確的看法。

尼古拉出生於一七九六年，時為女皇凱薩琳二世的治世後期。他與自己的兄長亞歷山大不同，是在母親瑪莉亞的照料下長大。喜好軍隊遊戲、受過軍事教育與訓練的他，一生都未曾改變過自己的習慣。俄羅斯與拿破崙之間發生的「衛國戰爭」，讓在這種成長背景下的尼古拉心中掀起了波瀾。俄羅斯在這場戰爭的勝利，帶給他了一種愛國主義的亢奮，當兄長亞歷山大攻進巴黎時，尼古拉也在遠征部隊之中。不過他與「十二年的孩子們」不同，他在巴黎參觀的地方是榮軍院、病院等軍事設施。在回國途經柏林時，尼古拉第一次見到了普魯士的國王女兒，並與她墜入愛河。兩人在一八一七年舉行了婚禮，王妃後來改名為亞歷珊德拉·費奧多羅芙娜。兩位年輕的夫婦之間共誕生了七位孩子，並在郊外的阿尼奇科夫宮裡生活。亞歷珊德拉對於慈善事業一直頗有熱情，在繼承問題浮上檯面之前，尼古拉可說是過著一段非常平靜的生活。

就某個意義上來說，十二月黨人革命的爆發促使了治安的強化是一件理所當然的事情。在治安強化上，尼古拉政府首先發布了檢查法。檢查法的功能，在於取締一切有關反政府的「有害」活動與思想。此外，他還創設了秘密警察部門「皇帝直屬辦公廳第三處」。此部門如字面上所示，它直屬皇帝，主要用來監視各個國民層級；第三處的第一任首長為憲兵隊隊長班肯德爾夫伯爵。人員數原本為十六名，到了尼古拉統治後期時已擴充到四十名；再到了改組的一八八〇年前夕，人數則已多達七十二名。他們的出現與擴充，為俄羅斯社會蒙上了一層陰影。

尼古拉一世　為樹立專制與俄羅斯的「民族性」不斷努力。

◎近代文學與對其的檢閱

據說由第三處統整出的資料，尼古拉都會一字一句仔細審視，就連非常細微的部分都由自己親自指示；文學家的作品在發行前都會受到檢閱，最糟糕的情況下，不僅作品會被禁止出版，作者本人也會遭到流放。像是在一八三六年寫了《哲學書簡》的恰達耶夫，就因此被關進了精神病院；又或是於一八四九年，年輕的杜斯妥也夫斯基因為「佩特拉謝夫斯基事件」[34]連坐，遭到死刑宣判。而就在杜斯妥也夫斯基來到刑場、與其他受刑人並排在手持槍械的處刑部隊面前時，宣告在場受刑人之刑罰已減輕成「徒刑」的敕令及時到來，才讓他幸運逃過一劫。人人皆知杜斯妥也夫斯基在當時所體驗到的恐懼，成為了他文學創作的根基，不過事實上，直到一八六〇年代，杜斯妥也夫斯基的文學作品才真正大放異彩。這個時期的代表人物還有尼古拉．果戈里與亞歷山大．普希金兩人。果戈里的《外套》中，描寫了被生活壓垮的下級官吏的悲傷；而《死魂靈》的第一部，則徹底諷刺了農奴制的社會。

另一位隱藏不住自己對十二月黨人起義感同身受的詩人普希金，他的代表作為《葉甫蓋尼．奧涅金》。普希金的出現，帶動了俄羅斯的近代文學。他的作品同樣受到了尼古拉檢閱制度的審視，像是敘事詩《青銅騎士》就因而遭到駁回。《普加喬夫史》（後改名《普加喬夫叛亂史》）則是硬在其中加上「叛亂」一語，才好不容易得以出版。因此普希金會說「像普加喬夫這類的叛亂者，是不會有歷史的」其原因就在這裡。普希金在一八三七年的決鬥中丟了性命。後世洛特曼評價普希金，稱他是位「熱切追求功業，比起死亡，更怕在後世沒沒無名」的十二月黨人時代的一員。

尼古拉皇帝的治安政策，在經過一八四八年發生在法國及德意志的革命後更加變本加厲。擔憂受到革命波及的尼古拉，徹底鎮壓一切的危險思想、限制大學的自治自由，並派遣俄軍前往匈牙利，在歐洲大陸中起了像是「歐洲憲兵」的維持秩序的力量。筆者雖然打算接著就尼古拉至今一面倒的評價進行重新探討，並就當中值得肯定的一面加以評價，然而這依舊無法改變自一八四八年開始的「黑暗七年」，已讓尼古拉的「惡名」難以抹除。

◎「東正教、君主專制、民族性」

尼古拉即位時是在他二十九歲的那年。在他長達三十年的統治時期中，他以「國家第一公民」的身分自居，展現了身為沙皇的強烈責任感、強大外表、堅強意志以及想成為完美的專制君主的志向。據傳尼古拉熱烈讚賞著彼得大帝，並將他當作目標。尼古拉認為，他的時代需要的是一個新的意識形態，因此他借用了大帝時代以來的歐洲制度與文化，再度潤飾了俄羅斯。然而這些「方法」，早已無法再保持「國民民族性」與「國民的一致性」。「可以學習外國人外在的生活方式，卻無法學習他們內在的思考模式」即是尼古拉所碰到的困境。

他知道俄羅斯必須像歐洲諸國一樣，試圖找出自己與自身在歷史中的固有價值。在煩惱之中，時任國民啟蒙教育部長的謝爾蓋・烏瓦洛夫（一七八六—一八五五）為尼古拉提供了一個相當適合當下俄羅斯的意識形態——「東正教、君主專制、民族性」[35]。

一八三三年就任教育部長的烏瓦洛夫認為「我們必須遵照君王的意志來引導人民的教育，培養他們養成融合正教、專制以及民族性的精神。」這個「三個神聖原則」後來直到尼古拉統治末期為止，一直以各式各樣的形式被呈現出來。正教思想，它建構了神明與存在於「地上的神（沙皇）」的權威基礎，因此可以用來說服人民服從皇帝、軍官以及領主。同樣地，在俄羅斯裡，父親對孩子來說也有著絕對性的權威；這權威包括了是否選擇給予孩子們「自由」，因此這在軍司令官之於士兵、領主之於農民的關係上，也有著同等的概念。

於是論述這種「如同家父關係」的說法，便支配了俄羅斯所有的出版物，這點在不管是俄羅斯歷史或史學上都起了相當大的功能。據說這些有關「俄羅斯的過去」的文獻，不管是獨創還是衍生性的資料，尼古拉皇帝皆有親自看過。在他的統治期間，帝國大學第一次開設了俄羅斯史講座。莫斯科大學的米哈伊爾・巴格金與聖彼得堡大學的尼古拉・烏斯特里亞洛夫，也分別為「官方民族性意識形態」的發展與普及上有了重要的貢獻。

烏斯特里亞洛夫的著作《俄羅斯史》被納為學校的教科書之一，其內容歌頌專制是讓俄羅斯人團結、引導俄羅斯人前往新的繁榮、力量以及光榮的制度。自一八三四年開始就在聖彼得堡大學講授俄羅斯史的烏斯特里亞洛夫，其所產生的影響力相當可觀。順帶一提，眾所皆知作家果戈里在隔年亦被聘為世界史教師，不過這事蹟僅僅是「無法在大學歷史中留下顯著痕跡的小插曲」罷了。其餘的歷史學家雖也同樣對於沙皇的個性與統治給予了「特別的關注」，但其實那就像普希金創作《青銅騎士》的過程所透露出的一樣，他們能接觸到的，終究是「官方民族性意識形態」。對於歷史，人們會透過歷史學家的考據，來理解自己與自己國家的過去，而國家則是為了蒐集史料並公開、出版，注入高額的預算。

◎歌劇《為沙皇獻身》

同時期，俄羅斯的國歌也制定了出來。當時的俄羅斯國歌是由英國國歌《天佑女王》（God Save the Queen）翻譯而來，就連旋律也跟它一模一樣。後來，尼古拉找了宮廷樂長的孩子阿列克謝・里沃夫，要他製作一首「能在教會與軍隊中演奏、聽的人即使不是學者也能理解其內容，且要帶有神秘風格、節奏強烈，能從裡頭感覺到俄羅斯濃烈『民族性』」的新國歌。雖說這很明顯是不合理且艱難的要求，不過里沃夫仍完美地達成了皇帝的託付。

國歌的歌詞採用了茹科夫斯基的詩作，於是開頭為「上帝啊，請保佑沙皇！（Боже, Царя храни!）」這段祈求神明守護為了俄羅斯的光榮奮戰的沙皇、體現出臣民對沙皇深刻愛戴的國歌就此誕生。這首歌第一次演奏的日期是一八三三年底的聖尼古拉日，也就是皇帝的「姓名日」當天。後來尼古拉發布了命令，要求所有的遊行與閱兵典禮都要演奏新國歌。

在國歌問世之後，米哈伊爾．格林卡也跟著在一八三六年創作出一齣名為《為沙皇獻身》的歌劇。在俄羅斯裡，有著這麼樣的一段「傳說」：過去，在羅曼諾夫家的米哈伊爾被選為沙皇之前，波蘭人打算綁架他，而就在千鈞一髮之刻，科斯特羅馬的農民伊凡．蘇薩寧將米哈伊爾給救了出來。這段傳說，只要是俄羅斯人都知道。同樣在俄羅斯與拿破崙發生戰爭時，將蘇薩寧定位在愛國農民的故事，也出現在了俄羅斯社會中。而想到要把這些故事做成歌劇的人，就是前面出現過的茹科夫斯基，他一從義大利留學回來，就立刻拜託了格林卡這件事。最後，格林卡完美創作出了配合著歐洲音樂形式，同時又將俄羅斯的「民族性」完美融入其中的作品——《為沙皇獻身》。這齣戲劇在蘇維埃時期更名為《伊凡．蘇薩寧》，並成了在沙俄末期、乃至蘇維埃時代在舉行主要的國家活動時不可或缺的音樂會劇目。

在尼古拉的統治期間，同樣值得令人注意的一點，就是大量的「紀念建築」。像是聳立於聖彼得堡的冬宮廣場中央、高四十七點五公尺的「亞歷山大紀念柱」，以及亞歷山大一世為紀念戰勝拿破崙，而命令建在莫斯科的「基督救世主主教座堂」。其餘與尼古拉政府有直接、間接關聯，在各地建設的紀念碑總數恐怕早超過了一百座。這些紀念碑，或許已足夠凸顯出存在於他統治中的「民族性」這一意識形態。

◎斯拉夫派與西方派

綜上所述，在尼古拉政府在致力塑造一個所謂的「官方民族性意識型態」的一八三〇年代中，知識分子們之間也提出了更加核心的思想，並圍繞其開始討論。開啟這類討論先河的著作，是在一八三六年，刊載於雜誌《望遠鏡》上的論文《哲學書簡》。作者名為彼得・恰達耶夫，他是原本在莫斯科就學，途中因為俄國爆發與拿破崙的戰爭而從軍，並在戰後為了治療精神疾病而造訪了歐洲各地。當年四十二歲、身為退役軍人的他，斷言俄羅斯不屬於亞洲或歐洲任一邊，並且至今對於全人類的文化並沒有做出任何一點貢獻。他同時聲稱，俄羅斯比起歐洲各國還要晚在歷史上登場這個事實，將在未來成為俄羅斯的正向推力。他的意思是，如此的俄羅斯有著可以吸收、學習其他歐洲先進國的經驗或失敗的機會，於是俄羅斯便開始針對這種「後進性的優勢」，開始了各種討論。

恰達耶夫的論文，無非是如同在尼古拉統治中的一道「響徹黑夜的槍聲」、一份「告發俄羅斯的狀紙」。它討論著俄羅斯的過去與現在，以及什麼是值得留給後世的價值。值得一提的，是在彼得大帝的「革命」的評價上，知識分子的意見有了很大的分歧，依照他們主張的不同，可大致分為兩派——斯拉夫派與西方派。

由霍米雅可夫、奇烈耶夫斯基兄弟、阿克薩可夫兄弟、薩馬林等人組成的斯拉夫派，其主張為：儘管俄羅斯沒有繼承到希臘與羅馬的文化遺產，國內也不曾發生過文藝復興與宗教改革事件。不過取而代之的，是俄羅斯從拜占庭帝國獲得了希臘正教，而這個宗教的教義核心就在於「聚合性」（Соборность）。那正是藉由正教徒之間的愛、自由、真理所連結而成的「共同體的精神」。如此「諧和、充分的結合」常存在俄羅斯四處，小至各個農村共同體，大到整個斯拉夫社會生活之中；縉紳議會也是這精神的產物之一。然而彼得大帝的改革所帶動的西歐化，卻根除了這樣的傳統，且俄羅斯明知歐洲的個人主義明顯地將會荼毒自己，卻仍打算繼續走下去。

而與斯拉夫派相抗衡的派系，即為由別林斯基、赫爾岑、奧加遼夫、格拉諾夫斯基等人所組成的西方派。西方派對於俄羅斯的評論為：在彼得大帝出現之前，俄羅斯的情境其實與斯拉夫派的見解大不相同。當時的人們在精神上非常貧乏，希臘正教不過是侍奉國家的奴僕、支配民眾的工具罷了。在長達兩百年的蒙古民族統治下，俄羅斯切斷了與歐洲之間的關聯、停下了歷史的腳步。在俄羅斯經過了如此漫長的荒廢與痛苦後，彼得大帝出現了。彼得大帝實施了多種改革，將俄羅斯拉拔到與歐洲同樣水平，是他讓俄羅斯蛻去了過去拜占庭的古老軀殼。因此俄羅斯今後的發展方式，就在於如何再將彼得大帝的事業更加發揚光大。

兩個針鋒相對的主張，讓兩派產生了正面的對立。順帶一提，雖然斯拉夫派與西方派的組成身分大不相同，斯拉夫派中多為土地貴族，但出身卻沒有太大的差別；此外，他們也會閱讀同樣的書籍、聽著同樣的演講，進出同一場沙龍，然後也是寫著同一本雜誌的「夥伴」。此外一處不得不強調的地方，就是他們雙方皆對專制與農奴制採取批判立場，也因此受到了不少的迫害。

一八四八年，在歐洲革命的挫折中，看見了資產階級社會「墮落」跡象的「西方派」赫爾岑，重新將注意力放到了「斯拉夫派」所讚賞的農民共同體上。他猜想，這些農民的土地共有與自治的體制中，或許早具備了通往社會主義的直接條件。於是，赫爾岑在後來便成了在俄羅斯中「共同體的社會主義」思想上的先驅。

尼古拉一世時代的內政與外交

◎擴大官僚制度

在尼古拉的統治中，還有個需要特別點出的部分——官僚制度的強化。在十二月黨人起義事件發生後，尼古拉開始變得不信任貴族，於是他為了將官僚制度作為自己權力的支柱，便開始致力於增加官員以及提升他們的素質。一八〇四年，「官等表」上的官員數為一萬三千兩百六十人，而到了一八四七年時，則已增加四點五倍、成長到六萬一千五百四十八人。在這成長的過程中，大部分都與尼古拉的統治時期重疊。確實，在一等到四等的高階官員裡頭，有許多人還是屬於土地貴族，不過到了十九世紀中葉時，官員裡頭四個人就有三人不是靠「地租」，而是需要靠著「薪俸」來獲得生活所需資金的貴族官僚。

這現象透露出了貴族們提高了對於國家勤務的依賴。對此，尼古拉皇帝也努力充實著這樣的官僚制度，諸如新增各種名目的獎金、按年資的晉升與表彰、勳章授予、九階段的年金制度等等。除此之外，他也會優先採用大學與專業技職學校的畢業生，給予他們就業與晉升的保障。相對地，尼古拉對於解聘「不討喜」的官員也是毫不手軟，私下餽贈、收賄的官員自然不在話下；上任前，尼古拉也會要求官員們提出誓約書，證明自己不屬於任何一個秘密結社或共濟會的成員。

透過這一連串的措施，各省的中堅官員素質有了急速的成長，然而地方官員的狀況卻仍與過去相同。原因除了地方官員人數不足之外，還有因為為了消化不斷增長的業務，因此實在無暇接受良好的訓練。此外，特別值得一提的現象，即是官場中所謂「波羅的海日耳曼人」的人數增長。他們是打進俄羅斯官場、出身於波羅的海沿岸地方的德意志貴族。雇用精通歐洲文化與技術的波羅的海德意志人一直是彼得大帝時代以來的傳統，據了解，在沙俄時期中，高階官員裡八人之中就有一人是波羅的海地區出身，不過在這時期裡，他們的比例卻特別突出；在高官之中，據說具有「日耳曼」背景的人就從百分之三十成長了二十個百分比，達到接近半數。官僚制度原先是較保守的制度，不過在尼古拉的政策下，他們卻形成了另一種菁英集團，並為下個時代的「開明官僚」打下基礎。

隨著官僚制度的強化，法律面也跟著完備起來；像是《俄羅斯帝國法律大全》，就是在此時期中出現。此法律大全的主要編撰人為米哈伊爾．斯佩蘭斯基；過去曾在亞歷山大皇帝之下著手進行統治機構改革的他，因為保守派的反對而遭到排擠、被流放至下諾夫哥羅德。四年後，斯佩蘭斯基獲得赦免，並當上了奔薩省的省長，此後又擔任西伯利亞省的省長。在省長工作結束後，斯佩蘭斯基於一八二一年回到了聖彼得堡。尼古拉對斯佩蘭斯基有著高度的評價，於是將編撰法典這份困難的工作交給了他。最後，到了一八三三年，《俄羅斯帝國法律大全》問世，法典裡共收錄了在一六四九年編撰完成的《會議法典》內容、從那之後至一八二五年為止的所有法令，以及當時的現行法十五卷，全書共四十五卷。

◎工商業的發展與第一條鐵路

接著，再讓我們從經濟的角度，來觀察尼古拉的統治時期是怎樣的一個時代。

過去，許多人認為俄羅斯的「工業革命」應該在一八三〇至四〇年代。然而在專制與農奴制的體制下，真的有可能讓經濟產生飛躍式的成長嗎？雖說俄羅斯當時的確是農業國家，百分之九十的人口皆為農民，不過我們能就這樣照單全收這些說法嗎？

當時俄羅斯的產業中心就位在莫斯科省，就傳統的角度來看，莫斯科省長久以來，也一直都是纖維產業的中心。一八四〇年時，莫斯科的人口約為三十五萬人，與擁有四十七萬人口的聖彼得堡有著相當大的差距。不過在俄國與拿破崙發生戰爭，經過「不幸的十二年」與大火的洗禮後，莫斯科已完全重新振作。尼古拉亦曾親口說過「莫斯科將成為像是曼徹斯特的加工製造業之城。」

一直以來，莫斯科就以「商人之城」的特色，保持著獨特的面貌。但在這時期中，舊禮教派信徒們的企業經營活動卻尤顯突出。之所以會有這種現象，是在凱薩琳女皇「宗教方面的寬容」之下，回到莫斯科的他們，以普列奧布拉任斯基與洛戈伊斯克兩處墳場為核心所形成的共同體作為發展據點，並積極展開企業活動後所產生的結果。官方資料顯示，一八五〇年，莫斯科的人口中，舊禮教派的人數比例占不到百分之五，但在公會登記的商人之中，卻有百分之十五都是舊禮教派的人。在對照過人口比例後，我們會發現舊禮教派商人的比重相當之大；經營著俄羅斯最大纖維工廠的沙瓦・莫洛佐夫，即是這個現象的典型例子之一。

俄羅斯國內的許多商業，都是依靠著散布在全國各地的定期市場來運行，其中當然也包含著地理條件的原因。在一八五〇年時，俄羅斯全國大小共有四千六百七十處的定期市場存在。於每年七月十五日到九月十日間舉行、最大的下諾夫哥羅德定期市場也是其中之一，這個市場位在伏爾加水系的核心，網羅的商品不僅只出自俄羅斯，還包括了歐、亞地區的商品。這個定期市場中，也不難見到舊禮教派商人們的亮眼活動。

當時身為先進國家之一的英國，於一八三七年掀起了第一次鐵道熱潮。日後俄羅斯也在那之後以實驗性的目的，建設了連結聖彼得堡與沙皇村之間總長二十五公里的鐵路。於是，俄羅斯第一條鐵路就這樣出現在了尼古拉的統治時期之中。然而這個時代，仍有不少人高唱鐵路危害論，以財政部長坎德霖為首的反對勢力，認為鐵路會「拉低社會的道德」。但尼古拉對鐵路則有不同的想法，他認為鐵路事業不僅是有益的，而且還是必要的。過去，聖彼得堡不斷受到批判，人們指她地處俄羅斯的邊境一隅、離帝國中心過遠，因此當時尼古拉深信，這個問題勢必很快就能獲得解決。

一八四三年，俄羅斯開始建造一直線連結聖彼得堡至莫斯科之間的鐵路，為了這項建設作業，他們動用了三萬至四萬名的工人。雖然有人指稱，工作途中因為過勞與營養不良而死亡的工人數量比起使用的枕木數還多，不過這說法其實過於誇大。八年後，全長六百五十公里的鐵路宣告落成。一八五一年，該年同時為尼古拉皇帝即位二十五周年，為參加舉辦於莫斯科聖母安息主教座堂活動的皇帝

俄羅斯的第一條鐵路　出現於一八三七年的第一條俄羅斯鐵路。

夫妻，就搭乘著蒸汽火車，利用這鐵路從聖彼得堡前往莫斯科。除此之外，鐵路建設在短時間內，也明顯刺激、帶動了其他的經濟活動，俄羅斯更在一八六一年為止，又另外開通了長約一千五百公里的鐵路。雖然這仍遠不及歐洲的稠密鐵路網，但在俄羅斯這種腹地廣袤的國家中，鐵路還是盡可能地發揮了它的效用。

◎農奴的解放希望

此時國內最大的問題仍舊是農民問題，若要說得更具體點，即是「農奴解放」的問題。自十八世紀末奧地利的約瑟夫二世所嘗試的急進政策以來，「農奴解放」的議題，就已是東歐世界中不能再睜一隻眼閉一隻眼的問題。時間到了十九世紀，普魯士率先起頭實施解放政策，帶動了東歐各國群起響應。於是到了一八四八年，仍有著農奴政策的大國，就只剩下俄羅斯一個。

在此時局中，尼古拉政府並未打出有效的方針，基本上還是照著在亞歷山大時代中制定出的規定，執行著「合意上的農民人格解放」，也就是說，農奴是否能獲解放，一切還是得看「領主的意思」。然而這個規定，依舊有著「領主死後」的先決條件，或是「領地繼承人

『不受愛戴』」等問題存在，因而無法順利推行。在尼古拉的統治時期中，獲得解放的農民數量為六萬七千一百四十九戶，比起亞歷山大一世的四萬七千一百五十三戶只多了一些，且就全國人口的比例上來看，獲得了自由的人不過是極少部分。

另一方面，蘇維埃時期的歷史學家們，則發現了農民鬥爭在這個時期中愈演愈烈的現象。一八〇〇開始到一八二五年之間，平均一年會有二十六起的「農民起義（騷亂、暴動）」發生，到了一八二六年自一八六〇年間，則已成長到了一年平均六十起，等同增加了兩倍以上。同時，殺害領主或管理人、逃亡、向沙皇提出請願書等各種「抗議」行為，也分別在兩期間內從十六件達到了六十七件，成長了有四倍之多。此處姑且不論起義與抗議發生的主要原因，我們從中所能看到的，即是農民對於「農奴解放」、「自由」期待的升高。不少歷史學家也認為，這跡象對後來亞歷山大二世所做出的決定（這部分後面將會提到）及經過，也都給予了很大的影響。

◎「歐洲憲兵」般的存在

尼古拉的對外政策可說是強硬至極。一八二九年五月，他在華沙成為波蘭國王。在維也納會議下誕生的「波蘭會議王國」，儘管起初它的君主為俄羅斯皇帝亞歷山大，總督為尼古拉的兄長康斯坦丁大公，然而它同時也是明訂為立憲君主制度、擁有自由主義風格的憲法及兩院制的國民議會國家。這個現象，等同於「專制俄羅斯」承認著這個與自己完全不同的體制。不過在鎮壓過十二月黨人起義的尼古拉即位後，他開始打算廢止波蘭憲法與王國軍隊，於是過去那「和平相處的」波蘭政策，就在這想法下跟著消失。

面對尼古拉的這種舉動，一八三〇年十一月，波蘭的愛國軍人們襲擊了康斯坦丁大公的居所——貝爾維第宮。過去，尼古拉皇帝總以崇敬的眼光看著比他大十七歲的兄長，不過此時的他，已開始不滿這位做事總是優柔寡斷的兄長。這場起義，最後發展成了兩國軍隊

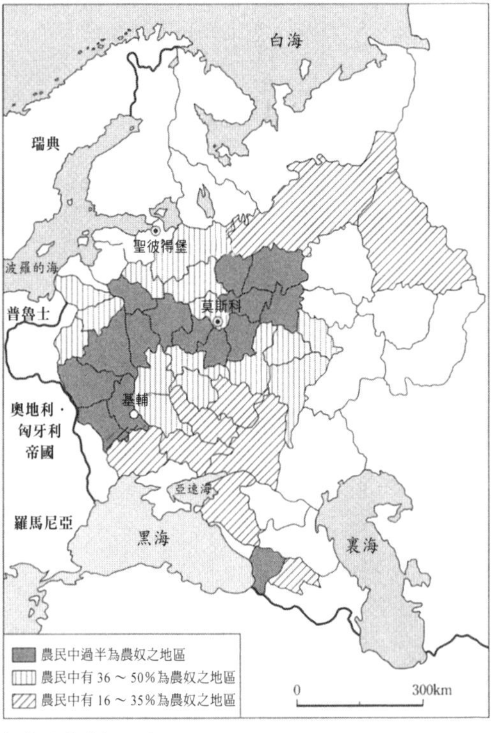

解放前的農奴分布圖

的戰鬥。起義後，波蘭成立波蘭國家政府，總統亞當．恰爾托雷斯基親王一方面強迫尼古拉遵守維也納會議的共識，一方面則向歐洲列強請求軍事支援。但最後，這場起義仍舊以失敗告終。後來，尼古拉隨即採取了一連串的政策，諸如宣布王國憲法無效、廢除王國軍隊、沒收所有參加起義貴族的財產、讓俄羅斯人取代了波蘭中央與地方的官員，以及導入俄羅斯的通貨制度等等。此外，他還關閉了華沙與維爾紐斯兩處的大學，並將俄語加入了基本課程之中。於是原先在波蘭中施行的俄化政策，就在尼古拉政府的主導下提升到了最大極限。

在鎮壓了波蘭的十一月起義之後，尼古拉皇帝接著在一八三三年與普魯士、奧地利的君主結成同盟，以防其他革命的爆發。當法國於一八四八年發生了二月革命時，俄羅斯便斷絕了與法國的外交，並在國境西邊配置了三、四十萬的大軍戒備。此外像是匈牙利於隔年夏天發生革命時，俄羅斯也收到了奧地利的援軍請求，派遣軍隊直接前往布達佩斯，鎮壓了這場革命活動。於是當時的尼古拉帶領的俄羅斯，便有了「歐洲憲兵」的別稱。

◎克里米亞戰役的敗北與尼古拉一世之死

然而，到了尼古拉晚年，克里米亞的戰爭，對他來說就如字面上表示的一樣，是「致命」的。許多人都知道克里米亞會發生戰爭，主要是因為自中世紀末至近世之間，威震歐洲周邊各國的鄂圖曼帝國開始衰退所造成，而隨著帝國衰退所浮上的，即是所謂的「東方問題」。這個問題導致歐洲列強圍繞著它，產生了激烈的利害衝突。

俄羅斯自凱薩琳二世女皇將克里米亞韃靼人流放以來，就打著要將斯拉夫民族從鄂圖曼的苛政下解放的名義採取著南進政策。在一八二八年與一八二九年的「俄土戰爭」中，俄羅斯取得了碩大的戰果；此戰役勝利，讓俄羅斯獲得了達達尼爾海峽與博斯普魯斯海峽兩海峽的自由通行權以及黑海地區的通商權。自此，俄羅斯便得以從敖得薩的港口裝載穀物，再將它們經由博斯普魯斯海峽輸出至歐洲諸國。過去，敖得薩的人口在一七九五年時，不過才兩千三百餘人，但在開通交易之後，人口就在一八二六年達到了三萬三千人；一八五二年時更逼近十萬。對於穀物輸出國的俄羅斯來說，擴大在這地區中的權力，有著非比尋常的意義。

想當然耳，俄羅斯如此的南進政策，招來了部分國家的反彈。他們大多是打算穩固自己於近中東與巴爾幹半島影響力的列強；其中英國與法國，甚至開始支援開始衰退的鄂圖曼帝國以對抗俄羅斯。一八五三年六月，尼古拉皇帝以「為保護位於聖地耶路撒冷的希臘正教徒」的名義，派遣了八萬人的軍隊前往鄂圖曼帝國的自治區。對此，鄂圖曼帝國向英國、法國請求軍隊支援，同時向俄羅斯宣戰。而在這背景中演變而成的戰爭，主要舞台就位於建有黑海艦隊基地的克里米亞半島上。

這場戰爭中，俄羅斯在首戰獲得優勢，但直到英國與法國的強力海軍到達戰場，開始以艦砲向敖得薩、尼古拉耶夫卡兩處城市實施砲擊後，局勢便產生了一百八十度的轉變。當時兩海軍在裝備上有著壓倒性差距，俄軍的戰艦還是舊式的帆船，相較之下，敵軍採用的卻是有著優良機動力的蒸汽船。不僅如此，俄軍因為兵器、彈藥不足，以及鐵路網未整備完成引發的物資運送緩慢、兵力不足等問題，不得不處處採取被動態勢。後來，克里米亞的要塞塞凡堡成了此戰役中最大的舞台。一八五五年，塞凡堡在經過了三百四十九日間的攻防戰後，最終仍遭聯軍攻下。這場壯烈的戰役裡，總共有約十萬俄軍死傷。然而即便是戰爭，在此戰役中實行了「塞凡堡屠殺」的英國人，使俄羅斯人對其埋下了長久的怨恨種子。同年十二月，長期保持著中立狀態的奧地利加入聯軍，造成了俄羅斯在此戰的決定性敗北。在俄羅斯舉國瀰漫戰敗氣息的一八五五年二月中旬，尼古拉皇帝因肺炎死亡。

◎戰後處理與「解放傳聞」

這場戰爭的後續處理，最後是照著一八五六年三月簽訂的《巴黎條約》來進行。條約中宣言了黑海的中立、認可所有國籍船隻在此的「航行自由」，同時禁止俄羅斯帝國、鄂圖曼帝國在此持有船艦、要塞與武器庫。條約明顯表現出了聯軍一方開闢自國商品出口的企圖，以及給予俄羅斯出口打擊的目的。就結果來說，克里米亞戰爭為俄羅斯對黑海的支配畫下了終止符，並同時為英、法的支配中東打下了基礎。

許多人都知道，南丁格爾的故事與紅十字的起源，皆出自克里米亞戰爭，而這場戰爭在俄羅斯人民來說，也是尼古拉的弟媳葉蓮娜·巴甫洛夫娜的活躍舞台。戰時，在葉蓮娜的號召下，共有一百六十三位護士聽從醫師尼古拉·彼羅戈夫的指示，捨己地前往救助戰場的傷者；這是未來的俄羅斯紅十字會的基礎，後來成立的「葉蓮娜醫學院」亦直到沙俄末期，在俄羅斯培養出了各式各樣的專科醫師。

克里米亞戰爭之際，農民義勇兵的行動同樣值得注目。政府在靠著徵兵令大幅增加士兵之外，同時在一八五四年四月與一八五五一月年招募了農民義勇軍。不過想要志願當兵的農民，必須先獲得領主的同意，並且提出解散後必定會歸村的「誓約書」才行。然而徵召義勇兵的做法，意外的在農民之間產生了預料之外的反應，他們之間開始流傳一個風聲：「沙皇要召集志願者服有限期的兵役，而志願當兵的人，未來他與他的家族將永遠不再是農奴，且也不會再是徵兵與徵稅的對象。」

聽信謠言的農民們開始大舉離開村落，俄羅斯中部、西南部、伏爾加河沿岸等處的農民們，皆「為了尋求自由」而志願親上前線。各地領主與地方當局為阻止這個態勢，與農民們產生了衝突與騷動。流傳著保證戰後就「自由」的傳聞也包含了克里米亞當地，不過類似這種的傳聞與騷動皆並非是第一次。例如一八二五年，伏爾加河流域上的各省，就有數千位農民朝著傳說中的「達里亞河」逃亡過，在俄羅斯於克里米亞戰爭敗戰後也曾再發生過一次。於是，在俄羅斯於克里米亞戰敗後，解放農奴的問題便藉著這個契機，隨著日子過去，愈是迫在眉睫。

29 非官方委員會，也譯作「秘密委員會」。是亞歷山大一世統治初期俄羅斯帝國的一個非正式國家咨議機構。委員會的目的是協助進行國家行政改革。

30 部長委員會，是俄羅斯帝國在一八〇二至一九〇六年間的最高行政機構，相當於帝國政府。初期由部長、部長同志（即當時的副部長的稱呼）和國家財務員組成。在一九〇五年十月十九日根據尼古拉二世的詔書被撤銷，由「帝國部長會議」所取代。

31 《莫斯科雜誌》為俄羅斯帝國在一七九一至一七九二年間發行的文學月刊雜誌，主要為感傷主義（Sentimentalism）作品，主編為卡拉姆津。總共發行了八個刊號之後就停刊。後來在一八〇一至一八〇三年間又再版，取得了很高的人氣。

32 《俄羅斯國家史》，是卡拉姆津著作的一部十二卷的長篇史書，詳實地記敘了俄國從古時候到伊凡雷帝去世混亂時期開始的這段歷史。這部史書在俄國內外都獲得了崇高的聲譽，也是第一部最系統最全面介紹俄國歷史的史書，書中闡述了作者的政治觀點並論述了俄羅斯民族自我意識的形成。按照作者的初衷是打算寫到羅曼諾夫王朝建立，不過直到一八二六年作者去世作品仍未完稿。

33 是卡拉姆津在一八一一年應亞歷山大的妹妹凱薩琳・巴甫洛夫娜的委託寫給亞歷山大一世的一份公文備忘錄。這篇文章被後世稱為俄羅斯保守主義的第一宣言，標誌著俄國保守主義思潮作為一種系統性的政治思想和政治哲學的形成。

34 佩特拉謝夫斯基為當時外交部的翻譯官，對社會主義思想有濃烈興趣。身邊持有當時被列為禁書的數本著作，並領導著讀書會。後來讀書會成員遭到警察逮捕，並宣判死刑。

35 官方民族性意識形態是俄羅斯帝國尼古拉一世時期產生的保守主義國家官方意識形態，為帝國教育部長烏瓦洛夫伯爵在一八三三年提出。其口號「東正教信仰、君主專制、民族性」是作為對抗法國大革命的「自由、平等、博愛」而提出的。之後該理論得到了若干俄國保守主義學者和思想家的發展。

第六章
近代化的兩難

亞歷山大二世　雖然實現了農奴解放，卻在一八八一年遭到暗殺。

「解放皇帝」亞歷山大二世

◎解放農奴之路

在亞歷山大二世就任新皇帝後，他最初的工作，即是處理戰敗後的局面。亞歷山大二世於一八五五年二月即位時，俄羅斯仍處在戰火之中，但已呈敗象畢露之勢。隔年三月，當亞歷山大二世代表俄羅斯簽訂了充滿屈辱的《巴黎條約》時，他已是位三十八歲的成熟皇帝。亞歷山大二世在皇太子時期，就已在國家內政方面擔任過舉足輕重的職務，並出席過重要會議，累積了豐富的政治經驗。亞歷山大二世年輕時，因為某次的因緣際會下，在前往國外視察時認識了日耳曼的黑森—達姆施塔特公爵的次女。兩人後來結婚後，生下了包括了皇太子尼古拉在內的七位子女。當時，亞歷山大二世在皇宮內那些嘮嘮叨叨的叔父們都已辭世大半，所以改革的主導權，便落到了他的手中。

一八五六年八月，俄羅斯舉行了亞歷山大二世的加冕典禮。正式登上皇位的亞歷山大二世，馬上大赦了九千名政治犯。於是十二月黨人們、佩特拉謝夫斯基事件的相關人士，以及波蘭起義的參與者們便全數獲得自由。就以十二月黨人來說，當初流放至西伯利亞的一百二十位犯人，殘存至此時的人數，已剩下不到三十名；然而他們卻也並非全數希望「歸國」，因為打算獻身於西伯利亞發展的他們，早已在心中做了要葬在此處的覺悟。不過，除了部分的十二月黨人之外，亞歷山大二世的恩赦，仍在期待「改變」許久的社會中引起了很大的迴響。亞歷山大二世同時大幅降低了檢查制度的力道，於是一封封要求改革的文書瞬間湧入了聖彼得堡，一掃俄羅斯在尼古拉時代產生的閉塞感。人們以「解凍」來形容這一年，甚至有人說「這是我第一次能在俄羅斯自由呼吸」。

亞歷山大二世的統治初期，農奴解放問題仍是懸而未解。簽訂《巴黎條約》之後，亞歷山大二世站在莫斯科省的城市貴族代表團面前，做了以下的演說：

> 「說來也算不幸，農民與他們的領主之間存在著一種敵對的感情。朕非常確定，我們早晚要讓這件事有個著落。而朕認為，要處理這件事情，比起由下而上掀起波濤，由國家高層主動開始動作的效果絕對更好。」

隨著這段有名的演說，解放農奴便成了亞歷山大二世任內勢在必行的政策。隔年一月，儘管首當其衝的貴族們大多採反對態度，亞歷山大二世還是設立了「農民問題秘密委員會」。一八五八年，為聽取「地方特殊性與貴族的想法」而選舉、召開的貴族委員會中，多數人仍然採取原則上的反對立場，或是主張「不帶土地」的解放。除此之外，裡頭亦有許多諸如「改革會扼殺俄羅斯的『民族價值』」、「改革的方式勢必是仿效歐洲做法，然而歐洲不正因為改革引起的『革命』而產生劇烈的動盪嗎？」等等反彈或自保性的意見。

然而俄羅斯的農業持續停滯、以及無法由農民擔任士兵建立軍隊已是明顯的事實，於是在解決農民問題的議題上，沙皇的想法可說是非常堅定。亞歷山大二世積極地來往國內各地，遊說著思想消極的貴族。之所以能讓亞歷山大二世如此堅持下去，是因為有尼古拉·米柳京為首的開明官僚們在背後支持著他。此外，亞歷山大二世在海軍擔任指揮官、同是自由主義的弟弟康斯坦丁，以及他所敬愛的叔母葉蓮娜，亦雙雙大力支持他的改革。

於是，亞歷山大終於在一八五九年設置了法典編纂委員會，針對「帶土地的農奴解放」議題進行細部的檢討。儘管後來還是有些風波，不過亞歷山大二世仍成功在一八六一年二月十九日簽署了農奴解放令。於是解放農奴的議題終於告一個段落，但這轉瞬之間，時光已飛逝六年。

◎農民與貴族對解放令的反應

一言以蔽之，農奴解放令的內容即為「人格方面為無償，土地方面為有償」。簡單來說，在經過兩年的準備期間後，原先受貴族、領主人格支配的農民們（即農奴），可以無償獲得結婚、動產與不動產的取得與處分、成立商業或工廠的自由等「各種市民權利」，同時，他們也不再會不經審判就遭受肉刑。如此，俄羅斯的農民們，第一次獲得了「人格上的解放」。

接下來，農民們至今與農村夥伴共同使用的「農民自留地」又在解放後產生了什麼轉變？首先，農民們必須與領主交換上頭明記著自己從領主手上借用多少土地規模的「土地證書」，然後再將那塊土地「買回」；這種感覺就像是土地所有權在領主手上，而農民不過是以支付租金的條件使用那塊土地。也因此，若農民要獲得土地就必須花錢買下來。

然而，儘管可以透過「買回」來獲得土地，但農民們手頭上並沒有那麼多的資金。於是，這時候就輪到國家出手了。首先由國庫代農民向領主一次付清款項，接著再由他們以年利率百分之六的「四十九年長期貸款」來分期償還。所以今後農民繳的錢，就再也不是「地租」，而是「土地購入金」，而支付的對象也變成了國庫。順道一提，這一連串的手續，並非是以農民個人名義來辦理，而是以村莊為單位，因此支付「土地購入金」的方式，便是採全村的「連帶責任」制度。

故此，這也代表著農民並無法擅自處分「自己的土地」。即使要完全離開共同體，也需要多數村民的同意。換句話說，農民雖然自領主恣意的「人格支配」中獲得了自由，公社的制約力卻也在無形中增強。不過即便如此，此時依然有兩千兩百五十萬的「農奴」，終於從農奴制的枷鎖中解放。

農奴解放令的發布日為三月五日。之所以會延後發布，是因為二月下旬是狂歡節，政府擔憂黃湯下肚的農民可能會引起「暴動」，所以才做出此決定。在這時期，每年都會有人在聖彼得堡冬宮前的廣場擺攤，場面非常熱鬧，不過據說在這一年，連擺攤場所也都改至他處。後來，解放令共花了一個月才傳遍全俄羅斯。在偏鄉、村落地區，則由教會的神父來口傳解放令的內容。在某個教會裡，當神父畫完十字架，開始朗誦解放令內容時，聚集而來的村民們便開始騷動起來，當神父愈是接著朗誦，村民的騷動就更加升溫。「這代表我們獲得自由了嗎？」農民們的反應普遍都是如此，而法令發布造成的農民騷動，也往往讓神父不得不中斷宣讀。然而解放令中「今後兩年間，不做任何變化、也沒有任何減免」的內容，還是招致了農民們的失望。

過沒多久，部分地區開始出現「這法令是捏造的，沙皇所贈與我們的『真正自由』早被官員和領主們給掉包了」的聲音。四月初，喀山省斯巴斯基縣的別茲德納村內發生了大規模的暴動。暴動主要由農民發起，他們聲稱官員們宣讀的敕令是假造的，某處應有另一份真正的命令；同時，這暴動也讓鄰接的各村莊中的農民們為了探聽「真正自由」的內容而聚集過來。對此，政府則應領主的請求，派遣了軍隊與拿著各種農具的「武裝」村民們進入交戰。於是，光是政府公開發表的數字裡，就有五十一位農民在鎮壓的槍口下喪生。這一年，自四月至七月為止，全國就發生了六百四十七起暴動。

儘管有些暴動與這無關，但這數字也絕非小可，這讓政府不得不強烈警戒著農民的動向；不過若只針對這點來講，則又會讓資訊太過片面。其實，當時多數的村落皆是處於「和平」的狀態。即是說，儘管再怎麼不願意，村莊及村民依舊是照著「沙皇的敕令」指示，開始動手製作「土地證書」。即使在某些地區，土地的劃分方式非常利於領主，但到了十年後，仍有三分之二的農民買回了土地。

就算許多人主張農奴解放是考量領主利益而設計、實施的政策，但仍有許多貴族批評解放令。對於這些領主來說，解放令是「聖彼得堡的革命者」所造成的「難以避免的災禍」。他們不僅不滿，有時還會投以刺耳的話語抨擊。例如某位地方貴族就曾說過：「沙皇藉著賦予農民們自由的方式，宣判了數千領主的死刑。」其中甚至也有人反彈道：「破壞這個秩序，國家就等著滅亡吧！」

◎大改革時代

亞歷山大二世的改革並不止於農民方面，而是遍及了國家與社會。一八六二年一月，俄羅斯採取了「情報透明」態度，第一次公開了國家預算，並在公家報紙上刊載了手邊正在準備的各種改革計畫。一八六三年，亞歷山大二世制定了大學法，確立了學校教師會的自治體系，但同時禁止了學生結成自治組織。此外，他也在有關初等、中等教育的教育改革方面，推行了各種的法規制定。

一八六四年，政府推動了司法改革。他們建立了陪審員與律師制度，並確立了能夠套用到所有身分的兩支獨立司法制度——刑事訴訟體系和民事訴訟體系。不過農民仍是另當別論，筆者在後面會提到一個名為「鄉級法院」的機構，那即是專門處理農民訴訟的地方，而裡頭參考的法條是過去舊式的習慣法。換句話說，農民並無法像帝國其他的臣民們一樣享受到「財產保護」的基本人權。至於原因，則是政府認為時機還尚未成熟。

接著是軍事面的改革。首先，戰爭部長德米特里．米柳京廢止了過去的過度中央集權制，將全國分成數個軍管區，並專注於削減軍事支出，以及提升軍隊的品質上。再來，一八七四年，俄羅斯的徵兵制度取消了過去專以農民為對象的徵兵方式，改為全民皆兵，將保衛國家的義務不分對象地賦予在每位帝國國民身上。士兵會從滿二十歲、已登錄兵籍的人之中來挑選。至於服役期間則為十五年，其中六年為「現役」，剩下的為「後備役」。於是自克里米亞戰役失敗後，這件懸而未解的問題，終於獲得解決。

◎設立地方自治局

大改革中另一個亮眼的地方，就在於地方自治局的出現。由於原本交由在地貴族處理的縣市行政系統，因為農奴解放的關係而全數歸零，所以地方行政的整備便瞬間化為當務之急。後來，至今非正式的村莊共同體，便以「公社」的形式出現，並成為了最基層的正式行政組織。政府同時成立由鄰接的幾個公社所組成、內含男性納稅人三百至兩千人規模的新行政區畫——「鄉」，並在其中與其上層機關的「省」之中，各自設置了這名為「地方自治局」的自治機關。縣自治局擁有從該地區居民選舉出的代議士所組成的「縣議會」，而縣議會中的代議士之中，會有人再被選為省自治局的代議士。代議士的任期為三年，縣議會與省議會各自都有自己的參事會來作為執行部門。於是，基於選舉而成的新地方機關就此誕生。在當時，除了西部與波羅的海各省之外，歐俄地區共有三十四個省都導入了這個地方自治局的系統。

地方自治局的代議士在形式上為「代表所有身分的人民」，不過其產生的方式，並非是從地區居民直接選舉出來。「被選舉人」的範圍，會先經由身分、財產基準，區分出地主、都市居民、鄉農民三個類別，再分別從這當中選出代議士。透過這方式選出來的縣議會代議士，三十四省中合計共達一萬三千人，其中地主占了百分之四十七點七、都市居民百分之十二點三，以及農民百分之四十。農民代表的比重雖然不小，但由於分母之大，因此就整體來說還是相對少數。此外，農民代表並不積極出席議會，不過即便如此，能在一年一次、一次數日的「地方議會」中看見農民與他過去的主人並肩而坐的現象，仍是過去不曾有的特殊光景。

地方自治局的任務主要在於處理自己地區「經濟上的必要事務」。不過具體上來說，則包括了初等教育、醫療、道路整備、農業技術援助、急難時的糧食控管，以及工商業的振興等方面。也因此，地方自治局擁有徵稅權，可擁有獨自的財源。但地方自治局的活動仍有它的限制，像是縣自治局須受到省長監督、省自治局則受內政部長監督。雖然這樣的制度依舊不能說得上是十分健全，但不可否認的，俄羅斯在地方的自治上已經向前邁進很大一步。地方自治局的設立，同時給予了地方貴族等各個人民階層參加政治的慾望、為俄羅斯社會加入了一個「積極的要素」。

◎卡拉科佐夫事件

在另一方面，農奴解放令也刺激了波蘭的民族解放運動。一八六三年一月，由士族[36]主導的「一月起義」影響了整個舊王國全土。不過亞歷山大二世藉由約定將給予波蘭農民原屬反叛士族的土地，成功使農民們脫離了士族的起義活動。十五個月後，起義受到鎮壓，並由穆拉維約夫將軍執行了嚴厲的處罰。過去，穆拉維約夫的弟弟曾因十二月黨人的罪人身分被流放至西伯利亞，同時也有其他遭到處刑的親族。但這次，穆拉維約夫因這事件被冠上了「絞刑者穆拉維約夫」的臭名。在穆拉維約夫的嚴懲下，除了首謀者遭到處刑外，也有許多波蘭人被流放邊境。然而，這只是將問題加以地下化而已，仍有一萬人左右的波蘭人流亡至美國、法國，持續為民族解放而持續奮鬥。

一八六六年四月四日，有個人拿槍指著正在聖彼得堡「夏宮」的庭園散步的皇帝。後來因為發現了犯行的路人壓住了犯人的手腕，才讓子彈射偏了目標。這起事件給了亞歷山大二世很大的衝擊，因為以「解放皇帝」之名而聲名大噪的自己，在今日竟然成了他人暗殺的對象。後來，亞歷山大二世向犯人詢問他「是否為波蘭人」，犯人則表明自己是一位名為德米特里・卡拉科佐夫的俄羅斯人，是原在喀山大學就讀的學生。民眾聽聞了皇帝暗殺事件後，紛紛聚集至冬宮前，直到看見皇帝現身於皇宮的露臺時，眾人才鬆了一口氣，並大喊「皇帝萬歲（ypa）！」。

隔天，這起救援事件被眾人神化。救了沙皇性命的人叫做奧西普・科米薩洛夫，他雖已在聖彼得堡居住有年，不過本身卻是科斯特羅馬出身，即與伊凡・蘇薩寧是同鄉。因此這事件後來被當作是「蘇薩寧傳說」的再現，成了另一部作品。皇室為褒賞科米薩洛夫，決定贈予他世襲貴族的稱號。科米薩洛夫來到皇帝面前受賞的那天，他的妻子也身穿著富有科斯特羅馬地方特色的農民衣服，陪在他的身邊。

於是，狙擊沙皇事件，便被轉化成為宣揚「俄羅斯人能為沙皇付出性命」這種「官方民族性」的一個大好機會。據說在劇場演出格林卡歌劇作品《為沙皇獻身》時，只要波蘭人一登場，聽眾就會吆喝「打倒波蘭人！」；在最後的行列與「榮光永存」的合唱時，其氣勢與氣氛之強烈程度也都超越以往，之後國歌《天佑沙皇》也會接連演奏數次。

然而，亞歷山大二世並無法從事件的衝擊中走出。這起事件，讓他撤換了自由主義派的首長們，並強化了負責治安方面的皇帝直屬辦公廳第三處。同年，就任帝國憲兵司令的舒瓦洛夫在皇帝的深度信賴下，獲得了不少權力。卡拉科佐夫事件的發生，同時也為發生於亞歷山大二世統治的後半期、人稱「停滯與退化的十四年」寫下了伏筆。

君主專制與知識分子

◎彼得大帝誕辰兩百年慶祝大典

一八七二年是紀念彼得大帝誕辰兩百周年的一年。關於他的「革命」，各位在本書中也能具體理解到，在彼得推動了革命後，俄羅斯便一直是走在「彼得先行鬪好的林道中」。不過一八四〇年代時，不僅出現了像「斯拉夫派」等嚴正批判彼得大帝革命的人們，也產生了像是後述的民粹派等尋找其他方向的理論活動與社會運動。因此政府會藉著這個機會，來大肆舉辦讚揚大帝的紀念演講也是理所當然的。

當時各地的學術機關，幾乎可以說無一間不是以大帝的生日（五月三十日）為中心，舉辦著各式各樣關於大帝的紀念。而這一連串紀念活動中的最高潮，無非就是莫斯科大學的俄羅斯史教授謝爾蓋・索洛維約夫從二月開始的為期三個月的公開演講。在舉辦演講的會場——「貴族會館」大廳裡，大量的學者、政府高官、一般官員等皆齊聚一堂，來聆聽著名的歷史學家訴說歷史。那麼，當時索洛維約夫到底說了些什麼？

索洛維約夫的想法，可以大略由「偉人是該時代孕育出的人，也是該群眾孕育出的人」一言蔽之。即是說，索洛維約夫認為偉人的出現並非偶然，偉人會在感受到「人民強烈的期待」之後而現身，並帶領人民「走向延續歷史生活所需要的嶄新大道」。而有自覺自己必須走上這條新道路的人民便會覺醒，並且聚集在大道之前，而在這個當下，領導者就會出現。索洛維約夫如此說明之後，在本書中稱為「革命」的稱彼得大帝改革，索洛維約夫則稱其為由「人民」所喚起的「人民事業」；而大帝則是「人民的沙皇」、「人民的偉大教師」。他認為「偉人並無法感覺、意識到人民所感覺不到、意識不到的東西」、「沒有土壤，也就無法蓋房屋」；彼得的各項改革，其實早在十七世紀中就已準備妥當，但要使其熟成，欠缺的是一位「偉大的教師」。而彼得大帝，就是那位老師；推動那些早已蓄勢待發的改革，就是他的事業。

歷史學家索洛維約夫的基本立場，其實就與「斯拉夫派」所批判的「西化派」立場相同。另一方面，索洛維約夫也屬於強調過去俄羅斯「國家所扮演的創造性角色」的「國家學派」。在當時，索洛維約夫亦對以農奴解放為首的各種「資產階級式的改革」，投以「專制領導」的期望。此外，他同時也是「穩健的自由主義派」，對於各種「革命性的改造」嘗試，也是採取批判的態度。不過在這場演講中，索洛維約夫只集中注意力在彼得大帝改革的肯定面上，不能否定其中能看出索洛維約夫想將其與「現代」做出明確關聯的傾向，以及整體是採表揚式的演說方式。他的演講是基於他至今的歷史研究成果，強調的並非是「急遽的轉變」，而是「歷史的演進性」，不過這部分的解析已屬史學史課題，不屬於在本書中談論的範圍。簡單扼要地說，即是索洛維約夫的演講，具有將當今沙皇的穩健改革，在歷史性質上加以「正當化」的意義。

據說，索洛維約夫在莫斯科的貴族會館舉辦的公開演講，得到了在場聽眾「一面倒的共鳴」。聽眾們雖說都是俄羅斯社會的上層人士，但以全體社會來講，也不過是極少數的一群。「人民（народ）」這一詞在俄語中有各式各樣的意思；而在索洛維約夫口中的「人民」，是指一體化的國民。本書先前也提過，尼古拉一世政府為了塑造出「國民的一體性」

做了諸多努力，然而現實的「人民」，卻是由極一小部分的菁英加上大多數的貧窮平民所組成，呈現出了明顯的社會經濟差距。十九世紀以前，俄羅斯並未出現過如此嚴重的M型社會，至於要如何將中間的深溝給填起來，知識分子們在自由主義的改革與革命的選擇上，有了極大的分歧。

◎在地方自治局活動的人們

先前我們提過，「大改革時代」孕育了這個稱為「地方自治局」的新地方自治機構。就地方自治局的設置法來看，其中雖沒有外顯的自由主義存在，但隨著這個改革，俄羅斯在初等教育、道路整備與保養、醫療保健等各方面上皆獲得了許多碩大的成果。它同時給予了地主貴族參加國政的慾望，也製造了培育自由主義的土壤。

首先是醫療面。地方自治局在醫療方面，雖沿用了許多凱薩琳二世時代中所創立的各種像是衛福部的機關，然而地方的農村依舊沒有醫院，亦幾乎沒有正式的醫師，多是被稱作「Feldscherer」、也就是在德文意思為「軍醫」的「準醫師」。他們原本大部分都是連級軍隊的軍醫，只擁有粗淺的醫學知識，他們的分布也非遍及全國，有些偏鄉甚至只有產婆與藥草師而已。於是，各地方自治局便從中央招募大學畢業的醫師，以充實地方農村的醫療。

一八六五年時，十八省加總起來的醫師數量連五十人都不到。但五年後，三十三省內已有六百人，一八八〇年時更超過了一千人。他們大多數是「聖彼得堡外科學會」的畢業生，同時也是出身於貴族或官宦世家的子弟。然而，就算醫師的數目正漸漸增長，就俄羅斯全體來看，依舊是滄海之一粟。且就算他們來到農村，裡頭依然沒有醫院，也沒有供醫師居住的宿舍。又因為地方民眾的醫療知識普遍不足，因此他們在地方的工作，比起設立學校以訓練「準醫師」，更重要的是傳授專業的醫學教育，以去除民眾對造成疾病的誤解與迷信；簡單說，就是一種「啟蒙性、社會性的醫療形式」。於是當時的現實，就是「醫師醫治貴族老爺，準醫師醫治平民百姓」的狀況，農民們仍舊在準醫師工作的地方「醫療所」來接受治療。此外，大部分的地方自治局，都有為防治家畜發生疾病，大抵上備有一、兩位的獸醫師。

一八六四年以前，雖然農村裡沒有醫師，但學校卻有教師。自十九世紀初開始，各地依照教育政策設立了各式各樣的學校。然而這些學校內的老師，大多是被革職的官員這種各種機構內的「半調子」，或是退伍士兵等等頂多讀書寫字沒有問題、人稱「沒工作可做的一群人」。然而即使如此，這依舊比過去進步許多。

地方自治局在初等教育面推動了顯著的進步，直至一八七〇年代末期為止，農村內的學校數量已達一萬間，教師數量也超過了一萬人。與醫師的狀況不同，地方自治局選任的學校教師出身大多是農民、神職人員，兩身分的占有比例合計就超過了百分之七十。雖然他們出任在各式各樣的中等教育機關，但骨子裡仍是只見識過農民世界的人們。在部分的案例研究中，顯示出了教師中，原為神職人員的人數比例大幅超過其他身分；一八八〇年代，許多的省、縣中，女性教師的比例趨近了百分之五十。不過這些教師的薪水都很低，在其他的所有條件上也都很「悲慘」。

地方自治局裡頭也有統計師，儘管他們人數並不多。他們並非是狹義上的統計學者，而是針對課稅對象的土地地價，或是針對農民的經營收益性、其經濟狀態進行調查的人員。直到一八八〇年代，大多數的省自治局才有了「統計局」，不過即使如此，統計師的人數依舊比醫師數量還少，只有區區不到一百人。不過到了俄羅斯革命前夕時，其人數已成長到一千兩百人。他們的身分大多與醫師相同，是貴族、官僚出身，並在莫斯科大學、莫斯科商科大學或是在聖彼得堡的職業訓練局畢業後，才到省自治局的統計局工作的人。

這些統計師的中心人物，即是在莫斯科省負責領導統計師們的奧爾洛夫。奧爾洛夫是莫斯科大學的統計學者邱普洛夫的徒弟，他奔走地方，為地方自治局的統計組織化盡了許多心力。在地方自治局活動的人，不將自己的工作稱作「工作」，而將它視為「奉獻人民與真理」的事業，這點對於統計師們也是一樣。此外，他們多數人也如同「解放同盟」的領導人別什洪諾夫一樣，是自由主義運動的活動者。

◎神職人員在文化上的角色

說起來，雖然在地方自治局活動的人有不少是神職人員出身，但這現象並不僅止於地方自治局。包含革命家在內，所有關係到知識的活動中，都有父親是神職人員，自身也畢業於神學校的神職人員與其預備軍。這些人之中，也有不少名留後世的人，例如前半世紀的政治家斯佩蘭斯基、財政部長維什涅格拉德斯基、革命思想家杜勃羅留波夫與車爾尼雪夫斯基、哲學家布加爾喬夫、經濟學家康德拉捷夫與邱普洛夫等傑出人物。

而這些人之中，歷史學家又占多數。鼎鼎有名的西伯利亞出身的民粹派史學家夏伯夫、莫斯科大學俄羅斯史講座教授索洛維約夫與克柳切夫斯基等人都是好例子。然而，不只是這些知名之士，在十九世紀後期成立的省統計委員會與學術古文書委員會中，主要負責調查、研究地區的歷史與文化的人們，大多就是在地方的小城或村子的教會裡擔任神職人員的他們。這個現象，與他們是在低識字率的俄羅斯社會中，傳統上唯一受過讀寫訓練與教育的階層有很大的關係；俄羅斯的神職人員最後會成為「潛在的歷史學家」，也是這現象演變的結果。然而就算會讀書寫字，人並不會自動就成為「知識分子」，再加上普遍的看法指出，俄羅斯的村神父大多有嗜酒、重慾的傾向，因此神職人員朝向知識分子之路演進，應該也是受到了當時的時代精神強烈影響所致吧！但不管如何，俄羅斯的神職人員在文化上的重要性，可以說比起天主教或新教國家都還要來得大。

◎「到民間去！」

一八七四年夏天，住在兩首都的年輕人開始出現大舉移入農村、將自己所信奉的「社會革命」理想做政治宣傳的舉動。這個運動透過口號「到民間去」而家喻戶曉，該運動的起源，可追溯自五年前的「尼恰耶夫事件」以及哲學家拉夫羅夫的《歷史書簡》所造成的影響。過去曾為聖彼得堡大學學生的尼恰耶夫，透過陰謀組織宣揚「革命」；而拉夫羅夫，則是提出知識階層要對民眾返還「未清償債務」的訴求。拉夫羅夫認為，知識分子之所以能處在可以受高等教育的環境，是犧牲了底層勞動者而來，因此是一種「罪」。當時不只是學生，就連技師、醫師、教師、助產師等都走進了農村，開始宣傳革命與社會主義。

其實像「到民間去」這類激進性的運動，幾乎都能在所有後進國家的「近代」歷史中看見。有時我們也能發現掌權人會壓迫這類運動，卻反而遭致運動急速升溫的狀況，這點在俄羅斯中也一樣。不過此處，我們不能忘了俄羅斯的獨特條件。首先，俄羅斯輕視初等教育，因此不能識字、書寫的人民占了壓倒性的多數；然而受過高等教育的學生數量，卻呈現出暴增的跡象。再者，在加諸於人民身上的傳統「國家勤務義務」被廢止後，潛存於俄羅斯國民心中的自主「奉獻社會」意識，亦是我們需要十分注意的一點。但無論如何，年輕一輩的「知識分子」，對於「贖罪」的思想，都是相當深刻的。

不過，農民們對於將自身衣服換成農民裝扮的年輕學生們，卻是抱持警戒心與不信任感。因為從這群「少爺們」口中說出的話，是經過外國語點綴過的語言，這超越了不識字農民的語言理解能力，因此完全無法打動他們，有些學生甚至反被農民送去警局。政府在感受到學生的行為將對目前政治體制造成重大威脅後，也加強力度，嚴格取締該類行為。最後，全國三十省內，共有超過一千五百人被捕。在長達三年的審理中，有四十三人死於獄中，十二人自殺，其中還有三十八人因此而發生精神異常。

◎民粹派的分裂

「到民間去」運動，就在這樣的發展中告吹。然而追根究柢，該次運動並沒有具體計畫，而運動目的，也沒有要追求政治宣傳以上的效果。因此，有些人以中世紀歐洲的「兒童十字軍」來比喻他們，嘲笑他們不過是被滿腔熱血沖昏頭的一群小子罷了。然而，這件事仍對後來的革命運動造成了不小的影響。一八七六年組成的「土地與自由」青年團，接手了兩年前發生的運動。採取「定居」在農村，進行宣傳工作方針的他們，稱自己為「民粹派」。他們的目的與西歐不同，主要是要在俄羅斯民眾的理想上，樹立一個獨立的平等社會。不過在政府的監視下，他們幾乎無法進行活動。在這樣的狀況下持續了三年後，這組織產生了分裂。分裂的結果，就是產生出了無政府主義；以政治革命、暗殺皇帝為主軸的「人民意志」派，出現在了俄羅斯社會。於是這群「有學位的普加喬夫們」，便正式在社會上登場。

值得一提的是，一八七〇、八〇年代中，參加民粹派運動的女性也同樣令人注目。自一八七三開始的五年之間，遭到調查的一千六百一十一人之中，有百分之十五，也就是兩百四十四人為年輕女性。先前曾提過，該運動的背景是有大量的學生參加，不過這並不代表全部都是男性學生。此時的聖彼得堡、莫斯科、喀山、基輔各都市，皆相繼成立有著大學形式學程（Curriculum）的女子高等課程與女子醫學專業學校，學生人數逼近男性學生的三分之一。接著要提的這點很常被人忽略，事實上，俄羅斯的女子高等教育，比起西歐甚至更為「先進」。一九一四年，高等教育機關的全學生人數中，女性就占了百分之三十。索菲亞·普羅夫斯卡婭、維拉·菲格涅爾或是維拉·查蘇利奇等著名民粹派女性皆是出身如此背景，是個令人興趣盎然的事實。

◎決定命運的一八八一年三月一日

一八七〇年代末期，俄羅斯陷入了異常的社會緊張狀態。其代表事件為發生於一八七八年一月底，由維拉·查蘇利奇所發動的聖彼得堡市長狙擊事件。此事件，將俄羅斯帶進了用盡所有暴力，只為推翻專制的「紅色恐怖」時代。不待言，沙皇正是他們的最終目標。在一八六六年由卡拉科佐夫所引發、暗殺「解放皇帝」事件後的第二年五月，當皇帝於巴黎參加萬國博覽會時，他的馬車又遭人開槍射擊。這起暗殺事件為波蘭人所犯，但子彈並沒有直接命中皇帝本人。

一八七九年四月，皇帝亞歷山大二世第三次遭到狙擊。這次的犯人名為索洛維約夫，雖然他自帝國大學退學後就一直擔任教師一職，但也是在農村中進行政治活動的革命家。據說在調查中，他將皇帝稱作是「人民之敵」。十一月，沙皇的御用列車在莫斯郊外遭人爆破，接著在隔年二月，冬宮的晚餐大廳亦發生了爆炸事件。亞歷山大二世就這樣在兩年間，遭遇了整整七次的暗殺未遂事件。最終，決定他命運的一八八一年三月一日終究到來。這一天，原本亞歷山大二世預計在三天後前往部長會議，諮詢某個重要議案。順帶一提，部長會議雖在一八〇二年就已設立，但它直到亞歷山大二世時代，制度才真正完備。亞歷山大二世為維持自身的影響力，一直以來皆採否定內閣化的立場，但在當時的世局中，他已不得不做出部分的讓步。前年五月，亞美尼亞出身的洛里斯—梅利科夫當上了內政部長。晉升部長前，他是長期在高加索服役的軍人。不過他也是位主張自由主義，且頗受歡迎的政治家。

洛里斯—梅利科夫為了穩定政治狀況，辭退了不受歡迎的保守派首長，並廢止了辦公廳第三處。接著，經由他的提案，官員們開始討論是否導入「立憲的統治制度」。具體上來說，他打算讓都市自治局與省自治局的代表參加國家杜馬，藉以填滿「社會的已啟蒙部分」與專制之間的差距。洛里斯—梅利科夫深知亞歷山大二世會頑強抵抗「憲法」的出現，因此行事非常謹慎。據說亞歷山大最初的反應，是表示「這東西簡直就像是「États généraux」（引爆法國大革命的三級會議）！」不過，皇帝最終仍同意了他的提案。

三月一日，在這禮拜日的下午兩點後，亞歷山大二世搭上了廂型馬車，準備回到冬宮。而就在馬車渡過凱薩琳運河（現稱格里博耶多夫運河）後，便遭到橋邊的青年投擲炸彈攻擊。那顆炸彈在馬車側邊破裂，並未傷及皇帝。這時就平常的鐵則來說，遇到這類情況時，馬車應該立即加速、迅速離開該地，然而皇帝這次卻從馬車下來，打算關心受傷的哥薩克衛兵。不料此時，又有另一顆炸彈從另一個方向飛來，在皇帝的腳邊炸開，造成了大量的出血。馬車趕緊將受傷的皇帝送回冬宮，讓皇帝接受全力的治療，然而在數小時之後，亞歷山大二世的傷勢仍舊回天乏術，就此身亡。這起事件的犯人為「民意黨」的黨員，本書先前雖已提及多次，宮廷中經常出現武力政變之類秘密暗殺皇帝的事件，但這起出自一般人之手的公然暗殺事件，卻是俄羅斯史上的頭一遭。

就亞歷山大二世的性格與世界觀來說，他並不能算是個自由主義者，而是一位會依照現況去行動的「改革者」，因而時而支持「改革派」，時而支持「保守派」。亞歷山大二世被暗殺的事件，讓預定推行的洛里斯—梅利科夫所設計好的國家改造計畫案亦因此跟著葬送，失去了實施的機會。這樣的結果，無非為俄羅斯的政治蒙上了一層陰影。

暗殺事件的發生，也導致了亞歷山大二世新家庭的破滅。其實亞歷山大二世在為病所苦的第一任皇后瑪麗亞病逝之前，就與一位比自己小三十歲的凱薩琳・多魯戈爾卡雅建立了第二個家庭。這件事理所當然地成為了聖彼得堡的人們好奇與閒話家常的對象，不過在瑪麗亞死後，亞歷山大二世便舉行了與新皇后的婚禮。從亞歷山大二世與凱薩琳的身分來看，他們的結婚，正是所謂的「貴賤相婚」，因此妻子並無法獲得丈夫的位階與財產，也因此，皇帝為他的「第二家庭」做了各式各樣的考慮。然而，即位的皇太子亞歷山大三世與他的年輕「後母」依舊處得並不是很好，於是凱薩琳・多魯戈爾卡雅在順應亞歷山大三世的要求下，與年幼的孩子們一起離開了俄羅斯，搬到了法國南邊的尼斯。後來，俄羅斯展開了對於暗殺皇帝一事的搜捕與處罰。至於亞歷山大二世遭遇暗殺的地方，則很快地就開始蓋起了人稱「滴血救世主教堂」的建築。

◎與無政府主義的鬥爭

當上皇帝的亞歷山大三世，最初的工作就是要與無政府主義者開戰。實行暗殺行動的「民意黨」很快就遭到搜捕，在四月三日時，遭到逮捕的六人中有五個人在眾人面前公開處刑。逃過一劫的犯人，是因為她剛好是「孕婦」，因此政府決定網開一面。接著，政府發布了「治安維持法」，持續取締、搜捕危險人物。而大學等高等教育機關，則被冠上「恐怖攻擊的溫床」罪名，成了政府攻擊、批判的目標。政府對大學實施了「自治限制」，關閉了高等女子學院，並且對以「下廚通告」的對象[37]聞名的馬夫、僕人與廚師等出身不高的平民階層人士實施了限制入學的措施。

這之中當然有其理由。一八六五年到一八八〇年間，學生總數從四千一百二十五人成長到了八千零四十五人，等於是約成長了兩倍。而這些學生之中，有百分之十五都是工商業經營者、都市居民或農民等「低出身的人士」，這數目絕非是小數目。漢斯．維拉在《德意志帝國》一書指出，在同年代的德意志大學中，幾乎所有的學生都是「受過大學教育的市民、官僚階層與其世家出身」的人，而普遍的認知中，「民主主義敵對

十九世紀文學巨擘 杜斯妥也夫斯基（左圖，1821-1881）、托爾斯泰（右圖，1828-1910）。

性」就是在這些人之中所培養出來。然而與德意志相較之下，俄羅斯其實相當傾向「民主主義」。只是無論是否「擅長料理」，「低出身的人」比例高居不下依舊是當時現況。

此外，檢閱制度又在此時重新加強。造成了列夫・托爾斯泰的著書有多本遭到禁止出版、哲學家索洛維約夫被禁止演講，畫家列賓的《伊凡雷帝》畫作也被禁止展示。在這些一連的緊縮政策中，再次導致無政府主義者衝著皇帝而去。一八八七年三月，暗殺亞歷山大三世未遂事件發生。此時，被當作首謀者而遭到處刑的人，正是一九一七年「十月革命」的領導者列寧（本名弗拉基米爾・烏里揚諾夫）之兄。這件事的發生，給了當時十七歲的列寧的衝擊有多大，自然是不言而喻。

◎反猶騷亂與反改革

亞歷山大二世遭到暗殺的事件，在地處遠方的烏克蘭，引起了反猶騷亂——也就是襲擊猶太人的事件。俄羅斯帝國自瓜分波蘭以來，就是擁有世界最多猶太人的國家。一八三五年，政府指定了舊波蘭王國的十個省以及其他位於俄羅斯西南部的十五省，作為猶太人們的「定居區域」。他們在地方主要從事製造業、酒館以及其他商業活動，不過他們與周邊烏克蘭農民發生摩擦卻是家常便飯。在俄羅斯政府公布了與暗殺皇帝有關的組織中有數名猶太人參與其中的消息後，國內攻擊猶太人的事件便馬上增加起來。四月，在葉利沙維特格勒（現稱克洛佩夫尼茨基）開始發生的反猶騷亂，後來漸漸擴張到基輔、敖德薩，最後席捲了整個烏克蘭地區。民眾在教會接受祝福後，就會舉起聖像畫以及皇帝的肖像畫，邊行進，邊沿途襲擊猶太人的商店或房屋。受到攻擊的猶太人，不僅財產受到搶奪，還遭到血腥的殺戮。

另一方面，俄羅斯政府亦透過臨時條例，禁止猶太人移居農村與取得不動產。並且設了兩首都的大學中，猶太人學生的數量不能超過百分之三的各種規定。以在政規定的定居區域以外擁有最多猶太人口的莫斯科來說，就有兩萬人遭到流放。在事情發展的最終，造成了大量移往美國的猶太人人潮。一八八〇與一八九〇年代中，各有十三萬、二十八萬人不等的猶太人，因為對於壓迫猶太人的政策感到絕望而離開了俄羅斯，而這也是造成年輕猶太人策動反政府的革命運動的其中一因。

亞歷山大三世的家教巴別丹諾斯采夫是一位「極端的保守主義者」。亞歷山大三世在他的教導下，受到了強烈的影響。根據一八八〇年自國家杜馬議員晉任神聖宗教會議督察長的巴別丹諾斯采夫說法，他認為俄羅斯的廣大國土、複雜的民族組成、以及發展遲緩的民心，目前最需要的就是國家與教會一體化。換句話說，即是他強烈反對資產階級式的改革以及西歐文化的傳入。在亞歷山大三世即位之際，皇帝頒布的「專制的永久性」宣言，即是巴別丹諾斯采夫執筆；他認為維持現有秩序，是一種不證自明的前提。

就如同前章所提，於一八六四年發跡的地方自治局在設立國民學校、普及醫療與獸醫制度、推動道路建設與農業教育、整頓糧食儲備制度，以及製作龐大的統計資料等多方面的活動領域中，皆獲得了大量的成果。德國的社會學家馬克思・韋伯就曾形容地方自治局是「在俄羅斯裡最有活力的公家制度」，不過若是這說法成立，那麼「國家勢必會對自己權威造成威脅的競爭者表現出敵意」。於是一八九〇年，地方自治局的活動受到該年法令的限制。地方的自治權被收進貴族與富有地主的手中，地主對公社的監視情況也變得更加強烈；擁有行政、司法權限，由地方世襲貴族所挑選出來的「地方執政官」也在此時出現。政府透過如此一連串的「反改革」政策，重新勒緊了解放後的社會氣氛。

毋庸置疑地，從這些事蹟清楚表現出了亞歷山大三世的保守傾向。不過自政府成功撐過了由一八七七年開始至暗殺事件發生之間的種種危機後，總算取回了身為政府的威信與自信。同時間，政府在「愛民政策」方面，減免了農民的「土地買回金」、廢止人頭稅，並在保護共同體與勞工方面，制定了設立工廠監督官制度以及禁止童工的政策，為穩定俄羅斯社會的面向打了一劑強心針。

工業發展的庇蔭

◎鐵道建設與產業發展

在俄羅斯的工業化歷史當中，毋庸置疑地，「解放農奴」可說是最劃時代的決策。然而，這個解放政策亦造成了工業發展的一時停滯。原因無他，因為面對新的環境條件，舊有工業勢必要花上相當長的時間才能夠去適應它。就以烏拉爾地區內，由傑米多夫家的工廠獨占的製鐵業來說，工廠內的勞動力，一直以來都是由他們領地內的「支配農民」所提供。不過當解放的消息傳開後，農民們便擅自離開工廠，造成了傑米多夫家的工廠總共流失了百分之六十的勞動力；同樣的狀況，也發生在其他領主仰賴農民無償勞動所運作的伏特加釀造工廠中。另一方面，同時期的美國因為南北戰爭的爆發亦造成了「棉花荒」，讓俄羅斯的棉織工業失去了原物料的來源供給。

直到一八六〇年代中葉後，俄羅斯才終於開始正式朝向工業化發展。他們在經濟發展上的「決定性要素」即是鐵路建設。從一八六〇年代末開始掀起長約十年的第一次鐵路熱潮中，俄羅斯位於歐洲大陸上的鐵路網就已出現了它的雛型。一八六五年，總長約三千八百公里的鐵路，到了一八七四年就已經達到一萬八千兩百公里。再三年之後，更是延伸到了兩萬四千一百公里。比起歐洲諸國，俄羅斯鐵路姑且不論總長，其發展速度遠遠來得更加猛烈而迅速。在莫斯科—庫爾斯克線、莫斯科—沃羅涅日線、莫斯科—下諾夫哥羅德線這些中央工業地帶動脈建設出來後，緊接著，連結主要農業地區與黑海輸出港口間的庫爾斯克—卡爾可夫—敖德薩線、卡爾可夫—羅斯托夫線也跟著出現。

最初，建設鐵路所需的原物料是仰賴英國等國家輸入，不過在一八六六年時，政府打出了原料國產化的方針。自此，俄羅斯國內，便啟動了鐵軌的壓延加工業，以及鐵路機車與車廂的生產業；海軍部技師普吉洛夫在聖彼得堡設立的名工廠，亦在此時開始生產起鐵軌。在一八六五年到一八九〇年間，民間鐵路公司所雇用的勞工人數，從三萬兩千人成長到了二十五萬三千人。在這段期間內，鐵路建設基本上都是由民間企業主導，也因此產生了幾位「鐵路大亨」，不過說到底，鐵路仍是由國家所全面支撐的事業。

鐵路建設在其他的工業也發揮了各種的連動效益，例如英國人約翰·休斯在烏克蘭的頓內次克地區所經營的製鐵廠「尤佐夫卡」，就因為鐵路發展一攫千金。人們在頓內次克開採煙煤、發展煤礦業，而頓內次克附近的克里沃羅格，則被發現含有豐富的鐵礦。雖然開採的煤礦會經由鐵路運入國內市場，不過煤礦的「最大消費者」，其實還是運送煤礦用的鐵路本

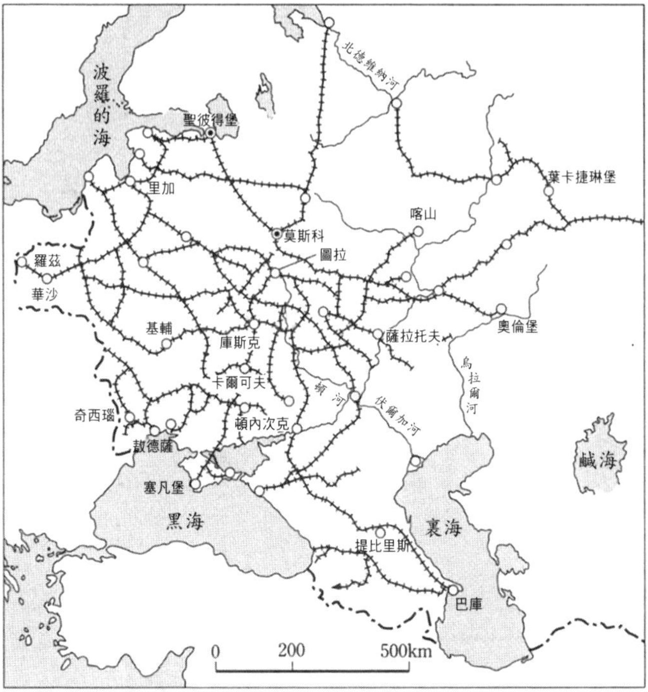

都市	人口數
聖彼得堡	1,566,000
莫斯科	1,481,240
華沙	781,179
敖德薩	620,143
基輔	527,287
羅茲	415,604
里加	370,000
提比里斯	303,150
卡爾可夫	244,526
巴庫	232,200

鐵路網的發展與主要都市人口　此處顯示的鐵路為俄羅斯帝國的歐土地區，人口則為一九一〇年時的前十名都市。

身。許多人都知道，高加索的巴庫自古以來就蘊藏石油，但該地區的石油產業，直到這時的技術開發與運輸手段獲得改良後，才展現出了驚人的成長。在這點上，瑞典人的諾貝爾兄弟石油生產公司的貢獻，不容忽視。

而說到輕工業的發展，就不得不提棉業與製糖業。棉業其實早在十九世紀初，就已廣泛分布在莫斯科省與弗拉基米爾省，雖然因為美國獨立戰爭造成的「棉花荒」，帶來了棉業一時的蕭條，不過在後來透過機械化，棉業便一舉成為了一八九〇年代中，俄羅斯內數一數二的先進產業。至於製糖業的部分，當時，製糖業主要集中於烏克蘭的基輔與卡爾可夫省的領主工廠，原料主要為甜菜。不過製糖的生產方式非常原始，並且在農奴解放後，因為失去了工人而產生了一時期的衰退。後來，在經由企業家的技術革新，以及國內對「砂糖」的需求上升後，製糖業的生產毛額才產生了飛躍性的成長。

◎莫斯科商人與教會

首都聖彼得堡素有「官僚與軍人之街」的名號，而自古就是經濟中心的莫斯科，則有商人之街的別稱。商人的企業活動推動了帝國的經濟，為俄羅斯帶來財富。而另一方面，莫斯科也被人稱作是教會之街。十九世紀末時，莫斯科擁有超過五百座的教堂，不過大多數的教堂，都是經商人之手所建。雖然聖彼得堡同樣住有商人，教堂的數量亦不屬少數，然而在與古都莫斯科相比之下，依舊是望塵莫及。

在十九世紀中葉的社會觀察家會稱「莫斯科商人是一群虔誠的人」。因為這些商人「嚴格遵守禁食紀律，並大多都與其家人過著勤儉的生活」，他們會解囊捐助教會，也會定期參加週日與聖日舉辦的彌撒與晚禱。在四旬期[38]時所有人都會禁食，也會在四旬期的首日與終日全都前去參加活動。聖像畫是正教徒商人家裡最重要的寶貝，即使處於窮困、破產邊緣，他們也不會賣掉它。自中世紀以來，「召喚奇蹟的聖尼古拉」就是在俄羅斯人之中最具人氣的聖人，人們不僅擁有他的肖像畫，在莫斯科的教會中，十間教會中就會有一間以他的名字命名。

據說當時莫斯科最大的棉花業者瓦西里．普洛赫洛夫，會放棄起初經營的釀造業、轉進纖維業的理由，就是因為他認為「造酒」並不適合虔誠的人；繼承了他有名的三山纖維工廠的兒子康士坦丁，也會為了巡禮地區的教會而離開莫斯科數月。不過在康士坦丁在兒子們要繼承家業前，他會先為他們找好外國家教，並將他們送去德國或亞爾薩斯的優良企業中工作。在一八五一年舉辦的倫敦萬國博覽會，康士坦丁亦帶著他的兒子們出席過。從這些事蹟來看，可以說康士坦丁的虔誠，是與「最廣義的歐洲主義」所調和而成的虔誠。此外，他的弟弟蒂莫菲在給兄長的隨筆〈論獲得財富〉中，就有著這麼一段話：「若財富是靠著勞動所獲得，那麼失去財富，或許能讓他免於毀滅；因為當他選擇重新開始勞動，他將獲得比財富還要更有意義的東西。畢竟無論如何，他都是活在神所眷顧的環境中。」

在俄羅斯的東正教社會中，「舊禮教派」的人們比其他人都還更貫徹東正教的勞動倫理，而商人之中，不少人正是舊禮教派的人。摩洛索夫家、古契科夫家、里亞布申斯基家與卡納瓦洛夫家等等都是這個例子。同樣地，馬克思．韋伯致力闡述新教的宗教倫理與企業家的勤勞原理中含有一致性的著作《新教倫理與資本主義精神》（一九〇四－一九〇五）之中，其主張亦三番兩次地試圖與俄羅斯的「舊禮教派」作出連結。

直到「大改革時代」來臨前，商人們都是「非特權身分」。他們肩擔沉重的負擔與租稅，因此公共服務對他們來說，是一種能躲則躲的「負擔」。不過到了十九世紀中葉，他們一改至今的態度，開始謀求都市行政與其他公共設施的主要地位。後來，莫斯科主教座堂的教區委員，逐漸由當地最富有的商人所出任。例如經營著俄羅斯最大的纖維企業的米哈伊爾．莫洛佐夫，就是克里姆林的聖母安息主教座堂教區委員。其他還有許多例子，像是伏特加商人彼得．斯米爾諾夫是聖母領報主教座堂的教區委員、茶與砂糖的貿易商彼得．瓦達金是基督救世主主教座堂教區委員等等。他們以教區委員的身分，負擔保養、補充教會建築與聖幛、吊燈等等的裝飾藝術品，並協助著大量的宗教活動。

然而儘管如此，俄羅斯人對於有錢人與企業家依舊存在著負面的看法，因為他們認為「任何人都沒辦法單靠老實工作，就能得到豪華的石造宮殿」。而這點，也讓商人自身受到良心譴責。他們祈望「受神明眷顧」的心，驅使著他們不惜拿出鉅額捐獻教會，以及進行各式慈善活動。從莫斯科商人協會及莫斯科市的社會服務局的一百七十八筆的捐獻資料分析來看，在一八六〇年開始至第一次世界大戰為止的五十五年之間，捐獻金流的最高峰發生在世紀轉換期的一八九六年開始的十年間。雖然其中不免有多少增減，但這期間內，有許多的商人以各種名義大量捐贈了資金（每一件約有八萬四千盧布）。其中最常見的名目為「資助貧苦的市民」，不過「資助貧苦的新娘」的名目卻也不在少數。在醫療照護方面，則有像是「維護養老院與安養院建設」，以及特別指定捐給「因病失明的女性」的名目。其餘亦有以建設免費住家或維持其建築為目的，所捐獻的「免費宿屋」與「精神病患看護」資金。不僅如此，他們在男女職業教育設施、學生、赤貧家庭的小孩、孤兒的獎學金，亦大量挹注了資金。當然，在某方面上，並非是匿名，而是「明記由誰捐獻」的捐獻方式，也強烈促成了慈善行為的發生。除了特列季亞科夫、巴赫魯申等大商人外，繼承了巨額遺產的女性們的捐獻行為亦相當顯著。

◎解放後的村落與外出賺錢的農民

就如前章所見，實施了農奴解放的俄羅斯，出現了各種改革，一步步朝近代化邁進。此時的俄羅斯，與明治維新後的日本、南北戰爭後的美國幾乎同處同一時代，就比較史的觀點來看，令人不由得感到興趣盎然。在解放後的三十餘年，十九世紀末，俄羅斯的人口成長到了一億兩千六百萬人，而在其中歐俄地區生息的人們，就占了全部的百分之七十四，也就是約九千三百萬人。而這九千三百萬人中，卻只約有百分之十三的人住在都市，其餘的百分之八十七全是農村居民。儘管在解放後，俄羅斯已經呈現出相當明顯的工業化跡象，但它仍舊是擁有壓倒性農村人口的社會。

農奴解放讓農民第一次「無償性地」有了人格上的各種權利。換句話說，農民成為了「自由、近代的個人」，但作為經濟來源的「土地」，其使用等各方面，仍是遵行至當時為止的各種舊慣。加上土地經由「買回」後，它的所有權將落在村莊共同體手上。我們在前幾章已知道，在村莊共同體內的俄羅斯農民都有著一種「土地分割」的特殊習慣，但我們也能將這方式，看作是他們是為了不讓村莊發生劇烈變化，而必須採取的措施。維持按照家人數量，保證各個家庭能使用一定規模土地的這種機制，從當下政治性的觀點來看，可說是要避免「沒有土地的無產階級」產生所不可或缺的作為。不過若以長遠來看，這種方式終將會帶來重大的問題。

首先，發生於解放後的人口激增現象，讓這種獨特的土地利用方式產生了負面效果。一八六三年開始的五十年間，人口成長約有兩倍，然而農民的平均土地持有規模卻從五點一俄畝劇減到了二點七俄畝（一俄畝約比一公頃大一點）。雖然這數據並未考慮地區的特殊性與發展落差，且取樣時間以時間帶來說也有些長，但我們能從中看出的跡象，就這時期內的「土地不足」問題愈來愈顯著。此外，此時的俄羅斯農業仍舊保持著沒有效率的共同農業形式，再加上「土地分割」的習慣，削減了農民對土地的改良慾望。也就是說，此處的土地利用機制就「社會面」來說，它是正義公平的；不過就「經濟面」來看，這機制反而是壓迫閉塞的。歷經「農業革命」的英國，到了十八世紀中葉後，國家農業的收成與播種比，已達到十倍。相較之下，俄羅斯即使到了世紀末，仍在五倍的低收成水準附近努力。

雖說有百分之九十的人口都居住於農村，但他們並非全都務農。莫斯科以北的「非黑土」各省，自解放之前——應該說自十八世紀中葉後，就非常盛行經營副業與赴外掙錢。手拿「國內護照」，前往大都市或是特定地區賺錢、賺地租，對於這些省的農民來說都是非常普通的現象。農奴解放雖然更進一步刺激了這現象的發展，但它的存在方式上並沒有產生太大變化。大致上，農民們還是會保持自己與村莊和土地的關係，然後拿著「季節護照」出外賺錢。對於這些外出農民來說，經濟不斷成長的首都聖彼得堡，就是他們最大的淘金場域。

聖彼得堡在一八九〇年已成長為人口超越九十五萬人的大都市。不過在冬季與夏季之間，聖彼得堡會出現二十萬人口的差距，箇中原因不必待言，正是因為外出賺錢的農民們的大量人潮所造成。例如一八九八年的史料中顯示，當時雅羅斯拉夫爾省內的外出農民數量是全國名列前茅，自該省前往聖彼得堡賺錢的農民約有十萬四千名，前往莫斯科的也有兩萬六千名。這些農民之中，不少人經營商業、服務業而發了大財；其中搶著經營酒館的人亦不在少數，據說當時聖彼得堡的酒館，就幾乎都是雅羅斯拉夫爾省人所經營。就連位於涅夫斯基大道上的高級食料店「葉利謝耶夫兄弟商會」，其祖先也是雅羅斯拉夫爾省的農民。雅羅斯拉夫爾省的同鄉人團體，會照顧第一次前往首都工作的農民們，為其安排、準備工作場所與住居。於是便產生了

年	總數	男子%	女子%
1858	496,656	64.2	35.8
1862	532,297	60.5	39.5
1869	667,207	56.7	43.3
1881	861,303	54.6	45.4
1890	954,400	53.8	46.2

聖彼得堡的人口　資料來源：高田和夫，《近代俄羅斯社會史研究》（近代ロシア社会史研究，山川出版社）。

「聖彼得堡的雅羅斯拉夫爾人」不僅數量多，還組織起了慈善團體的現象。
外出工作的農民會在夏季時為了務農而回到故鄉，接著在農事完畢後，再度前往都市。他們重複著這樣的「來回運動」，幾乎沒人定居於都市；他們屬於「住在都市的農民」，直到二十世紀初期，聖彼得堡的勞工仍多數都與地方村莊有著關聯。基本上，在世紀轉換期中人口達到一百萬人的「巨大村落」莫斯科也有相同的現象，超過半數的莫斯科居民，都是離鄉背井、自周邊地區流入的農民。
然而，像這種於解放後的外出工作者增加現象，不可能對村落生活毫無影響，其中最顯眼的變化，即是家庭型態。原本支配性的「家父長式的大家庭」在此時崩潰，特別在一八八〇年代開始，「家庭分割」現象開始加速，不難看出其朝向「核心家庭」發展的趨勢。而在這變化過程中發揮了領導力量的，正是在舊有家庭制度下，不斷「隱忍」過來的那些女性。

◎貴族的沒落

接著就來談談在農奴解放後，貴族們的環境發生了什麼變化。

就像前面提過的，大多數的貴族都反對解放農奴。雖說反抗任何新作為是他們的天性，也就是所謂的「鄉下貴族脾氣」。然而這項反抗行為中，其實並非只有這個要素，因為大多的貴族，他們的生活絕非優渥。坐擁首都的豪華宅第、過著社交生活的貴族，不過是所有貴族之中的滄海一粟。就如同薩爾蒂科夫－謝德林的名作《波舍霍尼耶遺風》所鮮明描繪出的那樣，地方貴族的生活其實非常墨守成規、克勤克儉。他們的行進方向，並不與時代的步伐一致。順帶一提，這本書的書名中，「波舍霍尼耶」是實際存在於雅羅斯拉夫爾省內的一個地區，不過更多人對它的認知，則是它常被作為「偏僻之地」的代名詞使用這一事。

解放農奴之際，貴族們既然手中留有原本三分之一的土地，並且又從村莊農民身上獲得了大量的「土地買回金」，那麼貴族們理應能因為農業經營的合理化，以「近代化地主」之姿，重新走出一條新的人生才對。然而，現實卻不是這麼理想。因為貴族拿到的大量「土地買回金」，幾乎都拿去支付過去的負債。至於為什麼必須清償債務，則是因為農奴解放之後，貴族們便必須將過去透過抵押領地，向「貴族貸款銀行」借來的錢給還清不可。關於這點，據最近的研究報告指出，一八五〇年代的受抵押土地，約是所有分封領地的百分之二十七，比一般普遍的說法還要少了一半以上。

於是，成功轉型成坐擁大領地的資本家、經營者的，只有極少數的貴族。其餘大多數的中小土地貴族，不是透過雇用，就是靠著租種予佃農的方式，細細耕耘自己的土地事業。其中最具象徵性的，就是以俄羅斯中部黑土地帶與伏爾加河中游流域為中心展開的「雇傭制農業」。這是附近地區的農民因為農地不足，而帶著自己的馬匹與農具，租借地主的土地來耕種所發展出的農業。據說農民會將收成的作物分成三份，二份給予地主，一份留予自己。然而這樣的方式，其實與過去的農奴制時代並沒有太大的差別。

對於多數的貴族來說，出售領地是他們馬上能想到的一種選擇。報告指出，自解放開始至一九〇五年革命爆發前的四十三年間，貴族掌握的土地減少了百分之四十一，也就是說，貴族階層以每年約百分之一的速度流失著他們的領土。這些年來，貴族不是賣掉它們，就是因為無法清償貸款而遭充公。再說，俄羅斯貴族並不像德國，尤其是普魯士地區的容克（Junker）[39]一樣把自己看作是農場經營者，而是將領地作為一個「單純的收入來源」看待。因此在要賣掉領地時，貴族們心中並不會有太大的猶豫。所有貴族之中，總共有五分之一選擇了這個方式，他們在賣掉領地後，便會帶著自己的孩子一起前往大都市，成為某方面的專業人士，重新在城市內生活。

另一方面，解放農奴亦讓貴族們失去了當上軍人或官員的「特別捷徑」。「軍官團」自古以來，就是猶如貴族特權堡壘般的存在，然而這個由貴族獨占的職位到了世紀末為止，貴族的比例已劇減至百分之五十；同樣的狀況，官員部分也只剩下不到百分之三十。將貴族擠出仕官、軍官世界的，即是都市居民、神職人員等的所謂「混雜階級」[40]的年輕一輩。在一八七〇年代時，破產的貴族不過只有一小部分，但是到了一八九三年，貴族的破產案例就已達兩千兩百三十七件。

從地方自治局醫師轉行為作家的契訶夫，他的劇作《櫻桃園》，就像是寫給這些沒落貴族的輓歌。順帶一提，在一八九八年設立莫斯科藝術劇院，並演繹了契訶夫戲曲《海鷗》的斯坦尼斯拉夫斯基，也同樣出生於富裕的商人家庭，而他的曾祖父，亦是雅羅斯拉夫爾的農民。俄羅斯的社會變遷，其實自解放農奴前就已開始發生，不過解放後的五十年，社會才真正產生了劇烈變化。而面對這個變化，貴族裡占多數的中小貴族皆無力抵抗，最後慘遭時代洪流吞沒。

安東・契訶夫　注重描寫俄國人民的日常生活，塑造具有典型性格的小人物，藉此忠實反映出當時俄國社會現況。

◎「在聖俄羅斯中的乞丐」

解放農奴的隔年，莫斯科出版了一本獨特的書籍。書名為《在聖羅斯的乞丐》，作者普雷什科夫在描寫「誰都清楚，但誰都不肯關心」的「都市乞丐」現象的同時，也表達了個人對「為什麼會俄羅斯會有乞丐」的想法。根據書的內容來看，當時莫斯科的乞丐約有四萬人，但普雷什科夫認為，不管他們是因為個人因素，還是因為遭到不測而讓他們不得不上街乞食，讓人們在心中認定他們為「乞丐」的這種深扎在社會裡的基督教教義、贖罪式思考模式才是真正的問題所在。他批判施捨幾戈比小錢以獲得自我滿足的「小額施捨」習慣，認為其為贖罪行為中最形式化的一環、是一種偽善的表現。《在聖羅斯的乞丐》的初版兩千本在片刻之間就銷售一空，它的出現亦讓俄羅斯開始圍繞著「乞丐與偽善」之間，展開了非常大的論戰。那麼，當時乞丐現象的真正情況又究竟是如何？

俄羅斯有句諺語說「不會有人在羅斯因為飢餓而死」，但當時俄羅斯的乞丐確實達到了驚人的數量。批判普雷什科夫的「革命家」特卡喬夫將赤貧者細分為「貧民」與「乞丐」並加以統計，其結果為前者三十二萬人，後者則不到四萬人。另一方面，據一八七七年內政部的紀錄指出，全俄羅斯以乞討「維生」的人為三十萬人，但這只是「最小的推測數量」，實際上必定比這數字還多。乞丐的分布不分都市、農村，在帝國中央地區各省的數量更是特別之多。不過其嚴重度，卻遠不及莫斯科與其周邊地區。以下，本書就引高田和夫論文的幾個例子做述。

首先是農村的部分。當時已經有部分的村、鄉，將乞丐當作職業。莫斯科省中就有兩個因乞討而有名的村落，該村村民每年會有三次以集團方式離村，走到相當遠的地方乞食。這形式的「外出賺錢」方式，就算是在其他省的部分村莊，也會在晚秋至春天之間發生；這些村民會在秋末時外出乞食、徬徨於全國各地，等到春天來臨時，他們才會再回到村落進行農事。一八四〇年代，修瓦洛夫伯爵的領地中就有許多成為乞丐的農奴，值得一提的部分是，在於乞丐中「帶著兒女的女性」占有相當大的比例。直到第一次世界大戰爆發前，這個領地中的女性依舊會像是外出工作一般，前往莫斯科乞討。即是說，在農民之間，「乞丐」可以說已經成為了他們傳統的行業。

再來是都市部分。一般來說，乞丐們會在教會的大節日，或是在供奉祖先的日子前去乞求施捨，不過其中亦存在著各式各樣不同的形式。就以擁有最多簡陋棚戶的貧民窟「希特羅夫廣場」來說，一八八五年的市區調查指出，這裡有八千七百六十八人居住其中，而光是最大的宿屋「克拉科夫之家」裡，六十三間房就住滿了三千人。這裡的居民，不是披著農民的外套、找著工作做的「流入農民」，就是失去了勞動能力，終日酗酒、無所事事的流浪漢。前者多數從事土工、暖氣工、鋸木等粗工，領取著零星的薪水，就某方面來說，他們在低薪的勞動市場中產生了一定的功能；至於女性，則是從事炊事、侍女等工作。這些農民、女性的生活，同樣受著「同鄉人團體」的照顧。至於流浪漢，狀況就完全不同；他們一開始雖然也是暫居於此，並找著工作，但是後來因為事與願違，隨著滯留在此處的時間愈來愈長，身上的錢漸漸被周圍酗酒、放蕩、賭博的世界榨光，於是便自己成為了在希特羅夫的永久居民。這樣的演變，簡直就像是高爾基的話劇《底層》（一九〇二）在此處真實上演一般。

為解決這種情況，莫斯科市開始採行各種救濟措施，靠著商業活動而獲得財富的商人們，也像先前提過的那樣，為慈善活動提供了大筆資金。然而，這些措施依舊無法一掃市內的乞丐問題。貧民一波接著一波，因為各種理由擠進了街道。一八九一年至一八九二年，伏爾加河地區發生了大饑荒，於是許多人們為參加救援活動進入了農村。在歷史博物館舉辦的演講「古羅斯的善良人群」中，克柳切夫斯基就以生活在十七世紀初「混亂」時代下的俄羅斯人為例，闡述了援救飢荒的方法。原先是村神父的克柳切夫斯基，是位穩健派的自由主義人士。他自平常就討厭激進的革命家的作為與高調的模樣，反倒認為「小額施捨」才是有用的行為。不過儘管如此，革命家過激的訴求與他們的氣勢，仍然在這個時代持續高漲。

36 這裡的「士族」指的是「什拉赫塔」，即波蘭和波羅的海一帶的東歐地主貴族。

37 原話的典故出自於一八八七年七月一日，帝國教育部部長伊萬·大衛德維奇·傑里亞諾夫伯爵給皇帝的《關於縮減中學教育》的通告。日後這篇通告被民間諷刺稱為「關於需要親自下廚的孩子們的通告」。因為在當時，貴族家的孩子不必自己親自下廚做飯，都是由傭人們做飯，而需要自己親自下廚的孩子只有家裡很窮請不起傭人的窮人家，因此用來譬喻下層平民出身的窮孩子。

38 即基督教稱的大齋節，東正教稱之為「四旬期」。

39 指以普魯士為代表的德意志東部地區的貴族地主。

40 當時的俄國社會總共有四個階級，是為貴族、基督教神職階級、城市居民、農村居民（即農民階級）。四個階級當中，前兩者被稱為特權階級和非賦稅階級。而後兩者則被統稱為賦稅階級和非特權階級。而「混雜階級」則是專指出身於市民和農民的知識分子。此外，如果是神職階級下層出身，不具有教職，那麼這種出身的知識分子也被算在混雜階級之列。另外需要注意的是，在俄羅斯帝國創立榮譽公民這一等級之前，混雜階級也包括了不可世襲的個人貴族的子女。所謂的個人貴族，即本身出身不是貴族，因為某些突出貢獻被國家授予了貴族頭銜，但是僅限於個人，其家庭和子女依然不算貴族，這個貴族身分也不可世襲，死後就消失。像是列寧的父親就屬於這樣的貴族。如果一個人擁有了個人貴族頭銜，那麼他就再也不能算在混雜階級之列。

第七章

不斷擴張的「殖民地帝國」

高加索戰爭　時間長達半世紀，最終第三代伊瑪目沙米爾投降，俄羅斯征服高加索全部區域。

沙俄帝國與高加索

◎高加索的歷史與地理

進入近代的俄羅斯，以一個殖民地帝國之姿，持續擴張著她的領土。俄羅斯帝國的內政問題，強烈牽涉著非俄羅斯民族的居住地區。本章將帶領讀者瀏覽俄羅斯在十九世紀中具體的領土擴大活動，以及帝國「俄化政策」所產生的問題。當時，高加索與中亞已經是俄羅斯帝國的新殖民地，而俄羅斯在西伯利亞的殖民活動至當時也已有很長一段歷史。十九世紀時，居住在西伯利亞的俄羅斯人已有壓倒性的數量。而高加索、中亞、西伯利亞又互相有許多共通點，對此本章亦會做一次整理。

俄羅斯最南方的高加索地區，可從中部一條全長一千五百公里、自西北往東南走勢的大高加索山脈（Greater Caucasus）大致再分為北高加索與南高加索（外高加索）地區，山脈最高峰為厄爾布魯士山（Elbrus，海拔五千六百四十二公尺），附近有高山與冰河，瀰漫著一股粗獷的自然氣息。高加索地區的東、西邊分別為裏海與黑海，南方則隔著阿拉斯河（Aras）與伊朗、土耳其的國境相接；北方則不必多說，就是俄羅斯帝國。

今日的北高加索屬「俄羅斯聯邦」管轄，地區內含七個「共和國」，並非獨立國家。區域內人口與面積最大的為達吉斯坦共和國與車臣共和國，至於車臣共和國，許多人也知道他們直至今日仍持續著激烈的獨立鬥爭。[41] 北高加索的山岳寒冷而山麓暖和，平原屬黑土地帶，故農業、畜牧業相當繁盛。包含首都，幾乎所有的大城市都是由十九世紀中葉前的俄羅斯要塞發展而來。

南高加索（外高加索）在今日是由三個獨立國家所組成的地區，領土最大的國家是與裏海西岸相接的亞塞拜然，它的領土隔著阿拉斯河與伊朗的國境之北相接。它的首都巴庫在十二世紀時，曾一時是該地王國的首都，直到在一八〇六年時被併進俄羅斯領土內。它的南界隔著阿拉斯河，和伊朗亞塞拜然省接壤。雖然巴庫的石油從古時候就已經

俄羅斯帝國併吞高加索的過程

為人所知，不過到了十九世紀後半葉，此處的石油業才正式產業化。

另一個國家叫做喬治亞，它面迎黑海東岸，人民信仰為基督教分支的喬治亞正教會。其首都提弗利斯（提比里斯）的歷史相當悠久，不過它同樣於一八〇一年時成了俄羅斯領土的一部分，並在後來讓俄羅斯在此成立了高加索管轄區。

最後是亞美尼亞。與前面兩國相比之下，亞美尼亞的規模小了許多。但她富含多樣地區的另一面，也反映出了亞美尼亞人被迫遷徙與離散的歷史，以及為何他們在國外也有著大量的僑民社群。「亞美尼亞商人」經常被投以偏見的眼光、被認為是「高加索的猶太人」。因此在第一次世界大戰時，發生過造成八十萬犧牲者的「亞美尼亞種族大屠殺」。一九一五年，居住於鄂圖曼帝國東部的亞美尼亞人被鄂圖曼帝國認定「與敵國俄羅斯互通有無」，因此被強制移居與屠殺。現今的首都葉里溫，同樣是一處擁有歷史的商業都市，不過它在一九一八年俄羅斯爆發「十月革命」之前，也一直都是俄羅斯的一部分。

◎沙米爾與高加索戰爭

高加索地區開始與俄羅斯世界有牽連時，在於十八世紀後半，特別是在凱薩琳二世時期中。在凱薩琳二世征服克里米亞後，接著就將眼光投到了高加索身上。一七八三年，俄羅斯將東喬治亞王國定為保護國，不過在一八〇一年，俄羅斯又廢止該王國的存續，將之併入國土。一八一一年，俄羅斯併吞了亞美尼亞王國，持續朝西進，漸進合併西喬治亞地區。

自古以來就是軍事、政治要衝的提弗利斯，很快就成了俄羅斯併吞政策的據點。然而併吞後，反殖民性的暴動便迅速爆發，北高加索的達吉斯坦與車臣地區尤其嚴重，信奉伊斯蘭教的山地民族不曾停下他們的抵抗活動。對此，一八一六年，俄羅斯派遣了喬治亞特別司令官葉爾莫洛夫展開平定作戰。但這個做法，反而又讓山地民族更進一步地團結起來。

一八二四年，俄羅斯帝國境內開始有人宣揚「吉哈德」。十年後的一八三四年，沙米爾就任北高加索地區的「伊瑪目」；伊瑪目是一個在政治、宗教面上皆有領導地位的頭銜。普遍認為，沙米爾出生於一七九七年，是達吉斯坦的阿瓦爾（Avars）農民家庭出身。在沙米爾於伊斯蘭神祕主義教團中與盟友加齊．穆罕默德成為知己後，便一同加入了「吉哈德」。於是，被挑選為第三代伊瑪目的沙米爾，便領導著他們徹底進行抗戰，持續了二十五年。

俄軍在此陷入了苦戰，俄羅斯政府為了突破這個僵局，在一八四四年於提弗利斯設置了高加索管轄區，並任命米哈伊爾．沃隆佐夫（一七八二—一八五六）為第一任代理長官。沃隆佐夫是位出身名門貴族的自由主義人士，同時也已經在新俄羅斯與比薩拉比亞

（Bessarabia）擔任過總督，是位深受皇帝信賴的人物。高加索代理長官一職直屬皇帝，是在軍政、民政面全權受皇帝委任的統治者。沃隆佐夫在此花了十二年，致力於獲得當地貴族階層的支持與忠誠，並透過積極雇用當地人的方式，為地區與帝國統合上做了許多貢獻。

然而，高加索的戰火仍然持續延燒。在克里米亞戰爭爆發後，沙米爾從英國與鄂圖曼帝國處獲得了援助，不過在克里米亞戰爭結束後，俄羅斯便將統治北高加索全境作為目標，大舉發動攻勢。一八五七年，攻進車臣的俄軍加強了對北高加索西部山地民族的攻勢後，終於成功平定。一八五九年，沙米爾向俄羅斯投降，從此在俄羅斯的卡盧加過著軟禁生活。後來，沙米爾受俄羅斯政府准許前往麥加朝聖，然而在這段朝聖旅途的最後，沙米爾亦在該處過世。日後，沙米爾的名號在達吉斯坦與車臣地區中，被作為是統一山岳各族與獨立的象徵，流傳後世。

沙米爾　於北高加索領導著對俄羅斯所發動的「吉哈德」。

◎洛里斯—梅利科夫的足跡

高加索戰爭對俄羅斯來說，無非是極為棘手且冗長的一戰。戰爭的發展，漸漸不再是殖民主義的教科書中所出現的「侵略與抵抗」圖解就能簡單說明的狀況。一八四七年，一位亞美尼亞出身的特任軍官，部署到了高加索總督沃隆佐夫麾下。這位軍官名為米哈伊爾·塔里耶洛維奇·洛里斯—梅利科夫，是位二十二歲的高加索年輕軍官，出生於提弗利斯的商人之家，並在亞美尼亞使徒教會受洗過。洛里斯—梅利科夫從當地的初等學校畢業後，於一八三六年進入了莫斯科的「拉扎列夫東方語言學院」就讀。這間學校是為了讓亞美尼亞人在俄羅斯帝國中同化，並且提升他們社會地位而專門設置的學校。此處對於有語言才能的洛里斯—梅利科夫來說，照理說應是一個很好發展的地方，不過沒過多久，他卻離開學校，前往了首都聖彼得堡。到了聖彼得堡後，他進入了近衛預備士官學校就讀，開始累積自己的軍旅經歷。於是當洛里斯—梅利科夫就任特任軍官以來，他就在自己的故鄉中，以一個帝國軍人、行政官的身分在這裡過了二十八餘載的生活。

高加索代理長官沃隆佐夫對洛里斯-梅利科夫的才能有著很高的評價，而且相當信任他。與第三代依瑪目沙米爾作戰而忙得焦頭爛額的俄軍，終於等到了一個意想不到的好機會：服從於那位絕對領導者的哈吉．穆拉德，前來向俄軍投降。這段故事在列夫．托爾斯泰以其名命名的中篇創作《哈吉．穆拉德》（一九〇四）中也相當有名。在哈吉．穆拉德投降後，負責照料他的人就是洛里斯—梅利科夫。俄軍自哈吉．穆拉德身上獲得了許多貴重的情報來源，顯示出了洛里斯—梅利科夫在這方面的功勞。沃隆佐夫總督稱讚洛里斯—梅利科夫是位「偉大、優秀、智慧豐富的軍官。他說著一口韃靼語、知道哈吉．穆拉德在想什麼，而哈吉．穆拉德看似也完全信任著他」。洛里斯—梅利科夫後來與他同為亞美尼亞人的長官的姪女結婚，他妻子的祖父是亞美尼亞使徒教會的大主教。一八八〇年，在洛里斯—梅利科夫於高加索立下各種功績後，最終以俄羅斯政府的最高負責人之身分出現在首都。這時候的他就如同前章所述，服務於亞歷山大二世的政府、規畫著根本性的國家改造計畫。

洛里斯．梅利科夫　軍人、政治家，亞美尼亞出身。

◎巴庫的石油產業

俄羅斯在十八世紀時，曾經占領過裏海的沿岸地區，不過真正介入該處時，時間已進入了十九世紀。當時俄羅斯與伊朗間激烈的爭奪戰不斷擴大，這個結果，造成了亞塞拜然地區被南北二分成俄國屬地與伊朗屬地。俄國屬地部分由高加索管轄區管轄，地區居民多為穆斯林。

據說位於阿普歇倫半島、臨著裏海的「強風襲擊之城」巴庫，自九世紀以來就有人在此開採石油。由於溶於油層中可燃性氣體外洩，因此油田上總是有熊熊火光。據說該地區的人們稱這火為「永恆火柱」，匯聚著瑣羅亞斯德教教徒的信仰。雖然當初俄羅斯介入這塊地區的理由並非是為了石油，但就結果來說，這裡的豐富資源仍成了俄羅斯的一大助力。

十九世紀中葉後，俄羅斯開始大舉開採油田。在石油業發展之前，工商業用油都是鯨油，也就是從鯨魚身上獲得的油。當時最大的捕鯨國為美國，而當美國在一八五九年開始於賓夕法尼亞州開採石油後，世界便進入了石油時代。短期間內，巴庫的石油產業便呈現了飛躍式的成長，爬上了世界第一的寶座（第二名為美國）。一九〇〇年，俄羅斯的產油量達世界的百分之五十一，而之中的百分之九十五就全部來自巴庫。諾貝爾兄弟於一八七九年設立的「諾貝爾兄弟石油生產公司」，在當時甚至還被人稱作是「巴庫的石油王」。

當初在俄羅斯政府的招聘下，第一任諾貝爾當家伊曼紐爾・諾貝爾來到了俄羅斯，他在水雷的發明等各方面上獲得了許多功績。伊曼紐爾有四位兒子，而實質上繼承了他的企業的是他的次男路德維希。一八七三年，在路德維希的拜託下，長男羅伯前往高加索視察，到了高加索的羅伯特在巴庫遇見石油，並且從中看出了石油產業的無限可能性。於是羅伯特此行，便成了他們家業的巨大轉機。

當時巴庫有著約七十座的油井，不過直到諾貝爾兄弟於一八七九年成立公司之後，石油產業才有了正式的活動。特別值得一提的是，諾貝爾兄弟在技術革新上成就了許多耀眼成果，像是管道的鋪設、打造石油專用的油輪、開發儲油槽等等都是其中一例。過去，俄羅斯運送石油的方式，都是先把開採到的石油放進木桶，接著坐船從裏海北上運至阿斯特拉罕，再從該處經由伏爾加河運至各地。想當然耳，這樣的運送成本非常高昂。於是諾貝爾兄弟公司在鋪設好從油井至煉油廠之間的輸油管線後，便同時開發了大量輸送石油的新技術——船底裝有巨大儲油槽、船身穩定的油輪。一八七八年，諾貝爾家名為「瑣羅亞斯德號」的油輪正式進入裏海服役。七年後，所有在裏海上航行的油輪中，就有十七艘是諾貝爾家名下財產。

於是，在諾貝爾公司構築了石油從採掘、提煉、運送的一條龍系統後，它成長成了俄羅斯最大的石油公司。到了世紀轉換期，諾貝爾家共掌握著一百七十一座油井，總產油量占了巴庫地區的百分之十八與世界產油量的百分之九。當時正推動工業化的俄羅斯政府，當然也幫助過諾貝爾家的事業。此外，在二十世紀初發生於提弗利斯的勞工運動也並未對他們造成太大衝擊，這讓諾貝爾家直到十月革命爆發前一直都占有著壓倒性的地位。

中亞的俄化

◎烏里揚諾夫家與楚瓦什人

一八六九年，位於伏爾加河中游流域的辛比爾斯克城中，來了一位名為伊利亞・尼古拉耶維奇・烏里揚諾夫的「學校監督官」。他出生於阿斯特拉罕的貧窮市民人家，從喀山大學苦讀畢業後，從事了十年的數學與物理教師。當時，與某位醫師女兒結婚的他已有兩位孩子，妻子正懷著第三胎。三十八歲的「學監」烏里揚諾夫，不僅為了改善地區的教育活動與農民的識字率而開設了學校，更為地區內的少數民族的兒童教育盡心盡力。他的助手是位年輕的楚瓦什人教師，名為伊凡．雅科夫列夫，據說他原本就是位與烏里揚諾夫家有著密切關係的客人。烏里揚諾夫對於「東方異族人」沒有日常上的偏見與區別，熱心推動著他們的教育。或許烏里揚諾夫本身是卡爾梅克人的事實，在不知不覺下成為了促使他這麼去做的理由。[42]他的孩子們邊看著這樣的父親背影一邊成長，隔年四月，他的第三位兒子，弗拉基米爾出生了。

如同筆者先前指出，過去的伏爾加河是「亞洲人的河」，之所以會這麼說，在於它的周邊地區住有各式各樣的亞洲民族。然而俄羅斯在十六世紀「合併」此處以來，流入此處的俄羅斯人就不斷與原先在此的各種「異族人」產生對立與爭執。說著突厥語系的楚瓦什人，極大多數都居住於喀山省與辛比爾斯克省的部分地區。「學監」烏里揚諾夫所著手的事業，其實就是利用當時稱為「伊利明斯基系統」，透過教育達到同化「異族人」的政策。

提到「伊利明斯基系統」，就要說到尼古拉．伊利明斯基（一八二二—一八九一）這號人物。伊利明斯基出生於奔薩省，父親是位神父。自他從喀山神學院畢業後，便當上了學者，於母校教書，後來更到了喀山帝國大學擔任教授。他為了「異族人」教育盡心盡力的事蹟，許多人也時有耳聞。伊利明斯基在「尊重民族性」的前提下，在初等教育中加入「母語」教育，接著再給予「異族人」以「母語」寫成的初級讀本與有關社會道德的冊子，用這種方式緩緩推動著俄語教育。也就是說，他試圖在不讓學習者感覺到針對民族特性而來的壓迫與限制下，獲得「非強制性的民族同化」結果。伊利明斯基同時也以「喀山外族教師神學院」校長的身分，在伏爾加、烏拉爾地區有如傳教活動一般，為初等國民學校與非俄語使用者的各民族，致力於師範學校組織化。而烏里揚諾夫所參考、使用的方式，即是伊利明斯基所使用的方法。

烏里揚諾夫家的人們　圖中前排右側為弗拉基米爾（即列寧），後排中央為其兄亞歷山大。

這段事蹟後來還有些後續發展。在一九一七年發生了「十月革命」後的隔年春天，列寧打了通電報給了辛比爾斯克的蘇維埃議長，裡頭提到：「我很擔心那位叫做伊凡·雅科夫列夫維奇·雅科夫列夫的五十歲學監的命運。他為了提升楚瓦什民族素質而忙碌，又受到沙皇專制政治的一連串迫害。我認為，我們應有所作為，避免將雅科夫列夫與他畢生的事業分離才行。」其實，在一八七〇年四月出生在烏里揚諾夫家的弗拉基米爾，就是這位「列寧」。列寧當時的舉動所展現出的，無非是一種對投入了「異族人」教育的父親的同理心。

◎中亞的殖民地化

楚瓦什人、馬里人、巴什基爾人等位在「伏爾加、烏拉爾地區」的各民族被併入俄羅斯時，時間已來到十六世紀。不過直到進入了十九世紀的二〇年代，俄羅斯才正式進入了亞洲中部的世界。俄羅斯首先在哈薩克汗國的草原上築起要塞，形成了保衛國境與通商據點的要塞線，並最終在一八四七年併吞了「遊牧部族聯合體」的哈薩克，使其成為俄羅斯帝國的一部分。十九世紀後半，俄羅斯又進一步介入了他們在中亞南部的定居區域。當時該處有布哈拉汗國、希瓦汗國、浩罕汗國三國鼎立於此；而浩罕汗國，就是俄羅斯最先下手的目標。

一八六七年，俄羅斯於浩罕汗國的大型業都市塔什干內，成立了突厥斯坦總督區。

第一任突厥斯坦總督為康斯坦丁・考夫曼，雖然當年他已五十歲，不再輕，但他是個在一八四四年結束了在高索的工作後，於克里米亞戰爭中嶄露過角的經驗豐富人士。在他就任總督後隔年開始，不到十年時間就將布哈拉國、希瓦汗國變為保護國，並將浩罕汗趕上滅亡的道路。一八八一年，在俄羅戰勝了遊牧民族土庫曼人後，中亞地區夕成為俄羅斯領土。

於是「西突厥斯坦」，或說是「俄羅斯的中亞管轄區」地區便就此誕生。

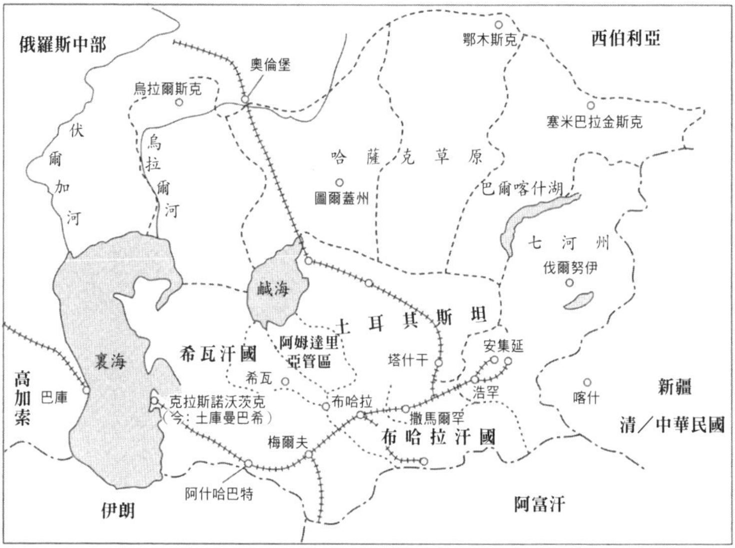

中亞殖民地　十九世紀時，裏海以東的中亞地區成了俄羅斯的殖民地，並於二十世紀併入蘇聯。蘇聯解體後，中亞分裂成哈薩克斯坦、烏茲別克斯坦、吉爾吉斯、塔吉克斯坦、土庫曼斯坦，各自獨立。

韋列夏金畫作《戰爭禮讚》

而這是以壓倒性武力使其臣服獲得的結果，因此在該區成立後，內部便開始發生當地人的抵抗。例如一八三七年，哈薩克就爆發了長達四十年的「克涅薩熱之亂」，這場騷動這是由「哈薩克汗國最後的可汗」——克涅薩熱父子兩代所領導的反俄戰爭，他們這場戰爭的主要目的，就在於統一哈薩克與復興哈薩克汗國。然而除了這場騷亂之外，人們對俄羅斯統治的不滿與反感也未曾止息。俄羅斯國內中亦有民粹派等等的反對聲浪，其中最有象徵性的就是韋列夏金一幅名為「戰爭禮讚」（一八七一）的畫作。

畫家瓦西里．韋列夏金出生於貴族家庭，從海軍學校畢業後，便開始學習作畫，並為了尋找畫圖的題材而周遊列國。自一八六七年開始的數年時間，他成為俄軍軍官參加了中亞的遠征行動。不過韋列夏金不單只是參加這麼簡單，他在撒馬爾罕防衛戰中所展現出「勇猛行為」，就讓他自帝國陸軍領授了一枚聖喬治勳章。

不過過沒多久，韋列夏金因為感到突厥斯坦作戰太過野蠻，因而成為了「和平主義者」。他本身創作過關於「土耳其斯坦」、「巴爾幹」與拿破崙戰爭的一系列畫作，但描繪著對中亞最終壓制的《戰爭禮讚》，卻令他充滿自責、說了以下的話：「這作品除了描繪歷史之外，同時也是一幅告發性的畫作。它非常公正地告發了我以及像我這種不可饒恕的人。因為當時成了戰士的我在殺人時，就像是在射殺鵪鶉一樣麻痺。」後來，韋列夏金在這幅畫的畫框上，題下「獻給過去、現在，以及未來的所有征服者」的銘文。據說亞歷山大二世在後來看到了這段銘文時，形容韋列夏金是個「無賴」、「瘋子」。

◎近代俄羅斯的「恩惠」

征服中亞，就俄羅斯政府的「大義」來說，是為了讓其從中世紀時期以來伊斯蘭代代因襲的支配與生活中「解放」出來而做的行為。在這說法上，第一任總督考夫曼可說是象徵性的存在。在他實行高壓統治的另一面，卻也有著寬容；他不會明顯干涉伊斯蘭社會的各種傳統制度，也不會強制他們改宗俄羅斯正教。另一方面，他為了這群「新的俄羅斯臣民」設立了初等學校的同時，還獎勵他們學習俄文，並將「近代歐洲文明」的「恩惠」帶進了這裡。考夫曼整備了此處的道路、郵遞等方面的交通、通信網，以及派遣學術調查團等等。他亦設立了工廠，吸引了部分俄羅斯的勞工前來，不過他們住的地方與原住民所生息的地區不同，是在額外所建設的「新市區」中。

一八八二年，俄羅斯在鄂木斯克建立了「草原總督區」。於是不管中亞的意願，「近代化」的浪潮便席捲而至。雖然反彈這現象的聲浪未曾停止，但在地的知識分子因為更厭惡哈薩克文化受到伊斯蘭的強烈影響，因此反而希望能透過俄羅斯所帶來的歐洲文明來改革哈薩克社會。他們積極接受俄羅斯式的教育，甚至有人在俄羅斯帝國中就職。

就像眾人所知一般，歐亞大陸的遊牧民族在日常生活中會喝一種叫做「庫梅斯（kımız，俄文 кумыс）」的馬奶酒。這飲品雖然稱作酒，但其實沒什麼酒精，且因為含有各種豐富的維他命，自古以來就被認為具有某些療效。過去，俄羅斯人用「喝庫梅斯的人們（кумысники）」的稱呼輕蔑著他們。不過，處於世紀轉換期的中亞地區，對大都市裡的富裕俄羅斯人來說，就如同一塊享樂之地。旅者們為了在那喝到遊牧民族傳統、「對身體很棒」的馬奶酒，便前往了「庫梅斯之地」。也因此，「馬奶酒療法」在此時相當盛行，當時的醫療記者敘述：「前往庫梅斯之地的人隨年增多，一到了新的季節，人們便會問自己該去哪裡找馬奶酒。」

◎費爾干納的棉田

雖然，起初俄羅斯進入中亞地區的行動未必是計畫性的，但就結果來說，他們還是獲得了廣大且資源豐富的殖民地。生息在中亞的哈薩克人、吉爾吉斯人與土庫曼人等等，是主要以畜牧為業的遊牧民族，但深受大自然與水照顧的烏茲別克人與塔吉克，則自古就有在居住地帶栽種棉花的習慣。十八世紀末以來，俄羅斯的棉業雖然有所成長，但十九世紀中葉時，卻因為美國這個「棉花王國」發生了南北戰爭，導致俄羅斯能進口的原棉量急劇減少，中亞地區的原棉價格也因此暴漲了五、六倍。身為生產棉花中心地帶的費爾干納地區，亦因此大幅增加了它的棉花栽種面積。而此處加工過的棉花，會經由轉運，才來到莫斯科與俄羅斯中部的棉工廠。

中亞綠洲地帶就這樣發展成了提供俄羅斯棉業原料的重要地區，但是催化此處綿業發展的關鍵因素，還是鐵道的建設。一八八〇年，俄羅斯以裏海沿岸為起點開始蓋起中亞鐵路。

鐵路在一八八八年延伸到了撒馬爾罕、一八九九年到了塔什干，並最終在一九〇六年，宣告開通連結起奧倫堡與塔什干之間的鐵路。於是自中亞運出的棉花量，便從一八八四年的八十七萬普特[43]，成長到了一九〇〇年的四百九十六萬普特；到了一九一三年，運送量更是飛躍式地增加了到了一千三百六十九萬普特。此外，直到一八九九年為止，加工所需的原棉，光是中亞棉田所提供的量，就在莫斯科以及弗拉基米爾兩省分別各占了百分之五十與百分之四十七。

中亞提供了許多的棉花給俄羅斯，而位於帕米爾以西的費爾干納盆地，因為是擁有超過兩萬平方公里的肥沃大綠洲農耕地帶，因而發展成了先進的棉花栽培地區。在中亞併入俄羅斯後，僅僅過了半個世紀，費爾干納就成為了單一作物（Monoculture）殖民地。

另一方面，大半原料都依賴中亞的俄羅斯棉工業部門，其勞工數與生產毛額都是俄羅斯首屈一指。而位於棉業世界頂端的，即是莫洛佐夫家的棉工廠。在「從農奴蛻變而來」的創業者沙瓦·莫洛佐夫把事業傳給兒子季莫菲之後，他的尼科利斯克工廠中就已約有九千人的勞工在此工作。

一八八五年一月，莫洛佐夫的工廠爆發了八千人參與的大規模罷工。罷工的原因，是因為廠長季莫菲要求勞工在一月七日（俄羅斯東正教聖誕節）休假日當天工作整天的緣故。這個決定，成了讓員工們「忍耐之杯滿出來的最後一滴水」。此外，再加上先前經營者恣意的解雇，或是以工作上的缺陷、遲到、曠職、酒醉為由，可最高扣掉三成薪水的暴君式行為，早讓紡織工與職員心生不滿。罷工中，員工們要求將薪水提升至原本水準，並規定罰金的最大額度只能占薪水的百分之五。這些要求在現在來看都十分正當，不過季莫菲當時卻是選擇借助軍隊力量鎮壓罷工。後來，他成功在一週內解決了罷工問題，但也因此讓莫洛佐夫家的名聲瞬間掃地。政府亦因這場「罷工史上最大規模、損失最慘的案例」意識到危機，於是在隔年訂定了俄羅斯首條工廠法。

在俄羅斯工廠工作的多數勞工，過去都是離開村莊、外出賺錢的農民。不過隨著時代演進，與村莊斷絕關聯、「原本就是」勞工的工作者也逐漸增加。關於這群人的生活，後來也有許多令人倍感興趣的事蹟被人發掘出來，在此就舉其中一個例子——「多人拳擊」。「多人拳擊」會舉辦在兩個工廠或是居住地區之間，雙方會在遵守某個規則下互相以拳相向，參加者因為「拳擊賽」的關係而受傷自是不在話下，據說偶爾甚至還會打出人命。但如此「野性的」現象，同時也展現了俄羅斯基層社會中的一面。

開發東西伯利亞與遠東地區

◎從伊爾庫次克到海參崴

十九世紀的俄羅斯，同樣在向東方發展的歷史中展現出了大舉的進步。自俄羅斯與中國清朝以一六八九年的《尼布楚條約》，以及一七二七的恰克圖界約界定國境以來，直到亞歷山大二世時期為止，這條位於遠東的國境線都沒有發生任何變化。在這期間內，西伯利亞的人口著實地增加了。據說十七世紀前半，西伯利亞的人口約有二十萬，而這二十萬人之中，十人有九人為原住民。但俄羅斯人並沒有花上太多的時間，就反轉了這個比重。十八世紀末，西伯利亞人口達到約一百二十萬，此時俄羅斯人已經占了多數比例；到了一九〇五年，西伯利亞人口又增加了將近八倍，達到九百四十萬人，但此時十人之中已經有九人是俄羅斯人。

不過，十八世紀中的西伯利亞還幾乎是個蠻荒大地。於十八世紀末被流放至伊利姆斯克的思想家拉季舍夫，在寫給首都朋友的信中就如此形容西伯利亞：「這是塊資源何等豐富，卻又是何等的魁偉的地域。（要開發這裡）勢必要花上幾個世紀。不過，只要一旦有人居住下來，總有一天，它將會在世界的歷史記載上扮演著重要角色。」

當時，貝加爾湖南方的恰克圖裡，設有一處俄羅斯與中國之間的國境貿易所。俄羅斯方的負責人為伊爾庫茨克商人，基本上是負責俄羅斯的毛皮製品與中國木棉之間的以物易物式貿易。後來，俄羅斯轉以引進茶為主；茶之中存在著諸多種類，在一八六〇年時，俄羅斯自中國引進的茶，主要都是紅茶，而被稱作「薩摩瓦爾（Samovar）」的金屬製茶壺，亦是於此時普及。俄羅斯的飲茶習慣，就是在如此演變中所固定下來。靠著國境貿易而富有起來的伊爾庫茨克商人，也開始了與美國商人做起交易。例如在一七九九年，一名叫作舍利霍夫的商人，在與他的生意夥伴一同設立了「俄美公司」後，他們的交易圈就不僅到了阿拉斯加，甚至遍及加利福尼亞。

一八一九年，西伯利亞在行政上被一分為二。俄羅斯在西伯利亞的西邊和東邊分別設置了托博爾斯克總督區與伊爾庫茨克總督區。就如同本章所述，俄羅斯政府對貝加爾湖以東的東西伯利亞地區的興趣，亦於此時漸漸浮上檯面。一八四七年，尼古拉一世任命尼古拉・穆拉維約夫擔任東西伯利亞總督。當年，穆拉維約夫三十八歲，皇帝之所以會選他當作總督，是因為他在高加索戰爭中，在面對車臣人及其他山岳民族時所展現出的手腕，獲得了皇帝對他的讚賞。

後來，穆拉維約夫也未辜負皇帝的期待。希望以軍事、經濟來主張俄羅斯於東亞存在的穆拉維約夫表示，要從虛弱下來的中國獲得利益，就必須在歐洲大國動作之前先下手。為了這個目的，穆拉維約夫甚至編制了自己的哥薩克部隊。後來，穆拉維約夫的名號與他所受贈的「阿穆爾伯爵」[44]的稱號合而為一，形成「穆拉維約夫—阿穆爾斯基」的雙姓。他底下有位海軍上校涅維爾斯科伊，當時實施阿穆爾河口探勘及尼古拉耶夫斯克城（該城的俄文意為阿穆爾河畔尼古拉城；中文稱為廟街）建設的就是這號人物。此外，薩哈林（庫頁島）是一座島嶼的事實，亦是在此時所確認。

對於俄羅斯如此的大動作，中國方面當然是無法認可。然而在經過鴉片戰爭、亞羅號事件後，國力衰退狀態顯露無遺的中國早已無回天之力。一八五八年，俄羅斯獲得了阿穆爾河與烏蘇里江的航行權，並更進一步地於兩年後的《北京條約》中得到了烏蘇里江以東的地區。一八六〇年，俄羅斯在此處建立了意味著「東方的支配者」的城市——符拉迪沃斯托克（中文稱為海參崴）。在作為俄羅斯於北太平洋的據點上，海參崴擁有著格外重要的意義。

◎夢寐以求的橫貫西伯利亞鐵路

其實早在十九世紀中葉的「鐵道熱潮」時代開始，俄羅斯就已在討論要在西伯利亞建設鐵路的議題。然而要在腹地廣大、人口稀少的地區裡鋪設數千公里的鐵路，確實只會被人說是癡人說夢。但在西歐列強的勢力逐漸進入遠東地區後，俄羅斯便產生了危機意識。對於西歐列強的行動，俄羅斯有許多人強力提倡，在戰略意義上，自己必須占住亞洲地區的優勢地位，於是開始投入競逐。就連認為西伯利亞鐵路未來勢必會在東西貿易上占有主軸地位，並積極推動鐵路建設的財政部長謝爾蓋．維特，也明言當初的政策，其出發點乃是基於「軍事及政治」的考量。

當時，世界的制海權掌握在大英帝國手上，英國海軍靠著掌握歐洲至亞洲間的海上交通路線，維持著他們的「不列顛治世（Pax Britannica）」。不過，自一八七三年發生了大恐慌（Panic of 1873）之後，即使是昂揚一時的「世界工廠」也不免露出倦容，遭到德國、美利堅合眾國追趕而上。然而即便如此，英國在世界的海上霸權地位，卻也不因這事實產生過動搖。

對於處在這種狀況的大英帝國來說，俄羅斯想開通橫貫歐亞大陸鐵路的想法，可不是個能夠睜一隻眼閉一隻眼的問題；若是鐵路開通，就表示俄羅斯將能夠在短時間內動員大量陸軍至海參崴，甚至遠及東亞。而英國最強勢的海軍力量，面對其動員將可能是束手無策。此外，這同時也將可能推翻英國於中國的通商權益以及外交優勢，以及讓海參崴至香港之間的制海權全落入俄羅斯手裡。西伯利亞鐵路的出現，將動搖歐洲列強中的英國主導權、為英國在印度的統治投下變數，在改寫亞洲中的既有權益與勢力地圖的意義上，亦能造成國際情勢一道有力的衝擊。以上的推測對於英國來說，無非是最糟糕的發展。

雖然不曉得俄羅斯的政治家是否已經看到這麼遠的地方，但英國至少肯定，這件事絕不能坐視不管。

◎「偉大的冒險事業」

當時的西伯利亞與高加索和中亞不同，並不能稱其為俄羅斯的「殖民地」。一八五〇年時，西伯利亞的人

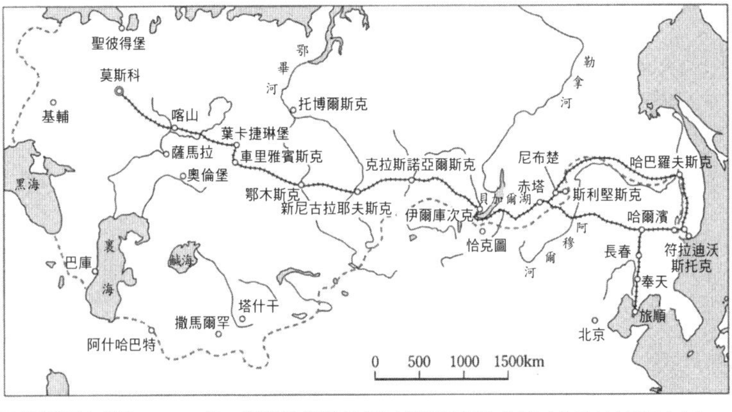

西伯利亞大鐵路　1901 年，這條鐵路連結起了莫斯科與海參崴（符拉迪沃斯托克）。

口男女合計為兩百一十七萬四千人，俄羅斯人占了其中兩百萬。有些「地域主義者」擔憂鐵路建設可能會讓「悠久而美好的」西伯利亞就此消失，因此多少出現了擔憂、反對的聲音，然而，他們的意見並沒有讓俄羅斯政府心軟。一八九一年，亞歷山大三世與部長會議決議結果的出爐——西伯利亞的橫貫鐵路必須「盡早」開工。

鐵路的鋪設工程，從西邊的車里雅賓斯克與東邊的海參崴同時進行。海參崴的動土典禮，由從東方旅行歸國途中的皇太子尼古拉在五月舉行。工程中，冬天的酷寒、茂密的森林、數不清的峽谷與斷崖、幾處的大河及湖泊，加上濕地與「永久凍土」之類的自然障礙比比皆是。在這種環境下，可想而知建設材料的運送及勞工的調動會有多麼困難。俄羅斯帝國碰到的問題，怎麼講也講不完。不過經過了五年，一八九六年十月，俄羅斯就完成了車里雅賓斯克至鄂畢河之間的西伯利亞西部鐵路，並在一八九九年一月又開通了鄂畢河至伊爾庫茨克的路段，東部鐵路的進度同樣也很順利。

工程中最大的難關，就在於如何通過比比利時還大的貝加爾湖。若要在湖岸上鋪設鐵軌，則需要在溪谷中架設兩百座橋，並在岩山上鑿出三十二條隧道才行。認為時間成本太高的維特，決定先使用「蒸氣渡船」來暫時解決這路段的問題。於是由英國造船公司打造，外型如同倉庫、全長九十公尺、總重四千兩百噸的「貝加爾號」便連結起了湖的東西岸。一九〇一年十月，這條從莫斯科至海參崴之間總旅程共十三天的西伯利亞大鐵路宣告開通，不過真正全線通車，則是在數年後的事。此外，繞過貝加爾湖的南岸線路，亦在日俄戰爭後完工。就這樣，這「偉大的冒險事業」，就在幾乎完全照著計畫日程下完成，讓世上不少「厭惡俄羅斯」的人瞠目結舌。部分的列車裝有皮革椅、備有各種俄文書籍的圖書館，讓有錢人一定能夠有一段舒適的旅程，不過至於要前往西伯利亞的俄羅斯移民，大多因為身無長物，所以只能選擇乘坐票價便宜的加蓋貨車。

◎移居西伯利亞

一八六一年的農奴解放，標誌著前往西伯利亞的移民潮。雖然農奴解放無償給予了農民「人格的自由」，但他們並無法立刻就變成「近代的個體」。儘管要離開村落，他們也必須獲得「公社」的許可，不過制度上的障礙終究在後來受到排除。就像過去農民前往南部豐饒、不屬於任何人的地方一樣，想在烏拉爾另一邊展開新生活的「富有進取心的農民」亦不斷朝著那裡出發。為了達到這樣的目的，他們不惜承擔一定的風險，然而並非所有人都能順利圓夢。也有些移民因為身上沒有應付緊急狀況時用的現金，因此被迫破產。畫家謝爾蓋・

伊萬諾夫的作品《在路上。遷徙民之死》（一八八九）中，雖然並非直接描繪西伯利亞的移民生態，但還是能從中知道移民大約十人中，就會有一人在開始經營新人生之前，就因為各式各樣原因死亡的現實；且據說死者之中，孩子的數量比成人要來得多，然而這樣的現象也無法抵擋住這股移民潮。

一八八〇年代後，移民活動成長為數萬人的大規模行動。光是一八八九年，就有將近三萬人越過了烏拉爾，且移民人數更在兩年後成長一倍。在亞歷山大三世的統治時期（一八八一—一八九四）中，就總共有四十萬人移民到了西伯利亞，其中的百分之五，也就是近兩萬人是所謂的「海路移民」；也就是說，大多數的移民都是藉由「陸路」跨越烏拉爾遠道而來。移民們主要的目的地是以西西伯利亞南部的肥沃地區為中心，雖然東西伯利亞或濱海邊疆州亦有不少的肥沃地區，但移居潮要推至那麼遠的地方還是力有未逮。也因此，政府決定運用「海路」，雖然這對當時的美國來說是個很平常的作法，不過對俄羅斯來說可是一件頗奇特的方法。而這個計畫的來龍去脈，詳見後述。

一八六一年三月，也就是農奴解放令發布後，政府發布了阿穆爾州與濱海邊疆州的移民規定。內容表示所有俄羅斯人與外國移民者，每個家庭都能享有最高一百俄畝的土地使用權及二十年免稅的福利。然而在這樣的優待措施下，自願移居的人依舊不多，甚至隨著時間過去變得愈來愈少。於是在一八八二年一月，政府制定了新規定，再追加了十年的免稅期限，並同時自六月開始的三年間招募每年兩百五十個家庭的「海路移民」，移動成本全額由政府負擔。會讓政府採取如此作法的原因，在於俄羅斯去年已開通了敖德薩到海參崴之間的定期航路。這條航路自一八六九年開通了蘇伊士運河後，便可從敖德薩出發，經地中海、紅海、印度洋、南海、東海、日本海前往海參崴。

然而移民們處在狹窄、拘束的船艙中，因此也有部分移民因為熱氣而生病。不過，這趟航程「只需短短」四十天，若自三月至四月中旬之間從敖德薩出發的話，大約在六月就能夠到達殖民地，這比起選擇利用遙遠且頗負惡名的西伯利亞幹道，移動時間以及成本都已節省許多。一八八三年，自敖德薩出發的第一波農業移民，有一千六百人到達海參崴，進入了南部的烏蘇里江地

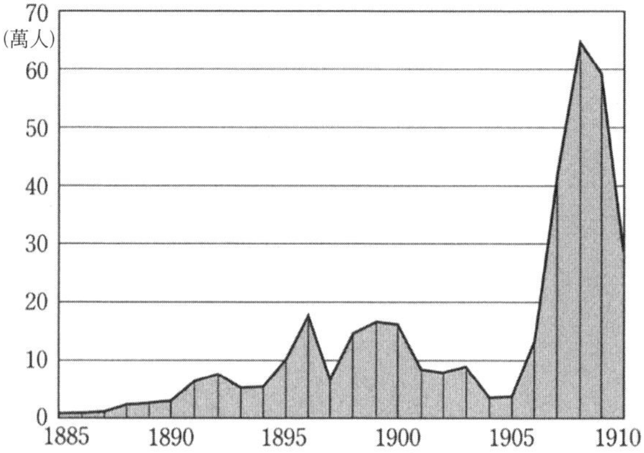

西伯利亞的移民數　資料來源：青木恭子，〈沙俄末期的西伯利亞移居政策〉（帝政末期ロシアのシベリア移住政策，2004）。

區；這個數字在十年後增加到一萬六千人，直到一九〇二年止，共約有五萬七千名的「海路移民」到達了該處。然而，由國庫負擔的移民方式受到批判，因此在政策實施三年後便改為由個人負擔。另一方面，由於航程的出發點在敖德薩，因此移民幾乎都是烏克蘭的農民，特別是切爾尼戈夫省的人。經由這種方式來到殖民地的「海路移民」，在直到西伯利亞大鐵路完成前，皆為遠東地區的開拓上有了一定程度的貢獻。

十九世紀末，移民大潮襲捲了西伯利亞。一八九六年，因為移居手續簡單化、內政部成立了遷徙民管理局後，當年的「陸路移民」人數來到了約十八萬人。伴隨這股移民潮，都市也有了顯著的成長。在一八九七年的階段中，西伯利亞地區人口超過五萬人的都市只有伊爾庫茨克與托木斯克，不過沒過多久，海參崴與鄂木斯克就也達到了這個數字；海參崴的人口從一八九七年時的兩萬九千人，成長到了一九一一年的八萬五千人。俄羅斯在托木斯克成立了西伯利亞第一間大學，其餘還有三十間以上的中等、技術學校，人稱「西伯利亞的巴黎」的伊爾庫茨克，也蓋出了雄偉的旅館與劇院。這些發展，漸漸讓過去來自歐俄地區各地的移民後代，開始自豪起來，視自己為「西伯利亞之子」。

◎勒拿黃金與射殺事件

世上流傳一段故事，是這樣敘說人們在西伯利亞發現黃金的過程：十九世紀初的某個夏天，一位伊爾庫茨克商人出門前往附近的定期市場，他可以拿穀物或日用品在這裡與原住民交換毛皮，然而，這時他注意到一位通古斯族的獵人身上，戴著黃金做的裝飾品。

人們從很久以前就知道這裡有著黃金，但原住民們不將這訊息透露出來，是因為害怕外來人士會破壞這個地方，然而那樣的和平時代終究宣告結束。到一八四〇年以前，人們以勒拿河、維京河流域為中心開始採掘黃金。「勒拿黃金」的消息在短時間內就傳遍各地，讓「淘金熱」瞬間衝擊到了東西伯利亞。

一八五三年，隨著伊爾庫茨克商人巴斯寧等三人設立了「勒拿黃金產業公司」後，淘金活動宣告正規化。亦可取每字字首發音，稱呼其為「連佐洛特（勒拿黃金之意）」的這間公司，在一夕之間迅速擴大。十九世紀末，西伯利亞占有俄羅斯全部黃金產量的百分之七十五，而其中的百分之二十五，全是「連佐洛特」所貢獻。外資們——特別是從「世界工廠」轉變為「世界銀行」的英國，很快就注意到了這趨勢。順帶一提，南非金礦亦是在這時期中的一八八六年被人們發現。二十世紀初，屬於英國的金礦山，在全世界共有八百六十七座，其黃金產量占了全世界的一半以上。一九〇八年，「連佐洛特」被英國資本「勒拿金礦股份有限公司（Lena Goldfields）」合併，就時期的事件來看，很可能是因為俄羅斯與英國於中亞展開的「大博弈（The Great Game）」因為前年的《英俄條約》而中止，因此能讓工作更為有利所致。此外，尼古拉皇帝的母親瑪麗亞・費奧多羅芙娜以及前財政部長維什涅格拉德斯基都有投資這間公司。

一九一二年四月，這件公司發生了一件大事。在已成長到六千餘人的員工中，超過半數的礦工開始要求工時改為八小時、薪資提升三成、廢止罰金制度、提高食品品質以及改善住宅狀況而發動了罷工。雖然這間公司給的薪水比起歐俄地區的勞工都還高，不過他們的工時卻相當地長；勞工在夏季要工作十四小時，冬季則是十一小時。薪水多為實物，或是公司的「臨時證券」，公司對於勞工衣、食、住的品質並不重視，令勞工無法抵禦冬天的寒冷。勞資雙方雖曾試著調停，但仍無法獲得預期的成果。最後，軍隊接受了公司請求，對示威者進行射擊。鎮壓下的死傷並無確切數據，死者數量從八十三人到兩百七十人都有，傷者則是兩百五十人。「勒拿大屠殺事件」很快就傳到了歐俄地區，引起各地組織起了抗議示威活動，參加者達三十萬人，政府亦組織了調查委員會前往勒拿。革命家列寧對這件事，則是給予了「引起新革命抬頭」的高度評價。

41 本書原書初版年分為二〇〇七年。今日車臣地區已許久沒有發生衝突。

42 伊利亞·烏里揚諾夫的父親是楚瓦什人，母親是卡爾梅克人與俄羅斯人血統各一半。因此烏里揚諾夫只有各四分之一的卡爾梅克人與俄羅斯人血統。

43 一普特等於四十俄磅、十六點三八公斤。

44 此稱號來自阿穆爾河（即黑龍江），由於穆拉維約夫的許多作為皆與此河有關聯，如軍事探險、邊界談判、簽訂條約，故受亞歷山大二世封此名號。

第八章

戰爭、革命，以及君主制的末路

尼古拉二世　羅曼諾夫王朝最後一任皇帝尼古拉二世的家庭合照。

尼古拉二世與其家人

◎皇太子尼古拉與大津事件

一八六八年，羅曼諾夫王朝最後一任皇帝尼古拉二世，以長子身分出生在亞歷山大三世的家庭中，並且共擁有五位弟妹。身為繼承人的尼古拉二世，早早就開始學習帝王之術。在亞歷山大三世時代中擔任神聖宗教會議督察長、提倡「專制權力是需要絕對保持」的極保守派人士巴別丹諾斯采夫，即是尼古拉二世的家教。尼古拉二世同時也學習了財政上的問題，而負責教導他這方面知識的人，是一位名為邦戈的財政部長。邦戈精通俄羅斯正急速發展的企業、銀行等的資本主義經濟，不過在政治立場上則與巴別丹諾斯采夫相反，支持著自由主義。思想傳統的尼古拉二世要聽懂神聖宗教會議長官所說的話，或許不用太過費力，但邦戈的經濟學究竟能讓尼古拉二世理解到什麼程度，就仍是個有待商榷的疑問了。

皇太子尼古拉在一八九〇年十月開始的十個月，接連乘著鐵路與汽船，踏向前往東方的旅行。他首先來到了維也納，再來是希臘、埃及、印度，最後在一八九一年（明治二十四年）四月來到了日本。尼古拉二世從長崎登陸，接著在鹿兒島、京都盡情體會了古都春貌之後，拜訪了滋賀縣的大津市。五月十一日（俄曆四月三十日），尼古拉二世在此遭到一名巡查持刀攻擊，此即所謂的「大津事件」。

襲擊了尼古拉二世的巡查叫做津田三藏，他認為俄羅斯皇太子來到日本的目的是為了侵略日本而進行調查，因此提刀斬向了坐在人力車中的尼古拉二世，造成他頭部需縫八針的創傷。明治天皇擔心日俄關係陷入危機，於是打破成例，親自來到京都探望了住院中的尼古拉二世。後來，雖然外務大臣與內務大臣雙雙因而引咎辭職，不過犯下此案的津田卻一反大家的預料，只被判了無期徒刑。儘管元老和內閣都希望以大逆罪判其死刑，並做出了政治干涉，不過大審院長兒島惟謙仍依照「普通謀殺未遂」的刑責來判決。這次的判決，後來也以「貫徹了司法權獨立」而非常有名。不過在同年九月，津田仍於北海道釧路市的集治監[45]內病死。

儘管日本天皇親自慰問，尼古拉二世對日本依舊無法釋懷。中斷日本行程的尼古拉二世，出席了在海參崴舉辦的西伯利亞橫貫鐵路開工典禮。在回到首都的歸途中，尼古拉花了三個月參訪西伯利亞各處；一開始，他參觀了貝加爾湖，接著到了托木斯克參訪了西伯利亞的第一間大學，並在旅途的最後來到托博爾斯克城。那位後來人稱「神人」的宗教家也出生於這城市附近（即拉斯普丁，出生於該城附近的波克羅夫斯科耶村），尼古拉二世晚年亦曾再次造訪過此處，因此這裡可說是他的「因緣之城」。

旅途之後，尼古拉二世對西伯利亞持續抱有殷切的關注。一八九四年，他被任命為西伯利亞鐵路委員會議長一職，但也在此時，尼古拉二世的父皇亞歷山大三世倒下了。十月二十一日，政府公布了皇帝崩殂與皇太子尼古拉即位的消息，此時的尼古拉二世二十六歲。

◎霍登卡廣場的慘劇

尼古拉二世在處理完父親的葬禮後，便與德國的黑森大公之女阿歷克絲舉行了婚禮。阿歷克絲的母親是大英帝國女王

到訪日本時的皇太子尼古拉 坐在人力車上的尼古拉二世與車伕，為大津事件之前的一張貴重照片。

維多利亞的么女，她的姊姊是尼古拉二世叔父謝爾蓋大公的妻子，因此這樁婚禮備受大家歡迎。阿歷克絲後來皈依東正教，改名為亞歷珊德拉，兩人完成了後續的重要儀式，看似能夠非常順利地讓歷史銜接進新皇帝的統治，然而就在一八九六年五月，一場始料未及的悲劇就接著發生了。

在莫斯科的聖母安息主教座堂舉行了加冕儀式後四天，作為典禮祝賀儀式的一環，他們會前往莫斯科郊外的霍登卡廣場發送紀念品，或是以食物款待民眾。只要是莫斯科出生的人，都非常熟悉、親近霍登卡，因此亞歷山大二世、三世皆在此地舉行過慶祝儀式。不過，這個會場的地面凹凸不平，踏起來並不舒適。就當他們開始分發紀念品時，大量人潮瞬間湧了進來，讓會場呈現出一種恐慌狀態，在推擠之下，人們像骨牌一樣倒下，有人遭到踩踏，有人跌進溝渠之中，祝賀會場就這樣瞬間成為了淒慘的混亂場面。最終，在此事件中罹難的人數，多達一千三百八十九人。

對於新皇帝尼古拉二世來說，這事件無異是非常觸霉頭的。而在悲劇發生當日夜晚，於法國大使館舉辦的舞會，成為了加速尼古拉二世走向不幸旅途的推手。自一八八〇年代末期以來，俄羅斯與法國在經濟、軍事面上的合作關係就變得愈來愈密切，就連西伯利亞鐵路建設案也有依賴法國出資。法國在普法戰爭敗戰後，好不容易脫離了俾斯麥「封鎖作戰」所造就的國際孤立狀態，得以接近俄羅斯。一八九四年一月，兩國締結為「俄法同盟」，至此，法國便成了對俄羅斯來說非常重要的夥伴。然而儘管如此，畢竟當天剛發生大悲劇，所以實在沒有理由不中止舞會，但尼古拉的親族們仍強烈主張舞會應照預定舉行。

最後，這個判斷造成了反效果——尼古拉二世與其政府的評價，在莫斯科民眾中一落千丈。對於莫斯科民眾來說，與其稱他們的領導者為「皇帝」，不如說他是古時候的「沙皇」。雖然人民用比在聖彼得堡時還更親切的方式迎接尼古拉二世，但當天的事情，卻反過來讓他們對君主抱有的「好沙皇」這種純樸感情在一夜之間消失。至於參加了舞會的尼古拉二世，據說他自始至終都是「看起來心情很糟，表情悶悶不樂」。霍登卡發生的大慘案，為他的統治蒙上了一層陰影。

◎皇帝家族與「絕症」

尼古拉二世的妻子，皇后亞歷珊德拉是個認真且聰明的女性，但她內向的個性，並不適合既華麗又世故的聖彼得堡社交界。她的婆婆，也就是亞歷山大三世的王妃瑪麗亞・費奧多羅芙娜，擁有與生俱來的才氣與溫厚個性，在社交界相當受人歡迎，相較之下，亞歷珊德拉不只在這幾點上差強人意，連舞蹈也不是相當在行。亞歷珊德拉與長年經歷皇太子妃時代的瑪麗亞不同，是在沒有任何準備的情況下就突然成了皇后，因此這對她來說無非是個重擔。最後，亞歷珊德拉堅決退出社交界，人生大半都在離聖彼得堡外十六公里的沙皇村裡生活。

尼古拉二世夫妻結婚後，自隔年起就每兩年生出一位孩子，她們是奧爾加、達吉揚娜、瑪麗亞以及安娜斯塔西亞四位女孩。換句話說，在他們結婚後的十年內，都沒有能作為繼承人的男孩子出生。一九〇三年夏天，在聖彼得堡建都兩百年的慶祝典禮結束後，兩人抱著可以懷上男孩子的殷切願望，前往了坦波夫省一處距離莫斯科東南三百公里，位於森林中的薩羅夫修道院做巡禮。隔年七月，亞歷珊德拉生出了朝思暮想的男孩，他們取了羅曼諾夫家第二代君主的名字——「阿列克謝」作為這孩子的名字。這做法也顯露著尼古拉二世想恢復彼得大帝「革命」前，那種「古羅斯」社會的理想。

在阿列克謝誕生後，任誰都會覺得繼承人問題已獲得了解決。然而過沒多久，皇帝夫妻就被告知了一件重大的事實——阿列克謝患有血友病。血友病是一種患者因血液無法凝固而痛苦交加，甚至可能早死的疾病。這種病一般是透過女性遺傳，並且只會在男性身上發病的疾病。也就是說，亞歷珊德拉是血友病帶原者，並且是由母親與祖母身上遺傳而來。當知道自己的兒子竟然患有當時被稱為「絕症」的血友病時，尼古拉夫妻肯定是震驚、失落不已吧。想當然耳，皇太子的疾病，後來被當作是最高機密所隱藏著。

◎維特的經濟政策

一八九五年一月，尼古拉二世在第一次政治聲明中如此說道：「最近在地方自治局會議中，我聽到有人在談論代表也要參加國政的夢話，因此我想藉著這個機會向大家宣布，我會為了國民們盡力做到最好，但是我的決心，就如同先皇一樣，將斷然貫徹專制君主制的原則。」這段聲明的背後，很明顯有巴別丹諾斯采夫的存在。然而，即使是神聖宗教會議的長官，也依舊敵不過歲月，政治力量漸漸衰退，而尼古拉二世自己也並未準備除了守護、維持專政制度以外的具體計畫。

一八九〇年代，在俄羅斯政界擁有最強實力的人為謝爾蓋·維特。對於自己的祖先，維特只這麼簡短敘述過：「他是在瑞典人還是統治者的時期中，離開了定居於波羅的海諸省家族的荷蘭人。」而就如同先前提過的，波羅的海日耳曼人自彼得大帝時代就提供了許多優秀的人才，因此在間接的意義上，維特也能算是那其中一人。維特的父親在經過塔爾圖大學研讀，並於日耳曼的大學留學後，就進入了俄羅斯政府內工作。當時，維特父親的長官是薩拉托夫省的省長，而與其長官的女兒結婚後所生下的孩子就是維特。在政壇上，維特的政敵會指稱他是「德意志人」的說法，就是從他出生的過程中所產生的誤解所造成。

謝爾蓋．維特並非高級官僚出身，不過卻有著新俄羅斯大學（現稱敖德薩大學）物理、數學系的獨特學歷。他在畢業後就進入了民間的鐵路企業，展露出經營者的靈活手腕，之後又年紀輕輕就進入了財政部，就任鐵路事業局局長。至於是誰拔擢了這位做事風格強硬但確實有才幹的維特成為財政部長，不用多說，正是尼古拉二世的父皇。當年，維特四十三歲，他向皇帝約好，會在十年內讓俄羅斯進入歐洲經濟大國的隊伍之內，但究竟要透過何種手法，就是問題所在。

維特表示，英國對於企業的態度是全交由個人的思想與企業心去發展，國家只負責對個人活動做出限制而已，不過俄羅斯並無法學習那樣的制度。於是維特提出一個手法，他主張俄羅斯的官員必須為個人定出方向，並且直接參與社會、經濟活動等各種領域，也就是由國家干涉經濟生活。這種方式雖然自彼得大帝以來就已存在，可說是一種傳統的手法。不過反過來說，它也暗藏著拘束企業家個人主動性及誘因的負面效果。

當時，俄羅斯的企業家們用著不輸外國人的精力積極拓展著事業，不過其根本卻存在著上述的問題。這點維特當然也清楚，然而即使清楚，他依舊硬著頭皮，「由上而下」執行了這個做法。維特的經濟政策，是參考同樣出自後進國家的德國經濟學家弗里德里希・李斯特所提出的理論，在推動後，它成功促進了工業化更進一步的發展。在鋼鐵、煤炭、石油業等重工業的發展下，同時帶起了輕工業的急速發展，足以視為世紀大業的西伯利亞鐵路也是其象徵之一。沙俄政府就靠著鐵路的問世，維持住了自己的威信。

謝爾蓋・維特　沙俄末期之政治家，同時為談判日俄戰爭的全權大使。

不過，農業卻在此時出了問題。急速的工業化，導致了農業不振以及農民衰頹。大都市出現了大量非熟手勞工、流浪漢以及乞丐，這也造成在時序邁入二十世紀時，革命運動又再次活躍起來。一九〇三年，尼古拉二世因為不喜維特的威壓式作風，最後罷黜了他。

◎馬克思主義者的出現

一八八一年二月，早早就與民粹派運動有關連，也曾被逮捕過的女性革命家維拉・查蘇利奇，曾寫了封信給正在倫敦過著逃亡生活的德意志社會主義者——馬克思主義的創始者卡爾·馬克思，內容提到：「您的《資本論》在俄羅斯裡大受歡迎，它在俄羅斯的農業問題與公社方面的討論上亦發揮著某種功能。最近，我們常常聽見有人認為公社是古老的型態，歷史決定了它的沒落。而這麼預言的人們，都自稱是您的弟子、是『馬克思主義者』。」信件的主旨，在於她想直接請教馬克思關於這點的意見。而從信件之中，我們可以知道當時的俄羅斯，已經出現了「自稱是馬克思主義者」的人們。

被「公認」是「俄羅斯第一位馬克思主義者」的人，是出生於一八五六年的格奧爾基·普列漢諾夫。起初，普列漢諾夫是民粹派的人，不過在他於一八八三年創立了「勞動解放社」後，便轉換成了馬克思主義者。他於兩年後發表的《我們意見的不同》中，首度展開了俄羅斯的資本主義化論。普列漢諾夫批判主張俄羅斯資本主義沒落論的民粹派，他認為，俄羅斯的當下與將來都將基於資本主義之上，也因此俄羅斯的革命運動主力應在於無產階級。只是，普列漢諾夫主張「不連續的兩階段革命論」，認為俄羅斯首要面對的課題是「資產階級革命」，而在「資產階級革命」之後，接著才是「無產階級革命」。這顯示出他認為過早的無產階級革命，將反而會產生「東方式專制主義」的想法。

接受了普列漢諾夫的馬克思主義並跟著進行批判的人，即是小普列漢諾夫十四歲的弗拉基米爾・烏里揚諾夫，也就是列寧。列寧在從喀山大學中輟後，於一八九三年來到聖彼得堡，進入了首都的馬克思主義圈內。他在隔年寫的《何謂人民之友》，讓他大嶄頭角，卻也因此而遭到逮捕、流放。一八九九年，他被流放到西伯利亞後，與一位叫做克魯普斯卡婭的女性結婚，同時完成了他的大作《俄羅斯資本主義的發展》。在這本書中，列寧具體地分析了資本主義的發展。實際上，這很明顯是在為列寧等馬克思主義者陣營獻策，但是卻完全沒有提及關於解放之後仍會頑強殘存下來的共同體。

一八九八年，俄羅斯社會民主工黨在馬克思主義圈的活動裡，於明斯克開

俄羅斯的馬克思主義者們　攝於列寧被流放至中亞前的一八九七年，當時列寧二十八歲。

辦了創立大會。其後，普列漢諾夫等人與列寧、馬爾托夫等年輕人開始利用名為《火星報》的報紙，試圖打造一個正式的革命政黨，不過在一九〇三年的第二次黨大會——或說是事實上的結黨大會中，由於馬爾托夫的目標是像是西歐型的大眾政黨，而列寧則是主張以少數先鋒菁英為主的革命政黨，於是產生了分裂。順帶一提，支持前者的人被稱作「孟什維克」，支持後者的則稱為「布爾什維克」，而普列漢諾夫所支持的，即為「孟什維克」。後來，列寧創立機關報《前進報》，開始獨立行動。

同時間，「эсеры」——即「社會革命黨」亦在此時成立。新民粹派集團的活動也活躍起來。這些組織中有許多年輕猶太人參與，其最大理由是一九〇三年七月，於奇西瑙又發生的反猶事件。當時短短兩天內，就有一千五百間的房子遭到破壞、四十九人遭到殺害，更有超過四百人受傷，然而面對這樣的情況，警察仍不為所動。如此的反猶事件，增強了年輕猶太人對於專制的憎恨，促成了他們迅速加入俄羅斯的革命運動，並占有領導地位。

值得一提的是，後來與列寧等人成功發動「十月革命」的社會民主工黨中，也存在著諸如托洛斯基（本名布隆施泰因）、狄奇、阿克雪里羅得、馬爾托夫、季諾維也夫、加米涅夫等猶太人。

日俄戰爭與一九〇五年革命

◎與日本宣戰

一九〇二年三月，俄羅斯南邊的卡爾可夫、波爾塔瓦兩省發生農民起義，起義之下，約有八十間地主的宅邸遭到襲擊。這是在農奴解放後，第一次有這麼激烈的起義行為。隔年四月，奇西瑙發生反猶事件，到了同年夏天，喬治亞的巴庫發生政治罷工，影響遍及南俄各都。自由主義陣營也結成了「解放同盟」，強化了反政府的傾向。

於一九〇二年四月就任內政部長的普勒韋，是位一般被公認為「反動的」內政官員。普勒韋曾說：「要抑制革命的發展，我們需要的是一場小小的勝仗。」也就是說，他認為若想恢復國內的治安，目前所剩的唯一手段，就是在遠東引起戰爭，並獲得勝利。普勒韋的發言，一直以來都經常被引為俄羅斯方促成日俄戰爭的原因，雖然他的言辭之中，也透露出了當時俄羅斯的國內氣氛，但仍過於斷章取義。畢竟當時的世局十分複雜，並非三言兩語就能道盡。

一九〇〇年，長期受到歐洲列強侵略的中國清朝，爆發了義和團事件。以「扶清滅洋」為口號發動的動亂勢力，包圍了各國設於北京的大使館，並殺害了日本、德國外交官，最後由八國聯軍之力將其制伏。順帶一提，當時的聯軍中，日本是派兵數量最多的國家。一九〇一年九月，中國在與各國簽訂的《辛丑條約》中，被要求支付天價賠償金。

此時，俄羅斯應戰爭部長庫羅帕特金的主張，在鎮壓動亂後，仍不撤離於滿洲的部隊，在事實上占領該地。而早在兩年前，俄羅斯就已獲得包含旅順、大連在內的關東州租借權，以及西伯利亞大鐵路南部支線（東清鐵路）的鐵路鋪設權。俄羅斯為了建造鐵路與都市，派出了六萬以上的人員到了滿洲，於旅順（亞瑟港）建造了要塞，並配置了一部分的太平洋艦隊。日本見狀，便轉移了拿下朝鮮半島的野心，開始強烈警戒俄羅斯的行動，並與英國締結日英同盟。畢竟在能夠大量運送士兵的西伯利亞鐵路完全開通後，俄羅斯儼然成為日本的一大威脅。

一九〇三年九月，日俄兩國的外交部長圍繞著滿洲與朝鮮的權益問題展開會談，可惜未有結果。翌年，日本宣告與俄羅斯斷絕外交，兩國進入戰爭狀態。一月二十六日，日本海軍開始攻擊旅順與仁川，在一九〇四年的黃海海戰之後，俄羅斯的太平洋艦隊有超過半數的軍艦遭到擊沉。於是俄羅斯原先抱持的輕鬆取勝想法，就這樣遭到打破。

同年七月，內政部長普勒韋在首都聖彼得堡的路上，遭到社會革命黨的猶太人黨員阿瑟夫計畫[46]殺害，這起槍殺事件最後引起了社會的大舉共鳴。普列漢諾夫甚至舉辦演說，表示

「日本正在為了各個受到壓迫的民族代為復仇」。在自夏季打到秋季的滿洲陸戰中，俄羅斯亦陷入了苦戰，同年十月，俄羅斯決定派出波羅的海艦隊以支援太平洋艦隊，然而到了十一月中旬，日本自二〇三高地向旅順要塞實施砲擊後，戰況便持續朝利於日本的方向發展。最終，俄羅斯總司令施托塞爾向日本大將乃木希典派出使者，宣告投降。施托塞爾的投降通知，在首都引起了騷動，然而到了隔年年初，聖彼得堡又爆發了另一起更大的事件。

◎「血腥星期日」事件

一九〇五年一月九日（西曆一月二十二日）星期日上午，十萬名勞工帶著妻子，揭著教會旗幟、手捧聖畫或沙皇肖像，朝向冬宮行進。在困苦生活中喘息的人民，為尋求沙皇的「正義與庇護」，組成了這樣的一支示威隊伍。運動的帶領人，是一名叫做卡邦的教堂神父，他抱著必死的決心，立於遊行隊伍的先鋒，手上則握著工廠勞工等大量要交給沙皇的署名請願書，目的是獲得召開制定憲法會議等「近代的」權力。另一方面，位在冬宮的尼古拉二世，在將場面交給叔父弗拉基米爾大公處理後，就帶著家人們前往了沙皇村。在皇帝離開後，三萬名士兵便進入了首都，後來強硬派的弗拉基米爾大公，命令軍隊對著聚集於冬宮前的大量民眾進行射擊。此舉造成了包括小孩在內，超過一千人以上（官方公布資料為一百人左右）的死傷，廣場的白雪頓時染上鮮血。

「血腥星期日」事件，給予了民眾心中「好沙皇」的純樸觀念一個決定性的打擊效果，這對皇帝尼古拉二世所造成的影響，遠比九年前在莫斯科的霍登卡廣場上發生的事件都還要惡劣。運動領導者卡邦開始促成全面的起義，雖然聖彼得堡很快就恢復了原有秩序，但抗議的罷工潮仍遍及了全國。同年二月初，被當作「反動象徵」的莫斯科總督謝爾蓋大公遭人炸死，由於他是同樣死於暗殺下的亞歷山大二世之子，即是說父子兩人皆在恐怖攻擊下犧牲。聖彼得堡總督特列波夫為聽取勞工的要求而開設了會議，然而事件的發生，卻也成了讓社會大舉左傾化的契機。自春天到初夏期間，農村中亦產生了騷動；中央農業地帶的農民依全村商議的結果，要求減低地租、提高薪水，並在莫斯科成立全俄羅斯農民同盟，開始向國家提出召開憲法制定會議以及「廢止土地私有」的要求。

◎日本海海戰的敗北

在遠東的戰況中，俄羅斯每況愈下。一月，由乃木希典指揮的第三軍占領了旅順。二月底，俄軍在奉天（今瀋陽）的敗北，付出了大量的犧牲。為了支援太平洋艦隊，羅傑斯特文斯基司令指揮著波羅的海艦隊急駛向海參崴，並在五月上旬進入了對馬海峽。由於日本方面至終無法預料俄羅斯艦隊將走對馬海峽還是津輕海峽的航道發動攻勢，因此無法讓聯合艦隊編成兩隊分頭作戰。最終，日本選擇掐住對馬海峽來進入迎擊狀態。而就結果來說，這個作戰非常奏效。

經五月十四到十五日（西曆五月二十七—二十八日）約一日半的海戰，包括波羅的海艦隊的六艘戰艦，一共有十九艘艦艇遭到擊沉。俄羅斯方死亡約五千，另有約六千名士兵被俘，戰役結果並不是單純的敗北，而是如字面形容的「全軍崩潰」。六月，航行於黑海的波坦金戰艦發生水兵叛變，前後共有十一天，船艦揚起了紅旗。

如此事態，對尼古拉二世政府儼然是場危機。當下無論是掌握制海權，還是想藉由戰勝的狀況將戰爭帶入和平協議，都已是無能為力。日方不待俄方提議，便直接請託美國總統老羅斯福幫忙日俄間的斡旋，於是在美國朴資茅斯的交涉便如此開幕。日本派出小村壽太郎為全權大使，而俄方則是由謝爾蓋．維特出席交涉。儘管尼古拉二世顯然不喜維特，然而當時國內卻也找不到比維特還要有能力的政治家，因此只能這樣選擇。維特很清楚，若在會談中堅持皇帝尼古拉二世不割讓、不賠錢的立場，交涉就無法獲得進展，於是在八月底，他透過靈活的外交手腕，俄羅斯只蒙受了割讓薩哈林島南部土地的相對輕微損失，成功結束戰爭的後續處理。

日俄戰爭後，有七萬人以上的俄國俘虜被收容在以日本松山為首的二十九個地區。另一方面，日本俘虜約有兩千人，被收容在諾夫哥羅德省伊爾門湖北方的梅德維基村內。這地方亦是過去亞歷山大一世所規畫的「屯田村」之一，雖然該計畫最後失敗了，但梅迪德基村的營舍因為獲得了整備，以致得以保留至當時。儘管時間不長，但一次有這麼多日本人同時生活在俄羅斯土地上，還是史上首見。

◎「十月詔書」與首屆國會

俄羅斯在政治與社會的動盪，即使在戰爭結束後也未見平息之勢。四處不僅頻傳地主在農村的宅第遭放火的事件，鐵路員工及勞工也開始罷工。同年十月，俄羅斯各地發生要求制定「憲法」的集會與示威活動。這個由莫斯科開始掀起的運動，最後發展成了全國性的政治總罷工，就連「沙皇退位」的口號，人民都已敢掛在嘴上大喊。這也是俄羅斯第一次在檯面上出現推翻專制君主制的聲音。

到了這個局面，維特、尼古拉大公以及皇太后都開始勸皇帝讓步。十月十七日，俄羅斯發布了「十月詔書」，第一次宣布給予言論、結社、信教的「自由」，並保證會開設國會。在能擁有任命首長及決定政策的權限前提下，維特同意就任第一任總理。

然而左派勢力並未因此而滿足，因為「推翻專制」才是他們的主要目的，在這目的達成之前，他們理所當然會持續抗爭。由激進自由主義派所結成的「Кадет」，也就是立憲民主黨等勢力，持續主張皇帝應將權力委任政府，至於穩健派的十月黨，則已對「十月詔書」的內容感到滿意。另一方面，在支持皇帝權力的右派「黑色百人團」藉由暴力方式四處肆虐下，反倒讓左派的行動再次升溫，最終於年底，以莫斯科的普列斯妮婭區為中心，爆發了武裝起義。

一九〇六年二月至三月，俄羅斯實施了為開設國會的選舉。此時列寧領導的布爾什維克採取杯葛戰術，而社會革命黨則是無視選舉。選舉結果為立憲民主黨獲得了壓倒性勝利，取得了四百四十八個席位中的一百五十三席，占了總國會的三分之一。後來，俄羅斯的首屆國會在同年四月底召開，然而對立的狀況仍難以輕易解除，在歷經兩個月的討論後便宣布解散。從那之後開始至直到發生「十月革命」前的十二年間，國會總共舉行了四次，但尼古拉皇帝與國會的關係自始至終都維持著敵對狀態。在他「我國並無封建制度，但有統一與信任」的想法下，對他來說，開設國會的行為，無非就像是在舉行「專制的葬禮」。

為了削減國會的力量，政府改組了國務委員會，成為上院（或稱第二議會）。議員的人數為九十八名，任期九年，是由皇帝的欽定議員與來自各界的選舉議員所組成，其中後者多為「貴族大地主」。若國會中以多數決採納的法案，被判定為是對政府不利的法案，該法案就會在上院中遭到駁回。

四月二十三日，俄羅斯發布了國家基本法，也就是所謂的憲法。這法律是從一八三二年版法律改訂而來，自舊有的「俄羅斯皇帝為權力不受限的專制君主」規定中刪除了「不受限」一文，對外「包裝」成立憲制度。且法條中，還有著這麼一條規定：「任何法律皆須經過國務委員會與國會之同意後而訂，以及皇帝陛下之承認而行。」

德國的社會學家馬克思．韋伯在認真考究這之間的經過後，便扼要地宣稱這不過是俄羅斯「空有外表的立憲制」罷了。韋伯表示，因為沙俄政府仍會透過施加各種限制，在事實上封鎖著「自由」；俄羅斯政府始終不採取誠懇的態度，一方面在檯面上給予自由，但在人們打算行使自由權利的瞬間，又會從另一方面奪走該人們的自由。而在制定憲法的前夕，維特就已辭任總理一職，並由保守派的內政官僚戈列梅金接任。然而他的在位期間極短，在國會解散後的七月時，總理又由原為內政部長的彼得．斯托雷平接任。

◎斯托雷平的改革與挫折

斯托雷平出身名門貴族，自聖彼得堡大學畢業後便進入官界。一九〇三年，他當上薩拉托夫省省長，努力恢復當地秩序，亦為改革農業向聖彼得堡提出過根本性的報告書。革命後的一九〇六年四月，政府看上了他的政治手腕，於是拔擢他當上了內政部長，接著更當上了總理。當上總理那年，斯托雷平四十四歲，在上任後，他馬上就掌握住聖彼得堡內的政治潮流，並獲得了尼古拉二世的信賴，開創了「斯托雷平時代」。

斯托雷平的政治風格，簡單說即是「強大的權力與自由主義式改革」的合體，他對無政府主義及反對派人士，始終保持著堅決、斷然的態度。在斯托雷平就任總理後的三年間，總共有三千七百九十六人被處決，因此絞刑台的繩子也被人蔑稱是「斯托雷平的領帶」。不僅如此，斯托雷平還解散了勞工工會，並禁止許多雜誌、報紙、書籍出版。不過斯托雷平的打算，並非是扳倒反對派勢力，重建過去那種不受限制的專政制度。斯托雷平當時的信條，不過是要「讓依照君主意志改革的祖國，轉變成基於法律上的國家」。

斯托雷平首先從土地改革著手，雖然帝國內的人口百分之八十五依然是農民，然而農業的停滯卻是誰都看得出來的現象。民粹派所歌頌、視為理想，自中世紀末以來的傳統土地共有制與三圃制農業，卻讓農民無法發揮自主性，導致了生產力降低的狀況。此時還產生了「土地混雜」的現象，農民可利用的土地不僅分散在各地，面積還很狹小。各農民家庭所能使用的條地（指劃分成細長型的耕地）上升到五十至一百條地，甚至也有達三百一十一條地的極端例子。不只如此，當時耕地的寬度，窄到能由農民經常在穿的「樹皮鞋」就測得出來，據說當時還有「五鞋寬地條」的說法。想在這些條件之下要有合理的農業經營，可說是難上加難。

就歷史案例來看，公社一直是農民起義的據點，而農民最近還開始了更加激烈的運動。於是政府必須試圖讓共同體解體，並在切斷農民運動連鎖性的同時，置入個人主義式的農業才行。如此的改革提案，其實早在解放前就已有人提出，謝爾蓋・維特也曾提出廢止「土地分割」的舊慣，但因為擔憂此舉將招致政治的不穩，因而未能走到實施的階段。最終，真正將懸而未解的土地改革具體化，並即刻執行的人，就是斯托雷平。

一九〇六年十一月，政府決定解除公社。各省依照敕令，設置了土地整理委員會，並承認農民們對自己的用地有個人所有權；至於分散於數十處的地條，則重新畫整成一個區塊。透過這個方法，俄羅斯廢除了共同的、集團的農業，使村莊農民可作為一個個人主義的農場經營者重新出發，而經營所需的經費，則由農民銀行給予財政上的支援。在政策實行後的結果，有些村莊反而出現了人口剩餘的新問題，對於這些村莊，政府則會再次向他們提出移居西伯利亞的措施予以解決。斯托雷平在某份報紙的採訪中曾這麼說過：「給我們的國家二十年內部與外部的和平穩定，你們會看到一個自己都認不出的俄羅斯。」

然而，土地改革並無法如願地順利進行。至今，農民用地一直有著大幅的差距，多數農民都是只持有小土地的貧農，斯托雷平也知道這點，因此這政策是「在富農身上賭一把」的政策。然而，多數派並不老實照政策行動，他們粗魯對待、騷擾脫離公社而成為「個人農」的獨立農民，甚至去妨礙政府土地測量的工作；某些村落的農民還會去毆打所有脫離公社的人，甚至不惜痛下殺手。而另一方面，移居至西伯利亞的人數在此時達到最高峰，自一九〇七年的三年間，每年各有四十二萬、六十五萬、五十九萬人移居，不難看出西伯利亞鐵路的開通，是如何促進了往西伯利亞移居的活動。

在斯托雷平土地改革下，一九〇六後十年，俄羅斯約有百分之二十的農民選擇轉行，經營起「近代的」個人事業。雖然問題在於如何去判斷這數據，不過若照斯托雷平所期望，俄羅斯真能有「二十年的平靜」的話，改革勢必可推動得更加徹底。直至一九〇九年，俄羅斯國內作物產量豐盛，部分歷史學家指出當時的農業生產力，甚至追上了美利堅合眾國的百分之七十，然而這樣的「平靜」卻無法延續超過十年。一九一一年九月一日，當斯托雷平在基輔觀劇時，有位殺手靠著警備當局給的票入侵了劇場，並朝斯托雷平開槍射擊。案發五天後，斯托雷平不治身亡。事後，尼古拉二世任命了新總理科科夫佐夫，儘管尼古拉二世曾讓斯托雷平承擔過許多任務與責任，但斯托雷平的喪禮上，卻沒有見到尼古拉二世出席。

維特與斯托雷平都是為將俄羅斯從危機中拯救出來的卓越、能幹的政治家。多虧了他們的出現，才能讓俄羅斯在「沙皇的親政」下，在表面上也彷彿一切都能在順暢的運作。只可惜尼古拉二世並無法完全捨棄掉想以個人來統治俄羅斯的「致命錯誤思想」與「虛榮心」，這樣的評價雖然對尼古拉二世有點嚴苛，但不可否認的是，俄羅斯在斯托雷平死後，它的政治早已呈現著支離破碎、陰晴不定的狀態。

第一次世界大戰與君主制的末路

◎羅曼諾夫王朝三百周年祭典

第一次大戰爆發前夕，沙俄確實走向了近代化，雖然國內產生了都市膨脹、農村停滯等顯著發展不平衡的現象，但它的經濟還是非常活躍。俄羅斯當時是全球穀物生產、輸出量皆位居第一的國家，而在一八九〇年後，它更在鋼鐵、石油的產出量上展現出了倍增的趨勢。此外，自尼古拉二世即位以來，俄羅斯的工業力便成長了四倍，鐵路軌道也隨西伯利亞大鐵路的完成下大幅拉伸了距離。俄羅斯呈現出的年平均成長百分之五的高成長率，亦使俄羅斯成為了吸引外國投資客的投資標的。法國靠年金過活的人，大量買入了俄羅斯政府發行的國債；對於他們來說，俄羅斯國債就如同達基列夫的芭蕾舞團一樣，散發著富有魅力的光芒。

這時的俄羅斯在文化面上，有著「銀色時代」的稱呼。不管在詩作、文學、美術、戲劇等各領域中，都出現了各式各樣的奇才。那是一段光彩奪目的創造時代，與過去「懺悔的知識分子」完全不同，它呈現出了一種前衛、反政治的變動。雖然俄羅斯在民眾教育上非常不足，但全國九個大學中的教育研究卻顯得非常先進；世界最大的飛艇「伊利亞．穆羅梅茨」亦是在此時期中製作出來。在這樣的時代背景下，一九一三年，俄羅斯舉行了羅曼諾夫家的三百年紀念大典。

紀念大典會場位在聖彼得堡中面對涅夫斯基大道的喀山大教堂裡，日期為第一代沙皇米哈伊爾經由縉紳會議選拔出的二月二十一日。在舉行之日來臨前，有風聲指出革命派人士將藉此進行炸彈攻擊，因此這場大典，便是在軍隊與警察的嚴密警戒下舉行。當天，當哥薩克護衛隊所引導的皇帝夫妻馬車到達了喀山大教堂、出現在四千名高階官員、都市或農村代表面前時，民眾便爭先恐後擁上前歡呼，他們的「萬歲」吶喊聲，頓時響徹會場。接著，在尼古拉二世朗讀完了紀念宣言後，彼得保羅要塞便發射禮炮，首都中所有教會的大鐘也同時響起，祝福的聲響不絕於耳。

當天午後，皇帝在冬宮接見高階官員，與之寒暄，並與受邀出席的米哈伊爾時期貴族子孫見面，接著還在農民代表的晚餐中出席，致詞道：「我俄羅斯在神的信仰、在沙皇對民眾的愛，以及人民對皇帝的付出下，變得更加壯大。」在農民代表也向皇帝投以感謝之詞後，在侍者服務下食用了羅宋湯、皮羅什基（烤餡餅）、雞肉與甜點。迎賓會結束後，他們緊接著舉辦了舞會，但皇后從頭到尾都沒有出現。首都的祭典總共慶祝了三天，不過據說祭典的氣氛並沒有想像中的狂熱。

夏季五月十六日開始的十天中，皇帝夫妻以伏爾加河沿岸都市為中心，前去巡幸。這段巡幸旅途的焦點在於科斯特羅馬，因為這裡建有當初米哈伊爾接受繼承皇位的伊帕季耶夫修道院。儘管地方自治局在科斯特羅馬有很強的干涉力，但民眾仍熱烈歡迎了皇帝的到來。在描述著頭頂象徵沙皇權威的帽子、腳前跪著蘇薩寧的「米哈伊爾紀念像」前，皇帝與蘇薩寧的子孫做了會面。數千名農民前來迎接皇帝時所發出的「萬歲」喊聲，讓尼古拉二世濕了眼眶。傍晚時分，當皇帝夫妻在乘著汽船、離開伏爾加河岸時，科斯特羅馬城內的教堂鐘聲一齊響了起來，為其送行。

五月二十五日，尼古拉二世與他的家人乘著馬車，經由特維爾大街進入了克里姆林宮。莫斯科的貴族與商人們的溫暖歡迎，與首都祭典中的冷漠感顯得大相逕庭。後來，莫斯科同樣也舉行了三日間的儀式、迎賓會、舞會與晚餐會。不同的是，尼古拉二世由衷感到這裡的人們是真的在歡迎他。

然而，當莫斯科的民眾看見八歲的皇太子進入克里姆林宮時，並非是靠自己雙腳，而是由海軍士兵抱著代步，以及皇后本身似乎也微微呈現著病容時，讓他們無法完全藏住心中的一抹不安。不過尼古拉二世本人，卻還是認為這次巡幸之旅非常成功，在日記中亦留下了「此次巡幸，證明了過去突顯我國特色、沙皇與民眾間的羈絆至今仍然存在」的字句。

◎怪僧拉斯普丁與皇后亞歷珊德拉

隨著三百年紀念大典誘發出的愛國情操，在轉瞬之間又因為首都再次傳出罷工事件，以及以皇帝為目標的攻擊事件而熄滅。在眾多事件中特別遭到攻擊的，就是「西伯利亞的農民」與「怪僧」拉斯普丁。拉斯普丁的問題，可說是象徵帝國末期的羅曼諾夫家的事件。

格里高利．拉斯普丁於一八六四年出生在西西伯利亞托博爾斯克附近的寒村。少年時代，拉斯普丁離開了村落，投靠了附近的修道院，並在之後踏上了長期的朝聖之旅。旅途中，他展現出了一種作為宗教家的特異資質，他的派系有點像是「鞭身派」，但又會使用催眠術，這讓他的信徒數量不斷增加。據說只要被他銳利的淡藍色目光射到，不管是誰都會受到暗示而失去意識。一九〇三年，這麼一位拉斯普丁出現在了首都，並且不知在何種情況下，受到聖彼得堡神學院院長費奧凡的賞識；在費奧凡的介紹下，他也獲得了接近皇帝叔父（尼古拉大公）妻子的權限。說拉斯普丁是位「神人」、「聖人」，並介紹給皇后亞歷珊德拉的人，也同樣是這位女性。

據說拉斯普丁不僅有靈異能力，還有治癒的能力。雖然皇太子阿列克謝的血友病一直以來都是被當作最高機密隱藏著，但對於害怕、憂慮皇太子總有一天將會發病，並為此焦苦不已的亞歷珊德拉來說，經常為阿列克謝止住出血的拉斯普丁，無非是位「神明派遣來的救世主」。雖然這部分並無法加以確認，但在這樣的推移之中，藉由阿列克謝的病情，拉斯普丁與皇后的親密關係便開始發展。

尼古拉二世自身也透過皇后與拉斯普丁碰過面，且對他留下了深刻的印象。根據《尼古拉二世的日記》記述中，一九〇六年開始的十一年間，拉斯普丁的名字就出現了九十一次。特別是一九〇九年出現過十二次、一〇年十三次，以及一四年與一五年的十七與十八次，頻率相當之高，顯示出了皇帝夫妻與這位擁有不可思議能力的宗教家之間的關係逐漸加深的跡象。

然而拉斯普丁的評價並非良好。他不堪入目的酗酒與不道德的行為，招來了各部長嚴厲的意見。此外，拉斯普丁品行不良，媒體批判他與女信徒之間的詭異關係的報導，也曾在國會中被提出過。這些種種，令斯托雷平總理決定將他一時流放至西伯利亞

拉斯普丁與女性追隨者　具備獨特靈異能力的拉斯普丁，在宮廷中獲得了莫大的信賴。

的故鄉。尼古拉二世的母親瑪麗亞同樣也擔心拉斯普丁與亞歷珊德拉可能會導致王朝毀滅，但尼古拉二世卻罩著拉斯普丁，亞歷珊德拉也同樣聽不進身邊的建言。因為他們認為「耶穌基督當時也是受到世人的誤解」。然而，拉斯普丁與亞歷珊德拉的關係是「情夫情婦」的傳言，仍對皇帝的權威造成了很大的傷害。

◎第一次世界大戰的開始

一九一四年六月，在塞爾維亞民族主義者殺害了奧地利的皇太子後，歐洲爆發了第一次世界大戰。在立於支持塞爾維亞立場的俄羅斯中，產生了主戰論與避戰論的對立，後來由於尼古拉二世支持主戰方，於是發動了總動員令。德國同時向俄羅斯宣戰，英國、法國則與俄羅斯站在同一陣線。在皇帝的反德情結的升高下，首都的名字從原來德語風的聖彼得堡，變成了彼得格勒。

但是開戰後不久，俄羅斯在社會、經濟面上的脆弱很快就將自己逼入了窘境。當時遠征用的軍事物資只能備出三個月的分量，因此不久就出現了短缺。此外，戰爭造成的封鎖也讓鐵路網瞬間肝腸寸斷，以致無法隨心所欲地運送物資。一九一五年春天，俄羅斯面臨了破局的局面。俄軍無法再持續支撐住德軍攻勢，不得不從原本已攻入的奧領加利西亞撤出，且更進一步地丟失了波蘭地區。光是在八月的戰爭中，俄軍就損失了四十萬人的士兵。

在此時的戰役中，流出了一張尼古拉二世皇帝在激勵士兵的有名照片。那是一張尼古拉二世手持聖像畫（有可能是《聖尼古拉》），為士兵「祝福」的照片。說來雖有些奇妙，但崇拜聖像畫的行為，可是俄羅斯人由古以來的日常行為。十七世紀的流亡外交官科托希辛對此做過的批判，或許能為這行為作出解釋：「他們（俄羅斯人）認為在戰爭中破敵取勝、在外交締結永久和平等等的成功，都是因為有神祇的幫助，而這彷彿就是聖像畫中的聖母或聖人在幫助他們，為他們仲裁、祈禱所得來的成果。」即使這是在科托希辛因改宗新教之後所無法理解的行為，但對於摯愛古時俄羅斯的尼古拉二世皇帝來說，這行為卻是非常正常且理所當然的。

同年九月初，皇帝表示出為了取代負敗戰責任而辭任的尼古拉大公，將親自擔任軍隊最高指揮官的意向。部長們則以皇帝若是進入了戰爭指揮部，將導致國政衰弱，以及擔憂皇帝親征的敗戰亦將招致帝國滅亡為由，強烈反對皇帝的想法。此時，在一片反對聲浪中，拉斯普丁出面贊成了皇帝想法。最後，尼古拉進入了位於莫吉廖夫的總司令部，足不出戶。至於俄羅斯政府則交由年邁的總理來暫時坐鎮。就這樣，「聖人」拉斯普丁與皇后在彼得格勒之中置喙政治的頻率便漸漸增加。拉斯普丁緊緊捉住了皇后的心，並控制著其心志。在尼古拉皇帝親上前線後，短短的時間內，這位「聖人」便依照自己的心情，一個個罷免了總理、內政部長、農業部長、戰爭部長等二十一位重要官員。

即使皇帝進入了司令部親自指揮前線，俄羅斯仍難以從敗勢中扭轉。在戰爭開始後，俄羅斯所動員的士兵數達到了一千四百三十萬人，而在開戰後的兩年內，死傷者就達到了五百萬人；即是說三人之中，就有一人非死即傷。

一九一六年十二月十六日半夜。皇帝的遠房親戚尤蘇波夫伯爵，邀請拉斯普丁來到了自己的宮殿。在周全的話術下，尤蘇波夫成功讓拉斯普丁走進了地下室，並讓他喝下預先摻了氰酸鉀的酒，再朝著他的胸口開了一槍。然而即使如此，拉斯普丁還是展現出了「令人難以置信的生命力」，因此受了致命傷的拉斯普丁後來又再被綁上繩索，接著運至結凍的涅夫卡河邊，在冰層上開了洞扔了進去。身為命案主嫌的尤蘇波夫，當時與尼古拉的姪女為夫妻關係，而這場暗殺計畫中，德米特里大公也有參上一腳。不難看出大部分的羅曼諾夫家的大公們大多都支持著這個計畫，以及皇帝夫妻受到孤立的局面。

◎「二月革命」與尼古拉二世退位

拉斯普丁死了。但就算到了一九一七年，國內狀況依舊沒有改善。由於運送網的麻痺，食糧的補給很難送達位於前線的士兵與一般市民手中。二月十九日，彼得格勒市當局決議了食糧配給制度，並同時通告市民。於是嚴寒的大街上，麵包店的門口出現了條條人龍。同時間另一方面，身為俄羅斯最大軍需工廠、擁有幾萬名員工的普梯洛夫工廠，亦因物資不足而不得不中止經營、開始解僱勞工。對生活與將來感到強烈不安的彼得格勒女性們，因此踏上了示威遊行的行列。

二月二十三日的「國際婦女節」時，男性勞工渡過了結凍的涅瓦河，加入了女性勞工在有勞工街之稱的維堡中進行的示威抗議行列。「交出麵包」的呼聲中，此時又多出了「打倒沙皇」的吶喊，然而此時的哥薩克士兵，並無法像過去一樣驅散示威隊伍。於是示威隊伍來到了涅夫斯基大道，在喀山大教堂前展開集會，直到深夜。示威活動持續到了隔天，並在二十五日發展成全國性罷工，事態再也不是光靠麵包就能解決的問題。

國會議長羅堅柯向皇帝諫言「此時應重新任命獲人民信任的政府」，然而尼古拉二世並不了解事情的嚴重性。在拒絕建議後，尼古拉二世命令軍隊鎮壓「彼得格勒的暴動」，於是二十六日的週日起，俄羅斯進入了戒嚴狀態，警察與軍隊持槍指向來到市中心的勞工示威隊伍，擊斃了至少一百五十人。不過，由於年輕的士兵們後來對自己向身為勞工的同胞手足們開槍感到後悔，因此開始拒絕接受後續的開火命令。在如此現象迅速蔓延開後，到了隔天二十七日，示威活動便轉升溫成「革命」運動。

勞工與士兵的示威隊伍襲擊了兵工廠，獲得了武器。拿到了武器的他們，不少人開始出現掠奪店家、攻擊他人的「脫序」行為，不過從另一方面來看，如此行為也能看作是他們在舊體制下長期累積出的憎惡表現。這場「革命」活動裡頭並沒有出名的領導者在「領導」。不過到了當天下午，塔夫利宮裡出現了「勞工代表蘇維埃臨時執行委會會」，同時在別的房屋內，國會（杜馬）議員們亦組成了「臨時委員會」。在兩委員會經過長時間的交涉後，三月二日早晨，總理李沃夫、外交部長米留科夫等立憲民主黨代表所率領的臨時政府於焉誕生。蘇維埃方面則將臨時政府視為是舉辦「憲法制定會議」前的臨時權力機構，在當中也只有克倫斯基一人就任政府首長。

上述所說的經過，尼古拉二世全是蒙在鼓裡、毫不知情的狀態；臨時政府的樹立，也代表了尼古拉二世在事實上失去了所有權力。此時，阿列克謝耶夫最高總司令向皇帝諫言「為守護國家的獨立、王朝的存續」，希望皇帝讓位。他策畫以立當時十三歲患病的皇太子登基，並由皇弟米哈伊爾大公攝政來延續王朝，但這計畫之後卻胎死腹中。當他們召來米哈伊爾大公，並向他傳達了讓位意思時，彼得格勒又掀起了激烈的「打倒羅曼諾夫王朝」的激烈抗議行動，感到國民敵意的米哈伊爾大公於是拒絕接受讓位。至此，在三百年紀念大典過後短短四年，羅曼諾夫王朝便迎接了它的終局。三月三日，俄羅斯臨時政府發表成立聲明，並在隔日發布了尼古拉二世皇帝的退位公告。

45 為在明治時代設置的囚犯收容設施，直轄內務省，專收容被判徒刑、流刑與終身懲役的犯人。

46 阿瑟夫只是刺殺的組織者，而不是執行者。普勒韋的死因是被伊戈爾．薩佐諾夫所投擲的炸彈炸死。此外，阿瑟夫也並非是忠實的社會革命黨黨員，而是一個為了利益任何人都可以出賣的情報商。他和社會革命黨合作，出賣官員情報給革命黨讓他們去刺殺，然後又跟俄國帝國政府的憲兵部合作。如果憲兵部開出的價錢高，他又會出賣革命黨給憲兵。自己也曾經擔任過多年的憲兵部默許的情報商和線人，算是雙面間諜。

第九章

沒有王朝的帝國

1941 年受閱的紅軍。

列寧與「十月革命」

◎從「十月革命」到內戰

在羅曼諾夫王朝解體後不久的四月初，一位逃亡的革命政治家從瑞士回到了俄羅斯。他是弗拉基米爾．伊里奇．烏里揚諾夫，也就是列寧。列寧自一八九〇年從喀山大學退學以來，就將身心奉獻在革命運動，回到俄羅斯的當年，他已四十七歲。經過在西伯利亞三年間的流放與兩次逃亡生活的他，這時早已確定了他的方向。

回到了彼得格勒的列寧，在隔日提出了《四月提綱》，內容不對臨時政府做出任何支持，而是訴求樹立蘇維埃政權（совет，指代表會議或會議）。列寧主張用真正民主的方式談判，以停止現行的掠奪式帝國主義戰爭，並主張勞工蘇維埃才是唯一可能的革命政府型態；至於農村方面，則是主張所有國內土地國有化、土地的處分交予地區的雇農與農民蘇維埃處理。雖然當初布爾什維克黨員們對於列寧的方針感到吃驚與否定，但最終在四月底，他們還是以「黨的方針」的形式接受了它。於是，不待資產階級社會成熟，俄羅斯中便掀起了一場以奪權為目標的「布爾什維克革命」。

五月，臨時政府的體制轉變成由自由主義資產階級，孟什維克以及農民政黨社會革命黨的聯合政權。首都的勞工與士兵們在「一切權力歸蘇維埃」的口號下，農民則是為了即刻實現「土地社會化」，各自採取著不同的行動。當年秋天，兩首都的布爾什維克與左派社會革命黨，已占有蘇維埃多數的席次，首都則發生了武裝起義。舊曆十月二十五日，革命派在革命本部斯莫爾尼貴族女子學院宣布即刻推翻臨時政府，並同時公開「關於和平的公告」與「關於土地的公告」兩公告。後來，如此爆發開來的「十月革命」在短短一天內就宣告成功，不過俄羅斯距離實現「社會主義社會」仍有很長一段路，路上亦充滿著阻礙。

過了一年，一九一八年一月，俄羅斯舉辦了立憲會議。自此，新政府的「革命」便開始受到了來自內、外的考驗。農民以「革命」為契機，讓斯托雷平的土地改革，也就是個人主義的農業經營改革宣告失敗。在重新建立起「公社」的農民拒絕穀物供給下，都市面臨了食糧危機。於是新政府派遣勞工部隊進入農村，向拒絕交出穀物的「富農（кулак）」，逕行強制徵收，並在地區內組織「貧農委員會」，正當化這個行為，然而村莊對這做法產生了強烈反彈，於是各地紛紛發生了起義。

同年五月，捷克軍團發生叛亂，反蘇維埃勢力掌握住了俄羅斯東部各城市。法國、英國亦開始進行軍事干涉，美國、日本亦準備向西伯利亞出兵。

在內鬥升級成內戰時，列寧政府的首腦將被幽禁在西伯利亞托博爾斯克的皇帝尼古拉一家移往了葉卡婕琳堡，然而對他們一家來說，那裡卻同樣是危機四伏。七月十七日半夜，尼古拉一家七口被帶進了伊帕切夫別墅的地下室，並被宣判「全家槍決」的決定。在尼古拉還未發聲抵抗，開槍命令就已下達。後來，一家人的遺體被用卡車運至附近的廢棄洞穴集中燒毀，且據說為了不留屍體痕跡，遺體上還被淋上硫酸。然而即使在尼古拉一家死亡，羅曼諾夫族裔的人仍處在趕盡殺絕的命運中，他們只要一被發現，就會立刻遭到槍殺。在這樣的世局中，尼古拉二世的母親瑪麗亞費盡千辛萬苦，好不容易逃離了劫難，最後搭乘著英國的軍艦回到了她的故鄉——丹麥。

◎建立紅軍

在彼得格勒發起的武裝起義——「十月革命」，其中心成員，具體上是由該都市的勞工們在二月革命後形成的四萬名「工人赤衛隊」、守備隊士兵以及波羅的海艦隊的士兵等所組成。然而要守護「革命」成果、持續與「反革命勢力」鬥爭來說，這樣的規模依舊有明顯的不足。於是在一九一八年初，「工農赤衛隊」開始形成。由於這是由十八歲以上的人士在個人志願下所組成的隊伍，因此形成速度緩慢。然而就在德軍於兩個半月後開始進攻俄羅斯國土後，志願兵的數量在響應「保衛革命」的號召下，呈現了迅速成長的趨勢；同年三月，紅軍的數量已達二十萬人。雖然這樣的規模仍有些不足，但他們靠著俄羅斯與德國之間的《布列斯特—立陶夫斯克條約》，有了「喘息」的機會。同年五月，在紅軍將志願制改為徵兵制後，到夏天時，士兵數量已達五十四萬人。

士兵人數變多後，接著問題就在於指揮官了。創設紅軍的核心——軍事人民委員托洛斯基，在此時開始考量是否利用舊軍軍官來當他們的軍事專家，或者應該說，他也沒有其他人才可選。不過為了在政治上進行管控，一位軍官身旁會配有兩位政治委員；換句話說，這是一種在確保「黨的優越性」的前提下，重新編製軍隊的做法。在政策推行下，共有多達兩萬人的舊軍軍官受到採用與任命。布爾什維克的軍隊民主化構想，在於廢除舊軍軍官團，並廢止軍隊中的階級與稱號；其中由士兵選舉出自己指揮官的做法特別引人注目，雖然從這些方法來看，現實的紅軍呈現出了大幅度的退步，但這是在當時世局中最為實質的解決方案。這樣的紅軍在蘇維埃社會中，以擁有最高的黨員組織率而自豪，並且對政治方面幾乎未做出任何干涉。

事情發展至今，俄羅斯內戰依舊未曾停歇。國家東、南、北邊持續發生著戰爭。八月三十日，列寧自身也成為了恐怖攻擊的目標。這天他在工廠集會中，遭到社會革命黨的女性恐怖分子狙擊，幸好子彈只貫穿了他左肩上方，並未造成性命危險。九月初，全俄羅斯中央委員會宣言將堅決對「白色恐怖」進行「大舉的紅色恐怖」來進行報復，他們在彼得格勒總共處決了五百一十二名支持帝制的政治家與軍人。

就如同托洛斯基所說，在紅軍還在成長的途中，「革命被敵人從四面八方包圍」。十一月，西西伯利亞的鄂木斯克產生了由前黑海艦隊總司令高爾察克組成的政權，並於翌年三月，領軍朝莫斯科進攻。在高爾察克軍的猛烈攻勢下，紅軍因為及時受到農民游擊隊幫助，才在六月時漸漸支撐住了高爾察克軍的攻勢。七月，輪到南俄羅斯鄧尼金的義勇軍往北攻了上來，莫斯科在十月再次進入危機狀態。此時因有馬赫諾帶領的農民軍自義勇軍後方逼近，才成功止住了白軍的攻勢。不過又沒過多久，坦波夫爆發了安東諾夫領導的「農民戰爭」，在「解放人民與馬」的口號下，這場叛亂殺光了該地區的所有共產黨員。

這段激烈的內戰，終於在一九二〇年底終於開始降溫。但是隔年夏天，俄羅斯又受到旱災侵襲，當年農收非常慘澹，因飢餓而死的人高達數百萬。全世界對於「革命俄羅斯」雖有各式各樣不同的評價，但援助俄羅斯人的人道國際活動仍屢次展開。政府導入「НЭП」——也就是「新經濟政策」，藉著認同都市與農村間的「市場經濟」，試圖擺脫危機。於是俄羅斯的經濟有了復甦現象，新的社會階級「耐普曼（нэпман）」[47]也就此誕生。

◎流亡者們

「十月革命」最大的損失，在於出現了前所未有的逃亡者潮。包括在一九二二年強制流放的人數在內，至少有一百五十萬人離開了「革命俄羅斯」。這些人當中，許多人都是沙俄時期的政治、社會以及文化面上的菁英。他們多數認為逃亡只是暫時的，然而結果卻是直到他們骨埋異地，也沒能回到祖國。

此處，就讓筆者以出生於一八八九年、於「俄羅斯大富豪」葉理綏家出身的日本文學研究者——謝爾蓋的遭遇，帶領讀者瀏覽該時的狀況。在葉理綏交到夏目漱石等朋友，結束了在日本留學的六年生活後，於一九一四年回到了彼得格勒，過起了研究生活。後來在爆發「把羅曼諾夫一家從皇位上扯下來」的「二月革命」時，他也在人群中大喊「萬歲」。但在「十月革命」後，包括他的別墅，一切的私有財產都遭到沒收，不得不開始與飢餓交戰，甚至至曾被限制自由。在這樣的處境下，葉理綏一家決定逃亡。一九二〇年九月，從彼得格勒的危機逃離的葉理綏一家，登陸了芬蘭。一九二一年（大正十年）夏天，來到了巴黎的謝爾蓋・葉理綏，在大阪朝日新聞上連載著自己的流亡故事《赤俄的人質日記》（《赤露の人質日記》）。之後，他繼續在歐洲、美國的大學中，以極罕見的日本學學者身分持續進行著研究與教育，後來的駐日美國大使賴肖爾也是出自他的門下。

流亡者們分散到了巴黎、柏林、貝爾格勒等大都市內。此外，到一九三四年為止，也約有十三萬人流亡到了遠東地方，並主要聚集於哈爾濱。俄羅斯的知識階層雖然也因此「流散」各地，但他們仍主要集中在布拉格，由於這裡的人同樣是斯拉夫人，因此在對話上並無太大的阻礙；而讓他們聚集在此的原因，主要還是在於捷克斯洛伐克總統托馬斯・馬薩里克對俄羅斯難民採取的收容態勢。身為西歐民主主義的支持者，同時也是俄羅斯思想研究家的馬薩里克，積極地支援著他們。一九二〇、三〇年代，大約有三萬五千名俄羅斯流亡者集中到了布拉格。大多數的俄羅斯學生在這裡持續接受著俄羅斯教授的教育，這也造就了布拉格中，在後來誕生了「歐亞主義」的新思想。

「俄羅斯有著與歐洲、亞洲不同的獨特地理、文化以及民族，是為歐亞。」其論點為，歐亞大陸在地理上幾乎與俄羅斯帝國重疊；文化上，則並不只擁有拜占庭的傳統，還包括了烏拉爾—阿爾泰各民族的傳統。「歐亞主義」雖然並不是要否定歐洲的要素，但它很明顯表出了「對東方的企圖心」。一九二〇年，來到布拉格的喬治・維爾納茨基將它視為是歷史學上的問題。以他的構思來說，他認為「廣大的草原與森林對俄羅斯史有著決定性的意義，但蒙古人為俄羅斯的歷史做出的貢獻更值得注意」。但這樣的見解，並不受同為布拉格「俄羅斯歷史協會」議長、流亡歷史學家的基澤維傑爾所接受。七年後，維爾納茨基離開了布拉格，渡海來到美國，在美國打下了俄羅斯史學研究的基礎。

◎共產主義的「理想」

在上述的大混亂之中，人們仍不忘追求共產主義的「理想」。一九一八年十月底，「共產主義青年團」成立。共青團是由十四歲至二十八歲的年輕人組成，主旨在於積極參與共產黨及國家活動；具體來說，就是為工會、文化、運動等各團體提供協助所進行的各式各樣活動，該團體同時也進行宣傳共產主義，以及培育將來領導者的工作。四〇年代初，其團體成員首次超過一千萬人。一九二二年，「少年先鋒隊」成立，它是由十歲至十五歲的少年少女所組成的團體。在共青團團員的指導下，少年先鋒隊的組成，很快就從原先以「居住地」，成長為以「學校」為單位，幾乎所有的兒童都參與其中。少年先鋒隊擁有少年宮、少年之家、露營營地等郊外設施，平時舉行社團或服務性活動，暑假則有露營活動。兒童們在「學習」與「勞動」的結合中，養成對國家的愛，以及獻身社會主義建設的思想。

另一方面，一九一九年三月，國家組織了「Коминтерн」，也就是所謂的「共產國際（通稱第三國際）」，其目的為將共產主義思想普及到世界，並且培育相關活動家。於莫斯科舉辦的創立大會，共有二十一國的代表參加。不過，該組織後續對蘇聯政治的依賴性愈來愈高，最終成為了蘇聯政府對外的道具。在共產國際的運作下，一九二二年七月，日本也成立了第一個共產黨，它很快就被公認為共產國際的日本分部，不過該組織的方針，主要還是受莫斯科發出的指示所控制。

經濟面上，在一九二一年二月，政府成立了國家計畫委員會，開始計畫國民經濟。國家計畫委員會負責設計長期計畫，在史達林時代中，它曾三度負責規畫過「五年計畫」，而在內部組織裡擔有重任的，就是過去地方自治局的統計師們。一九一八年七月，在成立「中央統計局」之際，基本的內部機構或省的局、署負責人，多數也都是由過去在地方自治局工作統計師們所補充，統計師們將革命前所累積的手法與經驗運用在其中。中央統計局長後來成為了蘇聯人民委員會的成員之一，不過在一九二八年隨著五年計畫的實施，中央統計局便被降級成了附屬於國家計畫委員會的機構。即使過去在沙俄時期的地方自治局統計師們，將統計作為「現實之鏡」，使其與「政策」分離、獨立。但到了當時，統計已成了服務「政策」

的道具，且日漸扭曲。

◎蘇聯的形成

一九二二年十二月，蘇維埃社會主義共和國聯盟——蘇聯誕生了。原案中，它的定位是「歐洲與亞洲的聯合國」，只要國家採蘇維埃社會主義，不管對象是誰都歡迎加入。成立之初，蘇聯只有俄羅斯共和國、烏克蘭、白俄羅斯以及外高加索（於一九三六年十二月分裂為喬治亞、亞美尼亞、亞塞拜然）等四個成員。到了一九二五年，則多了土庫曼斯坦與烏茲別克，以及一九二九年的塔吉克、一九三六年的哈薩克與吉爾吉斯；最後到了一九四〇年，人稱「波羅的海三國」的愛沙尼亞、拉脫維亞、立陶宛，以及摩達維亞皆成為了會員國。

就這樣，直到一九四〇年之前，由十五個共和國所組成的「聯盟」於焉形成。在名目上，它們是「可自由脫離的」共和國聯盟，不過實際上則是與其相去甚遠；因為指導著共和國的各國共產黨，其實全算是俄羅斯共產黨在莫斯科本部的國外分部。也就是說，實際上會員國並無法「脫離」聯邦。於是，蘇聯成了比起過去俄羅斯帝國還要中央集權的國家。而上述的經過，與總書記史達林絕對脫離不了關係。

蘇聯誕生的半年前，史達林的提案並不是讓喬治亞、烏克蘭等獨立共和國與俄羅斯聯邦共和國之間，個別以同盟關係所結成的「聯盟案」，而是像巴什基爾自治共和國一樣，讓前者加入後者的「自治化案」。簡單來說，這條可讓俄羅斯中央的「威令」及於蘇聯全境的「史達林案」，後來被作為官方方針而通過。然而，養病中的列寧知道這件事之後，開始強烈支持以「平等的共和國聯盟」為主旨的「聯盟案」。雖然史達林起初反彈列寧的「民族的自由主義」，但不久之後就一轉他的態度，將列寧案當做自己的提案，讓共產黨中央委員會採納。

然而委員會內，後來又發生了另一場鬥爭：要求不透過「外高加索聯邦」，而讓喬治亞獨立加入聯邦的喬治亞黨中央委員會，與批判其方案為「民族排外主義」的外高加索地方委員會之間展開了。被稱作「喬治亞反對派」的前者表示，中央集權化的軍令式強行，其實與必定會引起各民族不信任感的「殖民地主義」、「大俄羅斯主義」沒有兩樣；然而「喬治亞反對派」的主張後來被以「傾民族主義」為由，遭到否定，史達林亦加強了對他們的迫害與限制。事實上，史達林自己也是喬治亞出身，但剛於四月上任總書記的他，並未能從「反對派」中感到一絲共鳴。於是「外高加索聯邦」就在這樣的演變下，成為了蘇聯的其中一翼。克服了喬治亞危機後的史達林，在這之後也靠著切除、壓抑蘇聯各區與各民族的「多樣性與獨立性」，一步步建立著高度中央集權式的體制。

中亞地區在依照民族分類重新編制行政區畫後，形成了五個共和國，但來到這結果之前，其過程是非常複雜的。「十月革命」提高了中亞知識分子對實現自治的期待，因而活化了他們對實現自治的活動。雖然有些人找到了在蘇維埃體制下的活路，但中亞的主要動向還是選擇了反蘇鬥爭。特別是在紅軍擊垮了土耳其斯坦自治政府，以及浩罕老街被破壞後，這些事情便成為一個契機，激化了「巴斯瑪奇運動（突厥語巴斯瑪奇為匪賊之意）」。他們喊著「俄羅斯人滾蛋」、「為土耳其斯坦帶來自治與獨立」的口號，相繼攻擊了紅軍與蘇維埃的相關設施。在中亞地區因為這運動被貼上「反革命」的標籤，經過徹底的打壓後，他們才慢慢形成五個共和國。

◎列寧陵墓的建設

一九二二年五月底，回到俄羅斯後就經常站在隊伍前鋒推動「革命」的列寧，因為腦溢血而倒下了；雖然後來曾經恢復意識，但十二月同樣病情又再次發作。認為自己死期不遠的列寧，口述了一份後世稱為「遺書」的文章，內容提到的理所當然是下一任領導者問題。「遺書」之中，列寧提到了中央委員之間的「對立」狀況，並且敘述了主要人物的優缺點。雖然他沒有指明出誰為下一任領導者，但對於至今重用的總書記史達林，列寧是這樣敘述的：「我實在沒有把握，史達林是否時刻都能慎重地行使這份權力」、「其為人太過粗暴」。因為就連對象是列寧之妻克魯普斯卡婭，史達林也會時常口出惡言。

翌年三月，列寧在第三次腦溢血的發作後，就再也沒有醒來，最終於一九二四年一月二十一日下午六點逝世。他的遺體被用列車送往莫斯科，安置於舊貴族會館的「圓柱大廳」。在嚴寒之中，不論晝夜，男女老幼仍絡繹不絕地前來這間大廳，與列寧做最後的道別，其人數據說高達兩百萬人之譜。兩天後的列寧葬禮當天，共有幾千封的入黨申請書送到了中央委員會裡，中央委員會則趁著這個機會號召人民入黨，據說結果共有二十四萬人的勞工加入。透過這場「列寧紀念入黨活動」，共產黨黨員數量到一九二五年一月為止共成長了一倍，總計超過八十萬人。而透過這活動，黨內「老黨員集團的寡頭支配」體制也因此穩定下來。同年四月至五月之間，史達林對新黨員演講了題目為「列寧主義的基礎」的演說。列寧死後不久，彼得格勒的名字便改為含有「列寧之城」之意的「列寧格勒」。

在列寧還在世的一九二三年底，共產黨政治局就開始討論起該如何永久保存列寧的遺體。當時埃及挖出了「圖坦卡門之墓」的消息因為報導傳到了全世界，於是也有人提案將列寧的遺體用埃及木乃伊的方式做防腐處理，應該就能達到永久保存的目的。據說贊成這作法的人為史達林、加里寧等人，而托洛斯基、布哈林、加米涅夫等人則是採反對態度。

在列寧死後，不管其妻子與家人如何抗議，列寧的遺體馬上就進入了保存措施。他的遺體被置於建在克里姆林宮前紅場上的木造陵墓內並公開。五年後，一九二九年，當局決定建一座花崗岩製的陵墓，並在隔年年底建造完畢、公開展示。陵墓入口有士兵守衛，進入入口後則有一條通往地底的樓梯。以玻璃蓋住的列寧遺體就被安置於這地下室中；地下室四角也站有士兵，且不允許參觀者駐足觀看。於是我們今天在十一月七日的「革命紀念日」當天，會看見黨與政府領導者在列寧陵墓上望著紅場閱兵的光景。而這活動的舞台，就是在這樣的演變中所形成。

列寧墓　鐘塔前方的建築即為列寧墓。

獨裁者史達林

◎「三年內執行五年計畫」

小列寧九歲的史達林，在十月革命結束後，就在民族人民委員會中工作。於一九二二年就任黨總書記的史達林，與布哈林共同提倡建立社會主義需要的並非是「世界革命」，而是就算只有一國也能達成的「一國社會主義論」。由於歐洲革命可能難以成功，因此這是基於現實面上的判斷。史達林壓制了季諾維也夫、托洛斯基等人組成的「反對條約派」，並於一九二六年十二月的黨大會中將托洛斯基除名。此外，自一九二八年持續至當時的「穀物調度危機」，亦讓史達林與布哈林決裂。史達林認為在敵人包圍狀態下，必須大舉強化工業與軍事力量，因此全面執行了農業集體化。這是為了確保有足夠穀物可出口以支持推動工業化的方法，只不過其中運用了「社會主義」的理念。

廢止新經濟政策的市場經濟、並且基於全體計畫，建立新社會主義經濟的「實驗」，在俄羅斯以一九二四年四月所採用的第一次五年計畫的形式出現。這計畫的目標與節奏，比起當初的國家計畫委員會方案都還要高上許多。其中更有人大膽表示「五年計畫只要三年就能實現」，而這聲音的背後，則有著一群因為提出比較合理，目標卻也較低的計畫，而被當作「右翼反對派」受到批判的舊孟什維克經濟學者。

蘇維埃的工業生產量，突然以急速的步調大舉增加，將處在大恐慌下的資本主義國家甩在後頭。俄羅斯的各地建設了工廠與大型的工廠複合體（комбинат），讓一部分燃燒著「社會主義熱情」的勞工們展開了「突擊式的作業運動」。像是由頓巴斯（主要指頓內茨煤田）的礦工斯達漢諾夫改良了採煤方法，促使生產力飛躍成長的「斯達漢諾夫運動」，即是這運動的象徵之一。過去擁護勞工「權利」的工會，在當時已成為國家機關，不再像以往要求勞工貢獻高勞動基準量，卻不給予其任何保護的單方面「榨取」做法，而是致力於增加產量、勞動合理化以及提高生產力，並同時開始關注提升勞工薪水與飲食的議題。於是，許多勞工可以「適度」勞

史達林　擁有最高權力地位長達三十年的領導者。

動，或是在遊走於各種不同的職場之間。

◎「在集體農莊的幸福快樂生活」

受內戰洗禮而誕生的蘇維埃，是個軍事味濃烈的國家。內戰使這國家在經濟、社會面上都變得非常軍事化。即使在工業化上，「軍事」也占有決定性的要因。當時，工業化中的第一順位是軍需工業，在這樣的背景下，占總人口多數的農民便不得不去面對嚴峻的狀況。因為若要再進一步推進工業化，國家就必須向歐美引進設備或機械，而這筆資金來源即須藉穀物出口獲得。於是農民們不只要提供穀物給都市的勞工，更需為了出口繳出「剩餘的」穀物，然而，實際上農民們根本就沒有所謂「剩餘的」農收，因此當時國家採行的是一種「飢餓出口」，其程度比起沙俄時期還要嚴重。因此所謂的「農業集團化」，其實就是新政府進行「穀物調配」手段的延伸。

政府在一九三〇年出現的小冊子《在集體農莊的快樂幸福生活》中，與人民約定「各個集體農莊會以農莊中心為重心，建立良好秩序，農莊中心裡會有托兒所、學校、單身人士宿舍、免費診療所、體育館、排球運動場、洗衣場、美容院、成衣廠」。然而這樣的「理想」，卻在「社會主義時代」中自始至終都未能實現，可說是集體化後馬上就發生的悲劇。

根據五年計畫，「集體化」的家庭數設定在百分之二十，算是很低的目標。不過在一九二九年十一月，史達林宣言他會在一年內完成主要穀物地區的「集體化」，並且「會讓『кулак』階級滅絕」。所謂的「кулак」，就是指雇用農民，並以地主身分進行經營的富農。不過當時那樣的農民，在俄羅斯非常稀少，也就是說，這政策實際上是要把「富農」當作一個標籤，貼在任何反抗的農民身上，並加以排除，好強制推行集體化的手段。此外，為了塑造集體農莊的「自發性」特性，其推動表面上是以村共同體的決定、總體決議的形式下去進行。不過實際上，「集體化」其實還是由黨的全權代表所主導，他們透過部分貧農、雇農，強制實施這個政策。想當然爾，各地發生了農民的激烈抵抗。他們舉村發動「武裝抵抗」、對黨員發動恐怖攻擊，抑或是拒絕交出家畜，留著自己食用。

一九三〇年春天，史達林在他有名的論文《勝利沖昏頭腦》中，批判暴力式的集體化手段、無視地區條件，以及強制社會化家畜與農具等作法。這說法顯示出了他一定的讓步，但基本方針仍沒有改變。在「清理富農」的名目下，反對調配穀物、設立集體農莊的人，全部受到審判或是行政處分，不是財產遭沒收，就是流放村外。抵抗行為特別嚴重的人，則會被送進勞改營，甚至是死刑槍殺。光是一九三〇到三一年間，被村莊流放的「強制移居者」就多達三十九萬個家庭，人數推測為一百八十萬人。

在這種狀況下所設立的集體農莊中，便產生了牽引機、務農機具、家畜和役畜不足，以及土地未整理等必須解決的問題。不過最主要的，還是在於農民失去了務農的動力。對此，政府承認個人能持有副業，做出了一定的讓步，但另一方面，政府又在機械—牽引機中心（MTS）增設「政治部」，將集體農莊活動與生活的所有領域，全都置於黨的監視與管控下。根據統計，受到集體化的家庭，在一九三三年為百分之七十一，一九三七年則是百分之九十四，顯示出了在一切方面行使了強制手段的「成果」。

集體農莊後來並沒有完成當初所構想的大規模體制，仍然維持著傳統的共同體為基礎的型態。這也是為什麼在一九三八年時，擁有六十戶以下家庭數的集體農莊占了半數以上的原因。

◎教育普及與無神論

接下來筆者將就當時的教育與文化面做討論。在社會主義理念與工業化要求下，社會各等級中的教育皆受到普及；新政府透過識字運動，讓革命後的人民識字率顯著提升。一九三〇年，四年制的初等學校被定為義務教育，幾乎所有八歲至十一歲的兒童都開始上學；受過中、高等教育的專家們數量亦在短期間內迅速增加，其中不乏女性的活躍參與，當時工業領域的勞工中，女性的數量已超過百分之四十。

而大學教育則是受到本質上的改變。政府廢止了莫斯科與聖彼得堡帝國大學素有傳統的「歷史・文獻學院」，將它降成「社會科學學院」中的一個系。政府將「資產階級」的教授逐出歷史教育界，取而代之設立「紅色教授學院」，以養成立基於馬克思主義理論的新教授。一九二八年，「普拉托諾夫事件」[48]發生，這是一件聖彼得堡大學俄羅斯史講座資深教授普拉托諾夫，以及其弟子被懷疑參與組織反革命的陰謀，因此被從學校驅逐、流放的事件。這起事件也牽連到了莫斯科大學，但其實整起事件都是捏造出來的。後來，兩大學的「歷史學院」在一九三四年重新成立，但當時沙俄時期的「資產主義」教授早已被一掃而空。直到當時為止，著有教科書《俄羅斯史》的馬克思主義歷史學家伯克洛夫斯基，一手掌握著文化教育部行政，不過他「紙上談兵式的唯社會學主義」作風，讓他在過世之後備受批判。

革命亦將教會逼得走投無路，由於馬克思主義原則為「宗教如鴉片」，因此列寧、史達林皆是「無神論者」。布爾什維克為了盡早根絕「起義」的可能性，於是規定除了特別的日子以外，皆不得「鳴鐘」。此外，他們也取消了教會的法人格，宣言教會財產就是「人民的財產」，不斷展開教會財產國有化的活動。神職人員與信徒雖曾試圖抵抗，但教會關閉的趨勢在一九二五年左右，面臨「教會財產的百分之四十將納入地方歲入」方案的「強烈刺激」下，他們仍難以力挽狂瀾。教堂被破壞後，置於教堂內的寶石與貴金屬會被集中回收，聖像畫則會被熔毀「畫框」、只取出銀的部分，畫像的部分則被當作柴火的替代品燒掉……全國四處的教堂，就這樣在上述的粗暴手段下被破壞。而先前提到的集體農莊，其建設的時間點同樣是在教堂破壞潮之後。

事件同樣發生在中亞地區。當初於沙俄時期未能徹底執行的反伊斯蘭教方針，終在蘇維埃的的無神論意識形態下正式化。政府禁止女性外出穿著頭紗、完全廢除伊斯蘭法以及封鎖了清真寺，這讓伊斯蘭教徒對於戒律的實踐行為，漸漸從日常生活中消失。

◎蘇維埃宮的泡影

光是一九二八年至三〇年的短短期間中，包含修道院在內，總共約有八十座教堂消失在首都莫斯科。一九三〇年代初期，政府每年都查封了三十五至五十間的教堂。其中最具代表性的事件，即是一九三一年十二月，基督救世主主教座堂的爆破拆除一事；爆破這座為紀念戰勝拿破崙的教堂，清楚地顯現了當時的意識形態。當時持續推動「建設社會主義都市」的莫斯科市當局，為紀念列寧，一直在找可以興建高度三百四十公尺以及附有列寧雕像的「蘇維埃宮」建設用地。於是打開莫斯科市地圖，在礙事的建築物上畫上紅線、接連拆除的建築師們，最後挑上了這座教堂。因為建造在此處，非常符合建築意義。於是，主教座堂在眼淚隨時要奪眶而出的老嫗等庶民的注視下遭到了爆破。然而，最終那座「蘇維埃宮」到最後仍因為諸多原因，沒有蓋成。

一九三六年六月二十日，莫斯科舉行了新生蘇維埃「社會主義寫實派」的代表作家馬克西姆．高爾基的葬禮。接到他病危而從法國趕來的作家安德烈．紀德，在葬禮上陳述了這段追悼之辭：「高爾基是位非比尋常且背負著輝煌命運的作家。他連結起了眼前的新世界與過去的世界，並開通了前往未來的道路。」葬禮之後，紀德參觀了俄羅斯在社會、文化面的設施，並與各階層的代表會面，在莫斯科停留二十餘日。

紀德回國後，發表了一篇《訪蘇聯歸來》（Retour de l'U.R.S.S.）。他在其中直率地稱讚了在少年先鋒隊的營地中看到的少年少女開朗性格與健康體格，同時也對商店外的人龍長度與擺在架上那些「粗製到令人感到沮喪」的商品如此評論：「過去那些用花草染色的俄羅斯布真的很美。那不僅是民間的藝術，也是工人的維生方式。」而紀德這樣的說法，其實也是在對隱藏在現實背後的「思想」做評論。紀德與他的作品並非是歐洲的知識分子第一次「訪蘇」與第一本蘇俄的「遊記」，不過像紀德這樣的名人如此直率的發言，不僅在法國、歐美各國，即便是在日本都引起了左右兩派的批判與各界的討論，說是引起了歷史性的迴響也當之無愧。該書一發行，馬上就在法國掀起激烈論戰，發行量據說在三個月內就超過一百五十刷。後來，關於蘇維埃的任何「資訊」，都會像這個例子一樣，引起正反兩面的論戰。

◎「大清洗」的真實面貌與邏輯

就如以上所述，蘇俄在經濟與文化面上，採行的都是毫不妥協且強制性的「社會主義化」措施。在經歷了有如狂風暴雨的日子後，國家內形成了新的社會體系；至今相對自立的各社會團體已與黨、國家一體化，由黨以一元的方式領導、統治著政治與文化，造就了當時一黨獨大的新「蘇維埃文明」。

一九三四年十二月，列寧格勒市黨第一書記基洛夫在列寧格勒遭到暗殺。這位遭到暗殺的基洛夫是當年黨大會中，曾甚至被推舉為代替史達林領導者地位的人物。黨指導部大舉宣稱這起暗殺的背後，有著「過去的反對派成員」參與。史達林在葬禮上打了負責護衛的士兵，表現出了他痛心的樣子。不過，當時流傳著一則風聲，指出這起事件，其實是史達林擔心基洛夫的人氣將對他構成威脅，而親自下的暗殺指示。時至今日，這種說法仍未完全消失。

以這起暗殺事件為契機，莫斯科啟動了「聯合總部」的審判。裁決以季諾維也夫、加米涅夫為首的十六名嫌疑犯有「組織聯合恐怖攻擊總部，企圖暗殺黨與政府領導人」之嫌疑，而對於實行了暗殺基洛夫的主嫌尼古拉耶夫，以及企圖暗殺史達林一事的審判也在這時合併進行。在四處舉辦的集會皆非難著被告、要求對他們執行槍決的異常氛圍中，被告們在一九三六年八月受到死刑判決，並即刻槍決。這起事件，即為後世人稱的「作秀公審」。組織了審判活動的葉若夫在同年九月底當上了內政人民委員。被稱為「葉若夫時期」的「大清洗」，便這樣拉開了序幕。

如此，過去被烙上「托洛斯基主義」名號的反對派或是其關係者，全被揭為「人民的敵人」。肅清的實施機關「內務人民委員部國家安全總局（НКВД）」利用密告、集會、投書等手段捏造嫌犯的「罪狀」，接著再拷問他們、逼迫其認罪。認罪的人會經審判後槍決，或是被宣判長期刑再送進勞改營，其中也有未審即遭槍決的案例。肅清下的犧牲者，遍及黨或國家幹部、高階軍官、專家與文化人士，但肅清主要的目標還是「過去的反對派」，以及省政府與地方的黨幹部。例如出席了第十七屆共產黨代表大會的一千九百六十六人中，就有一半以上的人遭到逮捕。此外，大會選舉出的一百三十九位中央委員、候選人當中，也有九十八人被捕，並全數槍決。當時「紅軍」的幹部，也有不少因此犧牲。

就這樣，「老布爾什維克」遭到肅清，過去曾在工業化、集體化政策中，成為史達林手足的幹部們也都被消滅。在此，「階級鬥爭白熱化」的說法再次被引用來形容這時期，但其中的含意卻有些不同。因為當時那些所謂的「人民敵人」，可能是擁有相同的「黨證」的人，因此難以區分，形勢也更加險峻。此外，當時還有著「認真活動、拿出成果的人反而更加可疑」的詭異邏輯存在。所以很多原先支持肅清活動的人，在後來都反過來因為肅清活動而犧牲。

根據最近的研究，一九三七年至三八年間，因為政治理由被判有罪的人數就高達一百三十四萬五千人，其中超過百分之五十的人下場都是槍決。這令人驚恐的數據，不難想像當時俄羅斯的全體社會因為大清洗陷於如何的恐怖之中。由史達林個人所發動、操作的大清洗，後來引發了「社會主義式的競逐」，整個社會相繼追求相關的「成果」。一般認為，因為馬克思主義的意識形態用各種理論，去正當化對內外「階級敵人」的暴力行為，這場前所未有的徹底殘酷大清洗，才能成功遂行。

◎大衛國戰爭

一九四一年六月，納粹德國一反史達林的預測，對蘇聯進行了閃電式的進攻。面對突如其來的攻擊，蘇聯軍接連敗退。兩個月後，德軍包圍了列寧格勒。同年十月，德軍的鐵蹄已逼近了莫斯科。史達林在十一月七日——革命紀念日的演說中，提起了亞歷山大・涅夫斯基、德米特里・頓斯科伊，甚至是庫圖佐夫等俄羅斯英雄的名號，企圖鼓舞愛國主義，號召全國國民進行徹底抗戰。為了提升戰意，政府還動員了藝術家和作家，並與正教會達成了暫時的和解。直到此時，俄羅斯總算做好了反攻的準備。

儘管列寧格勒產生了約八十萬人的餓死者，蘇聯人們依舊勇敢戰鬥，成功撐過兩年的包圍戰，並守住了莫斯科。此時蘇聯在史達林交涉下，與美國、英國組成了反法西斯同盟。

蘇聯軍從一九四二年七月開始，就在伏爾加河下游的城市史達林格勒（原稱察里津）與納粹德軍展開了半年的死鬥。最終，蘇聯軍在隔年夏天的庫爾斯克戰役中拿下勝利，將德軍逼入撤退的局面。一九四五年四月，蘇聯軍攻進柏林，在希特勒自殺後，同年五月八日，納粹德國無條件投降。於是蘇聯付出了兩千七百萬人（其中五百五十萬人為烏克蘭人）的沉痛犧牲後，總算擊破納粹德國，將歐洲從法西斯主義中救了出來。當時蘇聯軍占領的波蘭、捷克、匈牙利等東歐八國中，也讓共產主義政黨在民眾的一定支持下掌握了政權。

不過，戰勝的喜悅只持續了一小段時間。因為這場戰爭損失實在太大，蘇維埃全體上下可說沒有人不曾失去近親。戰爭時的農村因為十八至五十歲的男人都應徵兵從軍，男性數量因此銳減至女性的一半，也有人部分資料指出只剩女性的三分之一。這樣的比例懸殊在當時引起了「結婚困難」，且即使戰爭結束了也不見改善，因為戰死者之中，男性比例占了絕對性的多數。戰爭造成的寡婦成為了社會問題，街上四處都是孤兒。有人認為，戰後蘇維埃社會中勞動力嚴重不足的原因，造成了蘇聯長期拘留俘虜的原因之一。如此種種的戰爭後遺症，在一般認為資料廣度最高的一九五九年的蘇聯國勢調查中清楚地呈現了出來。報告指出，男性人口占了全國百分之四十五，比女性少了百分之十。在農村地區，男性比例更比一般數據還低了兩個百分點，呈現出嚴重的「性別人口不均」狀態。

在戰後復原的階段中，史達林打算重新建立在戰時鬆散掉的統治行為。批判列寧格勒的文化人士、迫害黨幹部，以及以批判猶太人為目標的反世界主義等等都是這個例子。順帶一提，戰後的蘇聯是擁有當時全球最多猶太人的國家。

第二次世界大戰後，亞洲、非洲掀起了民族解放運動的熱潮，蘇聯的角色變得愈來愈重要。不過史達林在亞洲的政策，最終都以失敗告終。在中國地區，史達林起初是承認蔣介石政權，而在毛澤東共產黨獲得勝利、中華人民共和國於一九四九年十月建國後，史達林才第一次承認了「中國革命」。韓國地區，在隔年六月的朝鮮戰爭一開打後，史達林便全面支持了金日成政權，但最後仍未達成武力統一的目的。對日本方面，史達林選擇不挑戰美國的單獨占領，而是與中國一同不簽署舊金山和約，此外，在雅爾達會議中規定蘇聯能獲得的薩哈林島（庫頁島）南部、庫里爾列島（千島群島），在後來也都不受國際間承認。[49]

一九五二年十月，來自世界共產黨領導人讚揚「人類導師史達林」的溢美之辭，淹沒了當時舉辦的黨大會。不過這位「獨裁者」史達林，在半年後的一九五三年三月初，在孔策沃別墅中因腦梗塞倒下，享年七十四歲。

◎蘇維埃體制下的中亞

接著，本書就以蘇聯成立後，中亞的局勢產生如何的變化作述。中亞各民族，在俄羅斯於一九二〇年代採取的「現地化」政策下，承認各民族固有的語言，並同時導入拉丁文字。

不過，這樣的時代很快就結束了；一九三八年開始，俄語教育變成義務教育，中亞各語言也變更成了西里爾字母。就結果來說，中亞成為了民族語與俄語的「雙語社會」，於一九五〇年代末期，識字率達到近百分之百。雖然「現地化」政策本身是個單方面、硬性推行的政策，但我們也不能忘記，這政策在另一方面，不僅給予了當地民族從事民族語教育與共和國幹部的獎勵，更為他們在蘇維埃體制中開創了出人頭地的機會。

另一方面，伊斯蘭信仰在蘇維埃體制下受到明確否定；蘇聯在史達林時期全面廢止伊斯蘭法、關閉清真寺，以及逮捕穆斯林知識分子，把他們關進牢房。此外，實施禁止女性外出穿著的頭紗，也被當作是女性解放運動的一環。雖然這些被打壓、禁止的規定在二次世界大戰中，有了暫時「復甦」的跡象，但伊斯蘭教的教義實踐，仍不斷從日常生活中流失。

蘇維埃政權推行的「農業集體化」政策，就如同字面形容般，引起了中亞生活傳統上的「文明變化」。特別是強制遊牧民族定居、或是採取公有集體制的手段，讓他們不得不靠「定居型畜產」來維持生計，在這手段下，幾乎讓所有傳統的遊牧民族消失殆盡。此外，蘇聯的費爾干納運河等大型開發案，亦未曾考慮到各共和國的平衡關係，讓費爾干納盆地持續身為棉花這有「白色黃金」之稱的原料最大供給產地，占著蘇聯經濟的重要地位。

第二次大戰中，中亞也是一塊強制民族移居的目的地。曾在俄羅斯帝國中過著自治生活的克里米亞韃靼人、朝鮮人、日耳曼人等，只要被懷疑有通敵嫌疑，就會被強制移居至中亞。

從赫魯雪夫到戈巴契夫時代

◎赫魯雪夫與「解凍」

「史達林死了。」——聽聞了握有所有權力的獨裁者之死訊，蘇聯的人民都非常地震驚與悲傷。史達林的遺體後來也做了防腐處理，與列寧放在一塊。此時的蘇聯人民們，戰戰兢兢地等待站上「列寧與史達林墓」的新領導人出現。後來，後繼主席暫定由馬林科夫擔任，而包含他在內，從共產黨幹部的權力鬥爭下脫穎而出的，還有一位叫尼基塔·赫魯雪夫的人。赫魯雪夫生於庫爾斯克，原先是頓巴斯的煤礦礦工，他對史達林非常忠心，這也讓他免於被冠上各種「罪名」。儘管他當時已五十九歲，精神卻同樣硬朗。在政治上，赫魯雪夫用著自己的一套方式，成功帶出了自己的風格。

赫魯雪夫上任後，應人們的要求，平反了在史達林時代中「大清洗」犧牲者的名譽，並且更進一步決心批判「個人崇拜」思想，而這也是他任內中最具象徵的政績。當時蘇聯的問題所在，即便不是黨幹部，大家也都心知肚明。在史達林死後一段日子，赫魯雪夫成立了有關「大迫害」的調查委員會。後來，調查委員會繳出的報告，其呈現出的數據令赫魯雪夫等領導人物都感到非常愕然，這令赫魯雪夫立即採取了行動。一九五六年二月，第二十屆蘇聯共產黨代表大會裡，赫魯雪夫在會期最後一天，也就是二月二十五日時拿出了這份秘密報告《關於個人崇拜及其後果》，展開了對史達林的一連批判，這份報告很快就在黨員間傳開。同年六月，美國國務省亦將此報告翻譯成英文並公開。

赫魯雪夫對史達林的批判，給了全世界一道很大的衝擊。雖然有極少國家像匈牙利一樣，最終選擇與蘇聯抗爭、發起「動亂」[50]，但是在報告公開前都一直被神格化的史達林，他的光環就這樣被赫魯雪夫硬扯下來。知道了真相的全世界社會主義運動家與信奉者，他們所受到的衝擊，可說是難以形容的。接著，俄羅斯內開始平反在肅清、勞改營刑罰中成為犧牲者們的名譽，透過「再審」，有超過一百萬的人獲得釋放、超過一百萬的死者恢復了名譽，並都獲得了些許的補償。一九六一年，史達林的遺體被移出了列寧陵墓，並重新進行火葬。他的骨灰被「降階」，移到了位於陵墓後方，與革命功臣一同葬在克里姆林宮紅場墓園之中。

在史達林死後，知識分子之間發出了要求自由化的聲音。在文學界裡，首先有位愛倫堡，發表了《解凍》（第一部於一九五四年發行）一書。「解凍」一詞，被當作是該時代自由化的象徵廣為使用，但眾人對這詞的概念還並未全面普及；詩人巴斯特納克寫的小說《齊瓦哥醫生》，則因為內容對「政府採取批判立場」，因此未能在國內發表。但到了一九五七年，這本書成功在義大利刊行，巴斯特納克更於翌年被選為諾貝爾文學獎的得獎者，然而因為蘇聯當局的組織攻擊下，巴斯特納克最終謝絕受獎。此外，擁有長達八年在勞改營度日經驗的索忍尼辛，在一九六二年發表了《伊凡·傑尼索維奇的一天》，而准許它刊載在雜誌上的人，正是赫魯雪夫。

◎「追上美國，然後超越美國」

一九五七年十月，在赫魯雪夫時代揭開序幕不久之後，蘇聯成功發射人類史上第一顆人造衛星「史潑尼克」。此壯舉驚動了世界，特別是對美國帶來強烈的衝擊。隔年，美國的新聞工作者約翰·岡瑟在《蘇俄的內幕》中如此敘述：「很明顯地，史潑尼克向大氣層外的推進，對美國或是自由世界來說，都是毫無疑問且突如其來的敗北。而且這次的敗北，還是因為美國人自我滿足的心態下，造成了它發生在美國自己以為占有優勢地位的領域——科學技術的應用中。」

在革命四十周年的紀念集會中，赫魯雪夫宣言「蘇聯主要的十一種物資，將在十五年後『追上美國，然後超越美國』，生產一人所需的肉、牛奶、奶油的目標，也將在『近年內』達成。」一般認為，當時蘇聯人的生活水平大約在美國人的百分之五十，而在蘇聯經歷近乎半世紀的「革命」、「內戰」、「第二次大戰」的混亂後，美蘇的生產力等級差距，早已不是在同一個檔次中，也因此，當時才會出現要立即展開「美蘇經濟戰爭」的輿論。在此，赫魯雪夫新闢了「七年計畫」，社會主義打出口號，宣稱它不僅可藉計畫經濟消除資本主義中必定會存在的「恐慌」，還能促進經濟發展、提升人民生活水準，並且進入了實踐階段。

兩年後，赫魯雪夫來到了美國，採取「和平共存」路線，不過，這終究只是單方面的說法。一九六一年八月，在柏林築起「圍牆」後，蘇聯與西歐諸國進入決定性的對立狀態。翌年，圍繞著古巴的核彈布署問題，亦讓蘇聯與美國間產生了核戰的危機。此外，原屬蘇聯盟友陣營的中國也在這時批判起「蘇聯修正主義」，兩國關係交惡。

蘇聯為了擴大國家穀物生產量，於是朝中亞、哈薩克斯坦的處女地進行開拓，並派遣共青團團員進入。他們擴大了玉蜀黍的栽種面積，以及集體農莊的規模。這一連串的農業政策起初獲得了不錯的成果，但途中卻碰上瓶頸，最終以失敗收場。一九六四年十月，赫魯雪夫遭到追究農業政策失敗的責任，被迫退位。接著，蘇聯便進入了由布里茲涅夫總書記、柯錫金總理，以及最高蘇維埃主席團主席波德戈爾內所組成的「三頭馬車」體制。

◎布里茲涅夫時代中的「停滯」

在赫魯雪夫十年的領導裡，最大的成果就是將人們從沒有理由的逮捕、流放，甚至是處決的惡夢中解放出來。然而在繼任者布里茲涅夫的執政下，他已不再允許更多對史達林的批評。布里茲涅夫不僅停下了社會民主化的步伐，也封印了「重新檢視歷史」的行為；在公開活動中表明意見的人會受到迫害，這讓與官方理念不同的人，不得不選擇「地下出版」。至於向蘇維埃體制宣示忠誠的人們，則開始在私生活中

赫魯雪夫　因訪美行程對於玉蜀黍豐收景象稱讚不已，於是在國內大力提倡以改善經濟。

享受起「自由」。由於都會實施了週休二日制，當時的市民中流行著一股風氣——人們會去入手一間位在郊外、附有小小菜園的「鄉間小屋」。在這樣的背景中，時間來到了一九六七年，蘇聯舉辦了慶祝「俄羅斯革命五十周年」的活動。

然而，布里茲涅夫帶領的時代，也僅止於如此而已。接下來，蘇聯在政治、經濟以及社會生活等各方面上，都開始產生了停滯。由於布里茲涅夫本來就是被以「最安全的領導者」的前提選上的，因此他胸中並沒有進行根本改革的意圖。幹部靠著人脈與關係就能在政府中橫行的腐敗現象，以及老人政治化等問題都隨著時間過去愈來愈嚴重。此外，以身為工業中心、在將來也是該國最優先發展部門的機械製作工業為例，它們所生產出的產品，當時只有將近百分之三十有達到國際水準，電腦部門的部分，平均起來也大約慢了國際腳步十年。不僅如此，農業生產力的部分也一樣低迷；在一九七九至一九八一年的階段中，以穀物的單位收穫量（一公頃產多少噸）來比較，比起美國的四點二，蘇聯只有一點四，僅占美國的三分之一，這數據甚至比起隔壁同樣是社會主義國家的波蘭都還低。一九七〇年代末期，蘇聯的經濟成長趨近於零，讓重視國防產業的系統漸漸走向了破產的危機。

在這樣的背景中，「社會性的腐蝕」也非常嚴重。人們無精打采、對事情漠不關心，造成了酒精中毒與犯罪案例的增加；勞動規律鬆弛，曠職狀況愈來愈多，勞工最常使用的理由就是「喝多了」。住宅問題、大眾消費財與藥劑不足的問題也愈來愈嚴重。此外，非法交易橫行，若包括公認的個人副業經營在內，當時的「地下經濟」推測共占了GNP的百分之二十五。就連黨報《真理報》也承認「不管是哪個家庭，只要你試著在節日前去拜訪，你肯定會因為商店貨架上所沒有的東西，竟然全備齊在他們桌上的景象而感到吃驚。」

以上的情況，即使在撻伐史達林時代過去之後，身為國家骨幹的官僚體系，仍對這些問題束手無策，只能將它完整地「交接」下去，持續著「權威主義式的官僚主義」。儘管人們的目光，已朝向「充實的私生活」望去，但其實它的根本中，卻慢慢發生著「動脈硬化」。

一九八〇年，莫斯科「風光地」舉辦了奧林匹克。同年，波蘭組織了自主工會「團結工聯」，再次提起了關於「社會主義體制之正當性」的根本問題。隔年，就任美國總統的雷根強硬態度對待美蘇關係，打出了需要龐大

布里茲涅夫　在他擔任總書記時期，蘇聯政府與東正教會的關係被稱為「處於十月革命以來最好的時期」。

成本與科學技術的「星戰計畫（SDI）」。布里茲涅夫於一九八二年過世，而繼任的安德羅波夫、契爾年科則雙雙因為年事已高，在位期間都不長。此時，不管是誰都能了解到，蘇聯所需要的是一個年輕的領導者。一九八五年，在這樣的背景中，當年五十四歲的米哈伊爾·戈巴契夫粉墨登場。

◎戈巴契夫的重建計畫

戈巴契夫出生於集體農莊中的農家，那處集體農莊位在俄羅斯南邊的斯塔夫羅波爾。戈巴契夫從莫斯科大學畢業後，就在老家的青年團內工作。在布里茲涅夫時期中，戈巴契夫在一九七八年被拔擢為擔當農業方面的共產黨中央委員會書記，成為黨中菁英。兩年後，他進入政治局，再到了五年後的一九八五年三月，他以黨總書記的身分在政治世界中登場。

在隔年四月底的車諾比核電廠事故發生後，戈巴契夫強烈主張蘇維埃社會的全面性「經濟改革（перестройка）」，也就是俄文的「重建」與「資訊公開」。核電廠事故約造成了三千五百人死亡以及大量輻射感染者，人們不得不遠離災害地點，車諾比周邊地區儼然成為無人地帶。這一場災難，同時給予了全世界的人心中最深層的不安。

到了一九八七年，戈巴契夫開始提倡「社會民主化」。當年前往美國的他，在《中程飛彈條約》簽字，表明了「軍擴轉軍縮」的意圖。知識分子透過報紙與雜誌支持他的改革，並且開始了「結社」活動與市民運動。原先在「停滯時代」中，被打壓的恢復八十萬史達林時代犧牲者之名譽及權力的活動，在此時終於成功。戈巴契夫為了「填補歷史空白」的改革，在後來超出了原先預期，意外開拓了「東歐革命」的道路。一九八九年十一月，「柏林圍牆」倒塌，東西德統一，於波蘭、捷克斯洛伐克、匈牙利等國家中的政治「自由化」與「市場經濟」的腳步亦因此加速。

一九八八年是俄羅斯「受洗」後的第一千年。自「十月革命」起的七十年間，教會面對無神論的蘇維埃政府，過著受苦受難的日子。當時一間間教堂遭到破壞，殘存下來的大修道院，則變成了「博物館」。在「大衛國戰爭」期間，史達林為提升國家戰鬥意志，因此與教會達成了一時「和解」，但到了赫魯雪夫時代時，教堂的數量已減少至原先的三分之二。然而即使如此，許多的俄羅斯人仍未放棄自己的信仰，他們秘密持有聖像，維持著全家一同祈禱的習俗。

後來戈巴契夫決定轉換宗教政策。在「受洗千年」的大典前夕，戈巴契夫邀請了皮蒙牧首等高級神職人員來到克里姆林宮，向其承認蘇維埃政權的宗教政策錯誤，此舉決定了最終的「政教和解」。位在謝爾吉耶夫的謝爾蓋聖三一修道院在六月初召開了正教會全體會議，聖職界以「千年大典」為契機，讓信仰重回表面世界。後來，俄羅斯教會發行了十萬部當時的俄語聖經譯本，雖然這本聖經對當時的俄羅斯人來說相當高價，但據說當天就全部賣光。至於全國各地原先被棄置不管、任其荒蕪的教堂亦開始重建，莫斯科這座古都便更不在話下。而在教堂宣布再造時，教會通常也會獲得各方的修建金資助。

◎蘇聯的末路

然而，戈巴契夫所追求的目的並非是「革命」，而是共產黨主導的「改革」。即使在一九八九年三月的蘇聯人民代表大會中，「複數政黨制」仍未被作為一個問題提出。不過，他的「經濟改革」壯大了急進改革派，乘著這股態勢登場的，就是鮑利斯．葉爾辛。一年後，戈巴契夫當上了蘇聯總統。但在隔年退出共產黨的葉爾辛，也成為了蘇聯旗下最大加盟國、俄羅斯共和國的總統，並從前者手中接走了實權。

另一方面，蘇俄的各種變動，也驅動了至今不得不過著隱忍生活的各民族採取「獨立」行為。當時蘇聯共有十五個共和國「加盟」，其中與俄羅斯有深度歷史淵源的烏克蘭、白俄羅斯、喬治亞、亞美尼亞，以及波羅的海三國拉脫維亞、愛沙尼亞、立陶宛中，儘管俄羅斯人的比例很高，但不管是哪個地方，都有明顯的「獨立」動作。另一方面，中亞的烏茲別克斯坦、土庫曼斯坦、塔吉克斯坦之中，「俄羅斯人」的比重未達百分之十，但吉爾吉斯坦與哈薩克斯坦，則各占有百分之十五與百分之三十。於是戈巴契夫計畫以俄羅斯共和國為中心，建立一個「蘇維埃主權共和國聯盟」。

當時不管是哪一個共和國，都是處於經濟大混亂的狀態。特別是「帝都」莫斯科，平常就已經不夠賣的商品，在此時更是從商家的貨架上完全消失。政府表示接近三成的人口，生活低於「最低生活水準」，但實際狀況其實還要來得更糟，這讓帶領蘇俄陷入這種狀況的戈

戈巴契夫　蘇聯解體前最後一任總書記，於 1990 年獲得諾貝爾和平獎。

巴契夫受到了嚴重的批評。雖然世界各國對戈巴契夫的評價普遍不錯，認為他是位避開危機的領導人，但國內的輿論仍與國際大不相同。

一九九一年四月十六日起，戈巴契夫總統訪問了日本三天，這是自蘇維埃政權確立以來，第一次有俄羅斯國家元首來到日本。然而到了同年八月底，一陣武裝政變騷動，儼然聲明了戈巴契夫的權威墜地。十二月底，戈巴契夫下台，蘇聯正式解體。於是克里姆林的尖塔上的蘇聯旗幟，就這樣靜靜降了下來。

---

47 指蘇聯新經濟政策時期的企業主或商人。

48 又稱「科學院案件」，指普拉托諾夫教授一行人被誣陷為地下保皇組織反對蘇聯，而遭到流放。他們被從學校驅逐，然後流放到邊遠地區。案件起因是一九二九年，兩位蘇共內定的學院領導候選人在選舉中失敗，因此蘇聯當局意識到了科學院這個學術界還沒有得到足夠控制，於是開始誣陷其中的一些教授是反革命開始逮捕和鎮壓。大批人被從科學院開除，一部分人被捕。

49 此處是作者的解釋。日本在「舊金山和約」中曾放棄了千島群島、庫頁島的權利，使此地區回復至《朴資茅斯條約》以前的狀態。

50 指「匈牙利一九五六年革命」，在這份秘密報告公開後，原本就不滿蘇聯入侵的匈牙利民眾，更因為民族歷史的愛國主義狂熱，使這種動盪局面進一步升級。這場革命始於學生運動，終於軍隊鎮壓。

結語

冬宮　建成之初到 1917 年羅曼諾夫王朝結束前一直是俄國皇帝們的皇宮。現以古文字學研究和收藏歐洲繪畫藝術品聞名世界。

◎對於俄羅斯社會史寫法的嘗試

本書是嘗試以羅曼諾夫家統治的三世紀歷史為中心，去描寫俄羅斯社會史而成的作品。正好在兩年前，筆者為《講談社選書メチエ》寫了一本《よみがえるロマノフ家》（復甦的羅曼諾夫家）。該書並不是只針對莫斯科的克里姆林宮以及聖彼得堡皇宮中的動向來寫成的「王朝史」，而是思考皇帝的行為與一般社會民眾之間的關係，再以社會史的觀點與箇中意義來研究此時「政治」的作品。儘管如此，圍繞在羅曼諾夫家的諸多故事裡，有著一種愈是研究，就愈難以自拔的「篇章」存在。若忽略了它，筆者認為人們對羅曼諾夫家的「政治」，終究會處於一知半解的狀態下。這也是為什麼當時筆者會就沙皇「個人」以及他所遭遇的處境寫得相當詳細的原因，但這種敘述法的反效果，就是無法詳盡敘述當時社會與民眾的狀態，這點在筆者心中一直留有一絲遺憾。

本書並非是打著「羅曼諾夫家史」旗號的作品，描述的對象終究是「沙俄時期」，也就是沙皇們所統治的時代。因此，筆者刪減了沙皇「個人」與其處境的部分，將版面留給社會與民眾的問題，接著再為羅曼諾夫王朝前、後的時代各寫了一章，讓本書具有通史的特性。但筆者也比任何人都清楚，這樣的做法仍不夠充分，因此接下來筆者將再以通史的眼光來審視俄羅斯社會史，並將筆者認為特別重要的三點，以摘要的形式做最後的記述。

◎俄羅斯形成多民族國家的過程

十六世紀中葉，伊凡雷帝征服了喀山汗國，讓俄羅斯成了多民族國家，並在俄羅斯東擴史上寫下了歷史性的一章。在征服了阿斯特拉罕汗國與西伯利亞汗國後，俄羅斯的領土便更加朝著東、南邊擴大。這點不管在哪本俄羅斯史概論中都一定會提到，而本書則以這段歷史的前提，也就是發生在中世紀長達兩百四十年的「韃靼之軛」，以及它所造成的後遺症問題，來嘗試引起讀者對這方面的注意。關於這點，歷史學家克柳切夫斯基也曾在文獻中寫道：「俄羅斯人與波洛韋茨人、韃靼人這些草原上的兇惡遊牧民族之間的鬥爭，自八世紀持續到將近整個十七世紀，這段歷史深深刻劃在俄羅斯人的記憶中，在敘事史詩中，它也是一段被演繹得最為鮮明、卻也最為痛苦的歷史回憶。」

不過十八世紀以後，俄羅斯人與遊牧民族的攻守之勢產生了逆轉。俄羅斯跨過了伏爾加河，進入了哈薩克斯坦，並於十九世紀開始了正式的征服行動。不只如此，在十九世紀中葉左右，高加索的亞塞拜然、亞美尼亞、喬治亞也被俄羅斯所征服。至於中亞和土耳其斯坦，則是在一八六五年開始的二十年間，遭到俄羅斯的軍事壓制。

追根究柢，俄羅斯的領土擴大活動本身就不僅止於東方與南方，它的領土也曾向西方擴大過。像是十七世紀中葉，位於「穀倉地帶」的東烏克蘭，就被俄羅斯以自治國家的形式所吸收，並在十八世紀末前完全合併；彼得時代時，俄羅斯也從瑞典手中得到「波羅的海三國」；而在世紀末時，則與普魯士、奧地利一起「三分天下」瓜分了波蘭這中世紀大國，大舉增加了西邊領土。

就這樣，沙俄帝國在十九世紀末之際，發展成了包含波羅的海沿岸地區、波蘭與烏克蘭等歐洲地區、高加索地帶、中亞以及西伯利亞直至遠東地區的巨大殖民地帝國。這個結果，使得俄羅斯囊括了多達兩百種宗教、語言各不同的「民族」。這些民族之中，也有像是在一九一〇年的調查中，人數已不到一千五百人的「少數民族」——阿留申人（Unangan）。一六四六年，在這羅曼諾夫王朝建立後不久的階段中，俄羅斯人在國內總數的比例約百分之九十五，而到了帝國晚期的一九一七年，仍稱作「俄羅斯人」的總數已減少至一半以下，占有比例約只剩百分之四十五。

◎多民族帝國的真實情況

俄羅斯在以上所述的領土擴大過程中，其特徵在於比起奪取經濟上的利益，更加優先考慮戰略與政治。它與先進的歐洲諸國不同，對於經濟利益或是基督教使命的思想都較為薄弱，取而代之的是它對於安全保障的需求。在直到女皇凱薩琳二世實施的宗教寬容政策為止，我們不能否定俄羅斯一直是採取著嚴峻的改宗政策，但就帝國的民族政策來看，可以從十九世紀中葉來大致劃分成兩時期。十九世紀前半，俄羅斯對於異族是採「行政上的統治」；十九世紀後半開始，則是開始強力展開「文化上的俄化政策」，強制推動異族學習俄語與改宗正教等措施。例如在一八六三年，烏克蘭在內政部長的指令下，就禁止了烏克蘭語的使用。此外，還有像是正教的傳教團被派遣至各地、嚴格處置民族運動措施等都是一例。在這政策的實施時期裡，波蘭兩次的反俄起義（一八三〇年與一八六三年）特別令人注目，而針對猶太人的壓迫措施，也以「反猶騷亂」一詞為人所知。

然而，在能夠稱作是帝國中樞機關的官場與軍隊中，非俄羅斯人的比例絕非少數。像是在一八六八年的階段裡，軍隊的軍官就有百分之二十三是「非正教徒」。這顯示出比起民族或宗教的傾向，他們更重視一個人對皇帝的忠誠度、專業度以及家門的顯赫程度等。另一方面，在需要負責任的職位上，任用的都是出身於「民族地區」的優秀人物，透過這種原因受到「拔擢」上來的人事例子也不在少數。俄羅斯透過這樣的方式，企圖強化「中央」的同時，也利於達到統一遠離中央的地區。

蘇維埃所繼承下來的，就是上述這樣一個擁有多民族的國家。由俄羅斯聯邦與十五個民族共和國構成的蘇維埃聯盟，藉由憲法保障加盟國可「自由脫離」。雖然說起來諷刺，但蘇聯的解體正是這法條的實踐。至於引發「脫離」的導火線，則是因為蘇聯其實是比起羅曼諾夫王朝引導的帝國時代還要壓抑，且更為強力的中央集權政體。

不過，無論是哪個帝國，都無法單靠「鞭子」來進行統治。蘇聯的解體亦非是能只用壓抑與解放這簡單的公式來理解。受到支配的「民族地區」中，有一群菁英們透過各種管道與莫斯科聯繫，而「拔擢」的人事也持續進行。但這之中，俄羅斯人維持帝國的「高成本感情」是一件我們所不能忽略的事。所謂的高成本感情，就是指俄羅斯人為維持帝國，而強迫周邊落後民族做出犧牲，或是給予過多「恩惠」的感情；雖然這聽起來有些牽強，但俄羅斯政府挹注大量資金到「民族地區」仍是個不爭的事實。有些學者將俄羅斯人的「高成本感情」稱作是「支配民族的被害者意識」，但其主要目的，同樣是希望人們可以再次冷靜、具體地分析俄羅斯這多民族帝國的實際狀況。

◎重新思考殖民問題

俄羅斯領土擴張的問題，與本書在最初提到的殖民問題有著很深的關聯。雖說如此，這兩個問題其實是相輔相成的。

彼得大帝時代開始的兩百年間，平均起來，俄羅斯的領土以一天成長四百平方公里的比例增加（東京都的面積約兩千兩百平方公里，也就是當時俄羅斯約六天就能擴張出一個東京），那裡雖然是人們不感興趣的不毛之地，不過卻也不缺肥沃的土地。這也給了當時俄羅斯的農民，隨時都得以殖民的可能性。只要土地稍微變小，農民們就會選擇移居。隸屬於聖俗領主們的農民，也會被領主移動過去他們獲得的肥沃開墾地，其中，也有些農民會選擇不法移居，成為所謂的逃亡農民。

就這樣，農民們將移居化為理想；對於逃亡農民來說，移居是逃脫領主「不公正」榨取的手段，也是一種到遠方尋找「地上樂園」的冒險。人們期待著可以在那裡過著自由、衣食不缺的日子。而這種將遠方當作是「衣食無缺之處」的理想化想法，來自於所謂的「白水境（Беловодье）」傳說（即俄國版的桃花源），而這傳說的起源，又源自十七世紀中葉「舊禮教派」的見解。「舊禮教派」的運動，確切地以這種形式強化了農民的志向，但農民真正將移居化為理想並加以深信，則是在中世紀之後。直到二十世紀初，這樣的理想一直在俄羅斯農民心裡深深紮下了根。

上述關於「農民的移居、逃亡行為與領土擴大之間的一體性」，或許已不須再多加解釋，不過此處筆者還必須點出它負面的一面。

農民們在進入資源豐富的新地區時，會同時將「舊有農耕方式」一起帶過去。也就是說，面對人口增加，他們一直不是試圖透過農業集約化與增加產量等方式來處理，而是單靠著移居來解決問題。不過若要更新農業制度，將之轉變為集約化農業，則需要時間、資金，以及面對改變的心理準備。只有在土地不足以及移居的可能性被排除後，農民才會願意嘗試農業的集約化；反之，若土地仍有所餘裕，那麼農民依舊會選擇移居到水草豐美的新天地，持續實施傳統的粗放式農業。

於是，在領土擴大之中，身上沒有資金的農民，就成為了農業轉換成集約式經營過程的阻力。在農業經濟學裡有個有力的論證，指出：「包括農業集約化、擴大農業生產等的『農業革命』，其推動的原動力就在於『人口造成的壓力』。」就從這論點來看，領土的擴大，可說是同時意味著抵消了人口增加所帶來的效果。直到沙俄末期，俄羅斯農民的生產力普遍不高，但由於這中世紀以來的共同體農業達到了社會上的「平等正義」，因此讓他們一直持續著這種方法。也因此，俄羅斯並沒有產生像英國在十六世紀的「農業革命」，也沒有轉變成像法國、德國在十九世紀的「個人主義農業」，雖然這不代表它們沒有一丁點的改善，但基本上，這樣的「農民傳統」，具有根深蒂固的特質，自古以來支配控制著農民的想法與行動。而將這狀況畫下休止符的，就是斯托雷平的土地改革，不過這改革在後來爆發第一次大戰與革命下退回了起點。直到史達林強制的農業集體化，才終結了這個傳統，但也伴隨著空前絕後的龐大犧牲。

◎在都市中呈現的「俄羅斯與歐洲」

上述俄羅斯農業、農民的生活方式，其實與都市的發展不足以及脆弱之處有很深的關連。

本書先前也提到，俄羅斯的都市早因為「韃靼之軛」（蒙古人的侵略）有了相當大程度的損壞。後來，俄羅斯自從脫離「韃靼之軛」後，都市的重建也是以「要塞」為出發點。也就是說，當時的都市是軍事性的、行政性的都市。雖然在都市的安全受到保障、商人也漸漸入住後，消除了都市的一些軍事氣息，但都市為維持專制所需的「擔稅共同體」制度，卻也造成它未能發展出「自治與自由」的風氣。此外，俄羅斯都市在各方面都與農村沒有明顯的區別，直到十七世紀中葉發生都市起義後，都市身分階級的人才終於被承認可以獨占商業、手工業活動，然而此時的「商業農民」還是層出不窮。許多人都曉得，在一七七五年實施地方改革之際，凱薩琳二世因面臨要在縣當中設置中心都市的急迫性，因此將許多大型村落升格為都市，就這點來看，俄羅斯的都市直到近代為止，在社會形成的領域中，都未曾發揮出正面的功能。此處，筆者就拿歐洲的都市來與之做個對照。

古老學說主張，誕生於十二、十三世紀的中世紀歐洲都市是「自治與自由的堡壘」、是近代民主主義的起源。但實際上並不是那樣，因為真正在推動「自治與自由」的其實是「擁有市民權的市民」，至於其餘大量的非市民，則早已經從市政當中被排除掉。另一方面，城市中有些市民靠著寡頭統治，獨占了市政，一攫千金，但平均起來，當時城市仍約有兩成人口為貧民。而所謂的「自治與自由」，當時就是存在於這樣的環境下，這點或許早已是大家的常識。

不過，我們並不能因為這樣就去輕視那段傳統。擁有「在二十世紀中創下中世史研究最大成果」高評價的蘇維埃歷史學家阿隆．古列維奇，就在他的著作《中世紀文化的分類》（一九七二）中提到，西歐的中世紀都市在擁有「中世紀生活最核心的特徵」的同時，也賦予了西歐文化「獨一無二的獨特性」。根據古列維奇的說法：「都市的市民不僅是自己都市自治體的成員，也是所有者，更是勞動的主體。正因為有多面性的社會關係，市民才能在封建社會中取得比其他階級代表都還要優勢的地位。」

筆者個人的看法是，要是沒有像這樣的都市與市民存在，宣告近代曙光到來的文藝復興時期與宗教改革就沒有發生的可能。像是路德的教義，一開始雖然是在都市中傳開，但市民們是先透過公開討論會、市民總會抑或是擴大參事會（即市政府）的判斷後，才決定是否接受路德的教義。不必多加說明的是，市民們會武裝自己、保護自己的都市與都市的特權，這樣的傳統就深植於歐洲的社會中。即使這帶有排外、特權的色彩，但筆者認為，這樣的中世紀都市，就是歐洲近代「市民社會」的濫觴。

在該書裡，古列維奇雖然沒有針對俄羅斯的都市做任何描述，但對於中世紀的東洋都市與拜占庭帝國的都市，古列維奇則是作了以下的評論：

即使（這些都市）在經濟面、文化面有多麼發達，它們終究無法超越中世紀發展階段的極限，成為引導全體社會走向世界的進步源頭。因為這些都市裡，欠缺一種型態的成員——也就是擁有自由、自治權的都市共同體的市民。這種類型的社會，只有可能出現於獨裁政治及全面抑制社會權力的體制之中。

而這樣的說法，拿來套用在俄羅斯都市上大致也能說得通。順帶一提，在中世史研究上有如此成就的古列維奇，卻是一位在蘇聯史學會中，屢屢受到打壓而不得志的猶太人。

◎俄羅斯的固有條件

俄羅斯經九八八年的「受洗」以來，就一直是西洋基督教世界的一員。雖然這是經君士坦丁堡傳來的希臘正教，但有不少歷史學家認為，俄羅斯人在歷史性的身分認同上，認為它就是基督教。關於這點，筆者並沒有異議，畢竟本書的各個篇章中，也多次提到關於教會與信仰的問題。但筆者認為，與之同樣重要——或說比它還要重要的，就是俄羅斯在經歷過「韃靼之軛」後踏上了與歐洲不同道路的事實。在脫離壓迫後新生的莫斯科專制國家，其首都仍屢次遭到克里米亞韃靼人蹂躪，亦有不少俄羅斯人被捉去當俘虜。於是長時間的防衛，特別是國境警備的議題就這樣化為政府最重要的課題。若說俄羅斯朝南方、東方擴大領土的政策，其背後留有「韃靼之軛」的壓迫對心理所造成的後遺症，亦屬合理。而就這政策的結果來說，俄羅斯的領土上，容納了以伊斯蘭教徒為首的非俄羅斯人民族，儼然成為一個「殖民地帝國」。學界普遍認為，「沙皇強大的權力」與「脆弱的社會」這種近代俄羅斯結構上的特質，也與上述的歷史有著很大的關聯。

俄羅斯與草原遊牧民族之間，不得不處於長達千年敵對關係的地理條件，強力制約了她的歷史。換言之，俄羅斯處在「歐洲與亞洲之間」的地理位置，就是它固定的條件。這個說法在本書先前介紹過的歷史學家克柳切夫斯基的論點中就已明確指出過，因此並非創見。只是，每當吾人欲重新審視俄羅斯的漫長歷史時，皆必須立基於此，才有可能理解這個龐大帝國的全貌。

- 下斗米伸夫『ソ連＝党が所有した国家』講談社選書メチエ　2002年
- 関啓子『多民族社会を生きる』新読書社　2002年
- 高橋清治『民族の問題とペレストロイカ』平凡社　1990年
- 立石洋子『国民統合と歴史学』学術出版会　2011年
- 土肥恒之『岐路に立つ歴史家たち』山川出版社　2000年
- 富田武「ペレストロイカの背景」菊池昌典編『社会主義と現代世界③』山川出版社　1989年
- 富田武『スターリニズムの統治構造』岩波書店　1996年
- トロツキー『レーニン』松田道雄・竹内成明訳　河出書房新社　1972年
- 中井和夫『多民族国家ソ連の終焉』岩波書店　1992年
- 西山克典『ロシア革命と東方辺境地域』北海道大学図書刊行会　2002年
- パイプス『ロシア革命史』西山克典訳　成文社　2000年
- 廣岡正久『ロシア・ナショナリズムの政治文化』創文社　2000年
- ベルジャーエフ 他『道標』『深き淵より』長縄光男 他訳　現代企画室　1991、1992年
- マーチン『アファーマティヴ・アクションの帝国』半谷史郎監修　荒井幸康訳　明石書店　2011年
- 松井憲明「ソ連時代の農民家族」『ロシア史研究』74号　2004年
- 松井康浩『スターリニズムの経験』岩波書店　2014年
- 松戸清裕『ソ連史』筑摩書房　2011年
- メイリア『ソヴィエトの悲劇』上下　白須英子訳　草思社　1997年
- フルシチョフ『フルシチョフ秘密報告「スターリン批判」』志水速雄訳　講談社学術文庫　1977年
- フレヴニューク『スターリンの大テロル』富田武訳　岩波書店　1998年
- ワース『ロシア農民生活誌』荒田洋訳　平凡社　1985年
- 和田春樹『歴史としての社会主義』岩波新書　1992年
- 和田春樹『スターリン批判　1953～56』作品社　2016年

・原暉之『ウラジオストク物語』三省堂　1998年
・黛秋津『三つの世界の 間で』名古屋大学出版会　2013年

第八章
・池田嘉郎『革命ロシアの共和国とネイション』山川出版社　2007年
・ウェーバー『ロシア革命論』Ⅰ、Ⅱ　雀部幸隆・肥前栄一 他訳　名古屋大学出版会　1997、1998年
・加納格『ロシア帝国の民主化と国家統合』御茶の水書房　2001年
・カレール＝ダンコース『甦るニコライ二世』谷口侑訳　藤原書店　2001年
・小島修一『ロシア農業思想史の研究』ミネルヴァ書房　1987年
・小島修一『二十世紀初頭ロシアの経済学者群像』ミネルヴァ書房　2008年
・スイチン『本の為の生涯』松下裕訳　図書出版社　1991年
・鈴木健夫『近代ロシアと農村共同体』創文社　2004年
・崔在東『近代ロシア農村の社会経済史』日本経済評論社　2007年
・土屋好古『「帝国」の黄昏、未完の「国民」』成文社　2012年
・マクレイノルズ『〈遊ぶ〉ロシア』高橋一彦 他訳　法政大学出版局　2014年
・横手慎二『日露戦争史』中公新書　2005年
・保田孝一『ニコライ二世と改革の挫折』木鐸社　1985年
・保田孝一『最後のロシア皇帝ニコライ二世の日記』朝日新聞社　1985年
・和田春樹・和田あき子『血の日曜日』中公新書　1970年
・和田春樹『日露戦争』上下　岩波書店　2009、10年

第九章
・石井規衛『文明としてのソ連』山川出版社　1995年
・伊藤恵子『革命と音楽』音楽之友社　2002年
・岩上安身 他『ソ連と呼ばれた国に生きて』JICC出版局　1992年
・宇山智彦『中央アジアの歴史と現在』東洋書店　2000年
・奥田央編『20世紀ロシア農民史』社会評論社　2006年
・カー『ロシア革命』塩川伸明訳　岩波現代文庫　2000年
・菊池昌典『歴史としてのスターリン時代』盛田書店　1966年
・キム編『ソヴェト・インテリゲンチャ』中西治訳　東京創元社　1972年
・コンクエスト『スターリン』佐野真訳　時事通信社　1994年
・斎藤治子『令嬢たちのロシア革命』岩波書店　2011年
・塩川伸明『終焉の中のソ連史』朝日新聞社　1993年
・塩川伸明『多民族国家ソ連の興亡』全３巻　岩波書店　2004～07年
・ジッド『ソヴェト旅行記／ソヴェト旅行記修正』小松清訳　新潮文庫　1969年

- 鈴木健夫『帝政ロシアの共同体と農民』早稲田大学出版部　1990 年
- トゥルゲーネフ『ロシアおよびロシア人』山本俊朗訳　廣文堂書店　1962 年
- 高田和夫『近代ロシア社会史研究』山川出版社　2004 年
- 高橋一彦『帝政ロシア司法制度史研究』名古屋大学出版会　2001 年
- 竹中浩『近代ロシアへの転換』東京大学出版会　1999 年
- 田中真晴『ロシア経済思想史の研究』ミネルヴァ書房　1967 年
- 外川継男『ゲルツェンとロシア社会』御茶の水書房　1973 年
- 富岡庄一『ロシア経済史研究』有斐閣　1998 年
- 橋本伸也『エカテリーナの夢　ソフィアの旅』ミネルヴァ書房　2004 年
- 橋本伸也『帝国・身分・学校』名古屋大学出版会　2010 年
- 畠山禎『近代ロシア家族史研究』昭和堂　2012 年
- バーンズ『V・O・クリュチェフスキー』清水昭雄 他訳　彩流社　2010 年
- バロン『プレハーノフ』白石治朗 他訳　恒文社　1978 年
- 肥前栄一『ドイツとロシア』未来社　1986 年
- フォン・ラウエ『セルゲイ・ウィッテとロシアの工業化』菅原崇光訳　勁草書房　1977 年
- プレーヴェ／ゲルマン『ヴォルガ・ドイツ人』鈴木健夫・半古史郎訳　彩流社　2008 年
- ベーリュスチン『十九世紀ロシア農村司祭の生活』白石治朗訳　中央大学出版部　1999 年
- マズーア『デカブリストの反乱』武藤潔・山内正樹訳　光和堂　1983 年
- 山本俊朗『アレクサンドル一世時代史の研究』早稲田大学出版部　1987 年
- レーピン『ヴォルガの舟ひき』松本裕訳　中央公論社　1986 年
- 和田春樹『テロルと改革』山川出版社　2005 年

第七章

- 青木恭子「帝政末期ロシアのシベリア移住政策」『富山大学人文学部紀要』41　2004 年
- 帯谷知可「『近代』への胎動―植民地経験、改革、民族―」間野英二・堀川徹編著『中央アジアの歴史・社会・文化』放送大学教育振興会　2004 年
- カルパナ・サーヘニー『ロシアのオリエンタリズム』松井秀和訳　柏書房　2000 年
- 木村英亮・山本敏『ソ連現代史 II　中央アジア・シベリア』山川出版社　1979 年
- 坂本秀昭『帝政末期シベリアの農村共同体』ミネルヴァ書房　1998 年
- タッパー『大いなる海へ―シベリヤ鉄道建設史―』鈴木主税訳　フジ出版社　1971 年
- 浜由樹子『ユーラシア主義とは何か』成文社　2010 年

- 土肥恒之『「死せる魂」の社会史』日本エディタースクール出版部 1989 年
- 土肥恒之『ロシア社会史の世界』日本エヂィタースクール出版部　2010 年
- 土肥恒之『ピョートル大帝』山川出版社（世界史リブレット人）2013 年
- 豊川浩一『ロシア帝国民族統合史の研究』北海道大学出版会　2006 年
- 鳥山成人『ロシア・東欧の国家と社会』恒文社　1985 年
- 長縄光男『評伝ゲルツェン』成文社　2012 年
- 中村喜和『聖なるロシアを求めて』平凡社　1990 年
- 中村喜和「ロシアにおける終末論とその社会運動」『歴史学研究』724 号 1999 年
- ネクルィローヴァ『ロシアの縁日』坂内徳明訳　平凡社　1986 年
- 坂内徳明『ロシア文化の基層』日本エディタースクール出版部　1991 年
- プーシキン『プガチョーフ叛乱史』草鹿外吉訳　現代思潮社　1971 年
- マーカー『ロシア出版文化史』白倉克文訳　成文社　2014 年
- 松木栄三編訳『ピョートル前夜のロシア』彩流社　2003 年
- 森永貴子『ロシアの 大と毛皮交易』彩流社　2008 年
- 森永貴子『イルクーツク商人とキャフタ貿易』北海道大学出版会　2010 年
- 矢沢英一『帝政ロシアの農奴劇場』新読書社　2001 年
- 吉田金一『近代露清関係史』近藤出版社　1974 年
- ラヂーシチェフ『ペテルブルグからモスクワへの旅』渋谷一郎訳　東洋経済新報社　1958 年
- ロートマン『ロシア貴族』桑野隆・望月哲男・渡辺雅司訳　筑摩書房　1997 年

第五、六章

- 有馬達郎『ロシア工業史研究』東京大学出版会　1973 年
- ヴァリツキ『ロシア資本主義論争』日南田静真 他訳　ミネルヴァ書房　1975 年
- 石川郁男『ゲルツェンとチェルヌィシェフスキー』未来社　1988 年
- オーウェン『未完のブルジョワジー』野口健彦・栖原学訳　文真堂　1988 年
- 菊池昌典『ロシア農奴解放の研究』御茶の水書房　1964 年
- ギリャローフスキイ『世紀末のモスクワ』中田甫訳　群像社　1985 年
- ケナン『シベリアと流刑制度』全２巻　左近毅訳　法政大学出版局　1996 年
- コルフ編『秘史デカブリストの乱』山本俊朗訳　恒文社　1982 年
- ザイオンチコーフスキー『ロシヤにおける農奴制の廃止』増田富壽・鈴木健夫訳　早稲田大学出版部　1983 年
- 佐藤芳行『帝政ロシアの農業問題』未来社　2000 年
- 下里俊行「聖なるロシアの『乞食』」坂内徳明 他編『ロシア―聖とカオス―』彩流社　1995 年

2t. SPb. 1999
• Riasanovsky,N.V　*Russian Identities. A Historical Survey*. Oxford UP., 2005

第一章

• 『イーゴリ遠征物語』木村彰一訳　岩波文庫　1983 年
• 石戸宮重郎『ロシアのホロープ』大明堂　1980 年
• 井上浩一「都市コンスタンティノープル」岩波講座『世界歴史』7 巻　1998 年
• グーレウィチ『バイキング遠征誌』中山一郎訳　大陸書房　1971 年
• 栗生沢猛夫『ボリス・ゴドノフと偽りのドミトリー』山川出版社　1997 年
• 栗生沢猛夫『タタールのくびき』東京大学出版会　2007 年
• 栗生沢猛夫『「ロシア原初年代記」を読む』成文社　2015 年
• スクルィンニコフ『イヴァン雷帝』栗生沢猛夫訳　成文社　1994 年
• 中村喜和編訳『ロシア中世物語集』筑摩書房　1970 年
• 中村喜和編訳『アファナーシエフ　ロシア民話集』上下　岩波文庫　1987 年
• 濱本真実『「聖なるロシア」のイスラーム』東京大学出版会　2009 年
• ハルパリン『ロシアとモンゴル』中村正己訳　図書新聞　2008 年
• 松木栄三『ロシア中世都市の政治世界』彩流社　2002 年
• 三浦清美『ロシアの源流』講談社選書メチエ　2003 年
• 森安達也『東方キリスト教の世界』山川出版社　1991 年
• ヤーニン『白樺の手紙を送りました』松木栄三・三浦清美訳　山川出版社　2001 年
• リハチョフ／パンチェンコ／ポヌィルコ『中世ロシアの笑い』中村喜和・中沢敦夫訳　平凡社　1989 年
• 『ロシア原初年代記』国本哲男・中条直樹・山口巖 他訳　名古屋大学出版会　1987 年
• 『ロシアの家庭訓（ドモストロイ）』佐藤靖彦訳　新読書社　1984 年

第二、三、四章

• アニーシモフ「ピョートル改革とロシアにとってのその歴史的帰結」田中良英訳『現代思想』25-4　1997 年
• カレール＝ダンコース『エカテリーナ二世』上下　志賀亮一訳　藤原書店　2004 年
• 黒澤岑夫『ロシア皇帝アレクサンドル I 世の時代』論創社　2011 年
• 関口武彦「聖職者独身制の形成」『歴史学研究』754 号　2001 年
• 高田和夫『ロシア帝国論』平凡社 2012 年
• 土肥恒之『ステンカ・ラージン』山川出版社　2002 年
• 土肥恒之『ピョートル大帝とその時代』中公新書　1992 年

參考文獻

以下列出的是以日文為中心，且基本上較易取得的文獻。至於文學、思想作品及研究的部分，因數量龐大，故省略。

涉及全書的文獻

- 川端香男里『ロシア』講談社学術文庫　1998 年
- 高尾千津子『ロシアとユダヤ人』東洋書店（ユーラシア・ブックレット）2014 年
- 田中陽兒『世界史学とロシア史研究』山川出版社　2014 年
- 田中陽兒・倉持俊一・和田春樹編『世界歴史大系　ロシア史』全 3 巻　山川出版社 1994 ～ 97 年
- 中嶋毅編『新史料で読むロシア史』山川出版社　2013 年
- 中村喜和・和田春樹『世界歴史の旅　ロシア―モスクワ・サンクトペテルブルク・キエフ―』山川出版社　2013 年
- 藤本和貴夫・松原広志編『ロシア近現代史』ミネルヴァ書房　1999 年
- 米川哲夫編『世界の女性史・ロシア』評論社　1976 年
- 和田春樹編『新版ロシア史』山川出版社　2002 年
- 『新版ロシアを知る事典』平凡社　2004 年
- クリュチェフスキー『ロシア史講話』全 5 巻　八重樫喬任訳　恒文社 1979 ～ 83 年
- スミス／クリスチャン『パンと塩　ロシア食生活の社会経済史』鈴木健夫 他訳　平凡社　1999 年
- ニコリスキー『ロシア教会史』宮本延治訳　恒文社　1990 年
- ビリントン『聖像画と手斧　ロシア文化史試論』藤野幸雄訳　勉誠出版 2000 年
- ファン＝デル＝オイェ『ロシアのオリエンタリズム』浜由樹子訳　成文社 2013 年
- ミルナー＝ガランド／デエフスキー『ロシア・ソ連史』吉田俊則訳　朝倉書店　1992 年
- ロシア史研究会編『ロシア史研究案内』彩流社　2012 年
- ラエフ『ロシアを読む』石井規衛訳　名古屋大学出版会　2001 年
- リハチョーフ『文化のエコロジー』長縄光男訳　群像社　1998 年
- Hosking,G　*Ruissia. People and Empire*. Harvard UP., 1997
- Mironov,B.N　*Sotsial'naia istoriia Rossii perioda imperii(XVIII-nachalo XXv.).*

列夫·達維多維奇·托洛斯基

（Lev Davydovich Trotsykii，1879～1940）

俄羅斯十月革命的指揮者。本名布隆施泰因，猶太裔俄羅斯人，出生於烏克蘭的葉利沙維特格勒近郊。托洛斯基自敖德薩中等學校畢業後，便加入了孟什維克，一九〇五年革命時，他提倡「不斷革命論」，且就任彼德格勒蘇維埃主席。革命失敗後，雖然遭判流放至西伯利亞的流刑，但他亡命歐美，於一九一七年爆發的二月革命後歸國。成為布爾什維克黨員的他，與列寧一同指揮著十月革命。蘇聯時期，他曾以外交人民委員的身分，與德國談過和平協議。後來在與史達林之間的黨內鬥爭中敗北，一九二九年遭驅逐出境，最後於一九四〇年在墨西哥遭到暗殺。著有《俄羅斯革命史》、《被背叛的革命》等書。

謝爾蓋·尤利耶維奇·維特

（Sergei Yulievich Vitte，1849～1915）

俄羅斯帝國時期的財政部長、俄羅斯第一任總理，出生於喬治亞的提弗利斯（即現今的提比里斯）。於皇立新俄羅斯大學（現今的敖德薩大學）的物理與數學系畢業後，進入了民間的鐵道公司工作。後來，維特的才能受到肯定，被拔擢為鐵道事業局局長，更於一八九二年時就任財政部長。任期內，維特嘗試了各種政策，例如導入酒類專賣制的財政改革、透過保護關稅的產業保護政策、確立金本位制度，以及積極吸引外資等；而維特在工業化上的政策，像是促進西伯利亞橫斷鐵路等的鐵路建設，以及其相關產業等，則獲得了碩大的成果。此外，在革命後的一九〇五年，維特為求尼古拉二世讓步，著手起草《十月詔書》。雖然這是俄羅斯史上首次企圖以透過導入擁有立法權的議會及市民自由，以收束革命風波的手段，但尼古拉還是遭到疏遠，最終被迫下台。維特雖然是保守型的政治家，但他不固執於維持現狀、企圖使俄羅斯形成一個適合新時代的大國的想法，卻沒能使皇帝理解。

格奧爾基・瓦連京諾維奇・普列漢諾夫

（Georgii Valentinovich Plekhanov，1856 ～ 1918）

俄羅斯馬克思主義理論家，孟什維克的指導者。出生於坦波夫的小地主家庭，於礦業學院求學時，接觸到民粹派思想，參加運動。一八七六年，他成為民粹派組織「土地與自由」的理論指導者，在組織分裂後，隸屬「土地平分社」。流亡後，轉變為馬克思主義者，除了創設了「勞動解放社」，他也率先對民粹派的「俄羅斯基本主義沒落論」進行了分析，提出了有理論且實證性的批判。普列漢諾夫提倡「非連續的兩階段革命論」，表示俄羅斯的當下與未來都將利基於資本主義，而無產階級則為革命運動的主力；不過眼前的課題應為先行資產階級革命、推翻專制，在那之後，才是無產階級革命。起初，普列漢諾夫與列寧為互助關係，不過在一九〇五年的革命之後，兩人便產生對立。普列漢諾夫以有豐富的學識聞名，著有《論一元論歷史觀的發展》、《俄羅斯社會思想史》等多本著作。

彼得・阿爾卡季耶維奇・斯托雷平

（Peter Arkadievich Stolypin，1862 ～ 1911）

俄羅斯帝國末期的總理。名門貴族出身，於聖彼得堡大學畢業後，進入內政部工作。經歷過格羅德諾與薩拉托夫的省長後，於一九〇六年當上內務部長，在俄羅斯最初的國會中發揮著他的才能。同年，當上了總理的斯托雷平，一方面靠著戒嚴令、軍事法庭、行政流放等手段，試圖緊縮社會，但另一方面，卻也推進了言論、出版、結社與集會的自由等近代化的改革。值得一提的是，在土地改革方面，他廢止了共同體形式的農業，將目標放在創造出近代的個人、獨立的農民上。而要達成這個目標，斯托雷平認為國內外的「平靜」是不可或缺的，然而事與願違，在第一次世界大戰與革命的爆發下，土地改革宣告失敗，而斯托雷平本身，最後也在基輔賞劇時，遭到混入警察的間諜射殺。

帕維爾・尼古拉耶維奇・米留科夫

（Pavel Nikolaevich Milyukov，1859 ～ 1943）

立憲民主黨的領導者。於莫斯科大學的歷史與文獻學系中向克柳切夫斯基求學，後於一八八六年當上專任講師，研究、教授俄羅斯史。後來，米留科夫抗議政府的反動政策，離開了大學，於一九〇五年組織卡德特黨，展開了立於自由主義立場上的政治活動。一九一七年的二月革命後，米留科夫就任臨時政府的外交部長，打出「直到勝利為止，持續進行戰爭」的政策，不過最後因為四月的示威活動辭去了職位。十月革命後，米留科夫便在巴黎過著長期的流亡生活。著有《十八世紀第一季的國家經濟與彼得大帝的改革》、《俄羅斯文化史概論》等書。

格里高利・亞歷山德羅維奇・波坦金

（Grigorii Aleksandrovich Potemkin，1739～1791）

凱薩琳二世女皇的寵臣，斯摩稜斯克省的小領主出身。一七六二年六月，波坦金參加了擁立凱薩琳二世的政變，後來獲得女皇的寵愛，亦有兩人祕密結婚的風聲傳出。在與鄂圖曼帝國作戰時，波坦金以軍人身分展現了自己的手腕，解決了俄羅斯合併克里米亞汗國的陳年課題。此外，他也親自進行了黑海北岸地區的開拓，在克里米亞建設了塞凡堡的街道，並創設黑海艦隊。晚年，他招待了凱薩琳做了一段克米里亞之旅，雖然這段旅程在後世留下了急就章的「波坦金村莊」這一不光彩的稱呼，不過對於他的功績，凱薩琳則是授予了他「塔夫利（克里米亞的古稱）公爵」的稱號。

阿列克謝・安德烈耶維奇・阿拉克切夫

（Aleksei Andreevich Arakcheev，1769～1834）

亞歷山大一世的寵臣，原為諾夫哥羅德省的小領主。阿拉克切夫自貴族士官學校畢業後，成為了優秀的砲兵士官，嶄露頭角，後來於一八〇八年就任戰爭部部長。一八一五年起的十年間，亞歷山大一世對政治失去關心，因此阿拉克切夫是事實上負責經營國家的人，人們稱此段時期被為「阿拉克切夫時代」。值得一提的是，阿拉克切夫亦是為了戰後重建財政所立案的屯田制度的實施者。雖然屯田制度是提倡削減軍事支出、完善新兵補充系統，以及安置老兵生活的制度，但過度激烈的實施方法，卻反招屯田兵的叛亂。阿拉克切夫誠心誠意地侍奉著阿列克謝皇帝，可謂其最後的寵臣。

德米特里・阿列克謝耶維奇・米柳京

（Dmitrii Alekseevich Milyutin，1816～1912）

俄羅斯帝國時期的戰爭部長。貴族出身，畢業於莫斯科大學附屬貴族寄宿學校。米柳京作為一位開明派的官僚，除了與解放農奴計畫的擬訂有深切的關聯，在農奴解放實施後，亦以戰爭部長的身分，實施了建立軍管區制度、士官養成，以及國民皆兵的軍制改革。因為這項改革，俄羅斯的人民不論身分階級，皆有了當兵的義務；而當兵的期限則縮短為六年（海軍為七年），並新設為期九年的預備役（海軍為三年）。米柳京參加了自一八七七年開打的俄土戰爭，引導俄羅斯走向勝利、走向締結《聖斯特凡諾條約》的結果，功績極其顯赫。此外，他的二弟尼古拉、三弟弗拉基米爾，亦各自以內務次長、經濟學者廣為人知。

亞歷山大・達尼洛維奇・緬什科夫

（Aleksandr Danilovich Mensikov，1673 ～ 1729）

彼得大帝的幫手。莫斯科平民出身，亦有人指稱其父為馬伕。少年時期，緬什科夫在彼得的「軍隊遊戲」中嶄露頭角，並在後來成了彼得在字面上所述的「左右手」，支持著彼得的改革。在大北方戰爭的緊要關頭中，緬什科夫部隊的貢獻，是打贏戰爭的關鍵。此外，在彼得建立轄省制的同時，他也被任命為聖彼得堡轄省的總督。然而，在數次的貪贓枉法及濫用職權下，卻也漸漸引起彼得的憤怒。彼得死後，緬什科夫擁立女皇凱薩琳，掌握了政治實權，且讓女皇答應他的女兒與彼得的孫子（即下任沙皇）彼得二世之間的婚約。不過他對權力的無盡慾望，終究導致了名門貴族的反彈，最終於一七二七年垮台。不僅名下的龐大財產盡遭沒收，一家人還被流放至西伯利亞的別廖佐夫。

比隆

（Emst Johan Buren，1690 ～ 1772）

女皇安娜的寵臣。德意志人，出身於波羅的海沿岸的庫爾蘭的小貴族家庭，全名恩斯特・約翰・比赫倫（Ernst Johann Bühren），俄羅斯稱他為比隆。比隆自一七一八年進入庫爾蘭皇宮中服務後，成了庫爾蘭公爵的寡婦安娜・伊凡諾芙娜的寵臣。一七三〇年，安娜被招回俄羅斯即位時，比隆也跟著來到了日耳曼，此後的十年間，他透過安娜，掌握了實質上的權力。不過比隆因為包庇日耳曼人與波羅地海日耳曼人，引起了俄羅斯人的反感。在安娜過世後爆發的政變騷動中，比隆失去了他的地位。人們以「比隆時代」的惡名來敘述比隆追求己利，形容安娜的時代。不過正確來說，這應該與奧斯特曼、米尼夫等人一起合稱為「日耳曼人時代」才對。而會造成這種現象的原因，則是因為當時沒有像是彼得大帝一般，能將日耳曼人作為手腳來使用的強大皇帝所致。

彼得・伊萬諾維奇・舒瓦洛夫

（Peter Ivanovich Shuvarov，1710 ～ 1762）

伊莉莎白女皇的政府首腦。參加了擁立伊莉莎白政變的他，後來與女皇的摯友結婚，是一七四〇年代以來的政府第一有力人士。他推動了俄羅斯落後的經濟，使其走向近代化。包括視為廢止國內關稅及提高入口關稅的關稅政策、設立以領地的農民為擔保來放款的貴族貸款銀行、間接稅的改制、釀造業由貴族獨占等措施。雖然這些政策皆有親貴族的色彩，不免造成社會的負面影響，但仍被後世定位為近代化政策。他的表弟伊凡・舒瓦洛夫（Ivan Ivanovich Shuvarov）是位受過西歐式教育的法國啟蒙崇拜者，曾致力於莫斯科大學與藝術學院的設立。

主要人物略傳

費拉列特（Filaret），俗名：費奧多爾·尼可奇基·羅曼諾夫

（Fedor Nikitich Romanov，1554～1633）

羅曼諾夫王朝第一任君主米哈伊爾的父親。羅曼諾夫家是可追溯至十四世紀的名門貴族，亦是留里克王朝斷絕後的候補者之一。隨著鮑里斯·戈都諾夫的當選，羅曼諾夫家曾一時地失去地位。戈都諾夫時代結束後，費拉列特雖然以都主教（以及後來的牧首）費拉列特的身分東山再起，不過後來又遭到波蘭囚禁。普遍認為，其子米哈伊爾會在一六一三年的縉紳會議中被選為沙皇，其主要原因之一，就是因為當時社會對身為羅曼諾夫家家主的他感到同情所致。一六一九年，費拉列特從囚犯的身分中解脫，並以米哈伊爾的共同統治者的身分，掌握了政治上的實權。但最後在俄羅斯與波蘭間的斯摩棱斯克戰役中失意，隨後過世。

鮑里斯·伊瓦諾維奇·莫羅佐夫

（Boris Ivanovich Morozov，1590～1661）

阿列克謝·米哈伊洛維奇沙皇的寵臣。雖然沒有亮眼的身世，不過在一六三三年時，他就任了第二代君主阿列克謝的扶育官，獲得了貴族官位。阿列克謝即位後，莫羅佐夫不僅掌握了政治實權，還與王妃的妹妹再婚，試圖強化自身與王室間的親戚關係。不過，他在一六四六年實施的提高鹽稅政策，招致了莫斯科都市居民的反彈以及拒買潮，使政府不得不撤回這項稅制改革。而莫斯科的鹽巴起義，則成了社會改革的契機，莫羅佐夫於是退出政治舞台。此外，莫羅佐夫以貪心而有名，他擁有全國十九個縣裡的三百三十個村，是位向九千一百個農民家族徵收地租的大領主。

瓦西里·瓦西里耶維奇·高禮信

（Vasily Vasilyevich Golitsin，1643～1714）

攝政索菲婭的寵臣。高禮信家是莫斯科大公國裡，不用經歷宮廷官官位，便能有獲得貴族官位權利的十六個名門之一。他在索菲婭攝政時期中擔任外務官署首長，發揮了其作為外交官的優秀能力。高禮信通曉拉丁語、波蘭語、德語以及希臘語，擁有大量藏書，以當時最大的「西歐派」著稱。在這層意義上，許多人將他看做是「彼得大帝的先驅」。不過，高禮信後來未能在克里米亞遠征中獲得戰果，且試圖掩蓋敗仗的事實，因而失去信賴。後來，隨著彼得派系奪得政權，高禮信失去地位、遭處流刑，於北方過了將近二十五年的流放生活。此外，由於高禮信家族內亦有支持彼得派的人，因此並非所有族人都在此時消失蹤跡。

時間	俄羅斯	世界
1961 年	「柏林圍牆」搭建。 加加林宇宙環遊地球一周成功。	
1962 年	古巴危機。 索忍尼辛發表作品《伊凡．傑尼索維奇的一天》。	
1964 年	赫魯雪夫辭任，布里茲涅夫就任總書記。	
		中國：文化大革命。（1966 年）
1968 年	蘇聯武裝入侵捷克斯洛伐克，中止其「布拉格之春」運動。	
		第一次石油危機。（1973 年）
1974 年	索忍尼辛流放國外。	
1979 年	蘇聯軍進攻阿富汗。	
1980 年	莫斯科舉辦奧林匹克。 流放物理學家沙卡洛夫至高爾基。（～1986）	波蘭：「團結工聯」工會活動活化。
1982 年	布里茲涅夫過世，後繼之安德羅波夫、契爾年科政期亦不長。	
1985 年	戈巴契夫就任總書記。	
1986 年	車諾比核子事故。 經濟改革開始。	
1988 年	俄羅斯「受洗」千年祭典。	
		柏林圍牆倒搭，東歐各國開始「革命」。（1989 年）
1990 年	導入總統制，廢止共產黨一黨獨大制度。 轉型市場經濟。	
1991 年	反戈巴契夫的政變失敗。葉爾辛就任俄羅斯聯邦總統。蘇聯解體。	南斯拉夫內戰。
		歐盟成立。（1993 年）
1996 年	葉爾辛連任總統。	
2000 年	普丁就任總統。	

時間	俄羅斯	世界
1928 年	穀物分配危機。 發起「五年計畫」。 史達林與布哈林對立關係惡化。 肖洛霍夫發表創作《靜靜的頓河》。	
1929 年	托洛斯基遭驅逐出境。 開始全面農業集體化與文化革命。	美國：經濟恐慌。
		中國：九一八事變。（1931 年）
1934 年	加入國際聯盟。 基洛夫遭暗殺。	
1935 年	莫斯科地鐵開通。 斯達漢諾夫運動開始。	
1936 年	制定史達林憲法。 開始「大清洗」至隔年。	德日簽訂《反共產國際協定》。
		第二次中日戰爭爆發。（1937 年）
1939 年	諾門罕事件。	德蘇互不侵犯條約簽訂。
1941 年	簽訂《蘇日中立條約》。 蘇德戰爭開始。	
1943 年	「史達林格勒戰役」勝利。	
1945 年	蘇德戰爭勝利、對日本宣戰。 第二次世界大戰結束，俄羅斯共有兩千七百萬犧牲者。	
1946 年	冷戰開始。 艾哈邁托娃等人自蘇聯作家同盟中除名。	英國：邱吉爾發表「鐵幕」演說。
1950 年	韓戰爆發，蘇聯援助北韓。	
1953 年	史達林過世。 實施氫彈實驗。	
1954 年	愛倫堡發表作品《解凍》。	
1955 年	華沙公約之軍事同盟成立。	
1956 年	赫魯雪夫於蘇聯共產黨第二十次代表大會中批判史達林。 匈牙利十月事件爆發。	
1957 年	人造衛星史潑尼克發射成功。 巴斯特納克發表作品《齊瓦哥醫生》。	
1959 年	赫魯雪夫訪美，與艾森豪總統會談。	古巴革命。
1960 年	中蘇對立表面化。	

時間	俄羅斯	世界
1892 年	謝爾蓋．維特就任財政部長。	
1894 年	尼古拉二世即位。	甲午戰爭爆發。
1897 年	導入金本位制度。第一次人口調查。	美國：合併夏威夷。
1898 年	莫斯科藝術劇院創立。	美國：美西戰爭開始
1901 年	社會革命黨成立。 神聖宗教會議宣告開除托爾斯泰的宗教身分。	
1902 年	農民運動爆發。 高爾基發表作品《底層》。	
1903 年	社會民主工黨（後來的共產黨）第二次大會。 奇西瑙發生反猶騷亂。	
1904 年	日俄戰爭爆發。 內務部長普勒韋遭到暗殺。	
1905 年	爆發「血腥星期日」事件與第一次革命。 與日本於朴資茅斯簽訂條約，結束日俄戰爭。 立憲民主黨成立。	中國：孫文與其夥伴創立中國同盟會。 愛因斯坦發表相對論。
1909 年	斯特魯維與其夥伴共同出版《里程碑》。	
1911 年	總理斯托雷平於基輔遭到暗殺。	中國：辛亥革命。
1912 年	發生西伯利亞勒拿金山勞工射殺事件。 《真理報》創刊。	
1913 年	舉行羅曼諾夫王朝三百年紀念祭典。	
1914 年	對德意志宣戰，加入第一次世界大戰。	
1915 年	特異功能者拉斯普丁對皇帝夫妻的影響力增加。	
1916 年	拉斯普丁遭到殺害。 戰況惡化。	
1917 年	二月革命發生，廢止帝國，創立臨時政府。 十月革命發生，列寧領導的布爾什維克掌握權力。	
1918 年	簽訂《布列斯特—立陶夫斯克條約》。 開始內戰與干涉戰。 皇帝尼古拉一家遭到殺害。	
1919 年	「第三國際」成立。	《凡爾賽條約》簽訂。
1921 年	實施新經濟政策。	
1922 年	蘇聯成立，史達林就任共產黨書記長。	
1924 年	列寧過世。	

時間	俄羅斯	世界
1834年	高加索戰爭開始。（～1861年）	
1836年	格林卡的歌劇《為沙皇獻身》、恰達耶夫的《哲學書簡》問世。	
		英國：維多利亞女王即位。（1837年） 鴉片戰爭爆發。（1840年）
1842年	果戈里發表小說《死魂靈》第一部。	
1848年	俄羅斯派軍前往鎮壓歐洲革命。 發生佩特拉謝夫斯基事件。	
1851年	開通莫斯科—聖彼得堡間的鐵路。	
1853年	爆發克里米亞戰爭。	培理於浦賀入港（黑船來航事件）。
1855年	尼古拉一世過世，亞歷山大二世即位。	
1856年	簽訂《巴黎條約》。 開始準備「由上而下的解放」。	
1861年	發布農奴解放令，開啟「大改革時代」。	美國：林肯就任總統、爆發南北戰爭。（～1865年）
1863年	車爾尼雪夫斯基發表作品《該怎麼辦？》。	
1864年	創立地方自治局制度、開始司法改革。	
1865年	托爾斯泰發表作品《戰爭與和平》。	
1866年	爆發卡拉科佐夫事件。 杜斯妥也夫斯基發表作品《罪與罰》。	
1867年	阿拉斯加易手美國。	馬克思出版《資本論》第一卷
1868年	占領中亞的撒馬爾罕與布哈拉。	
1874年	開始「到民間去」運動。	
		日俄簽訂《庫頁島千島群島交換條約》。（1875年）
1878年	與土耳其締結《聖斯特凡諾條約》。	
1881年	亞歷山大二世遭到暗殺，亞歷山大三世即位。 發表維護專制的詔書。	
1882年	反猶騷亂頻傳，制定猶太人的特別規定。 馬克思主義組織「勞動解放社」成立	
1891年	開始建設西伯利亞大鐵路。 俄羅斯南部發生大饑荒。	發生大津事件。

時間	俄羅斯	世界
1783 年	合併克里米亞汗國。 烏克蘭導入農奴制。	
1785 年	頒布《給貴族與都市的憲章》。	
		日本：最上德內等人探險千島群島。（1786 年）
		法國：法國大革命。（1789 年）
1790 年	拉季舍夫發行《自聖彼得堡到莫斯科的旅程》。	
1791 年	日本人大黑屋光太夫謁見凱薩琳。	
		日本：俄羅斯使節拉克斯曼航抵根室。（1792 年）
1793 年	第二次瓜分波蘭。	
1795 年	第三次瓜分波蘭。	
1796 年	凱薩琳過世，保羅即位。	
1799 年	俄美公司創立。	
1801 年	保羅在政變中遭到殺害。 亞歷山大一世即位。	
1802 年	廢止委員會，創設八個「部」及部長委員會。	
1803 年	頒布《自由農民法令》。	日本：俄羅斯使節列扎諾夫航抵長崎。
1806 年	卡拉姆津開始出版發行《俄羅斯國家史》。（～ 1826 年）	
1807 年	與法國簽訂《提爾西特條約》。	
1810 年	創立「俄羅斯帝國國務委員會」。	
1812 年	拿破崙遠征俄羅斯。 莫斯科大火災。	
1814 年	亞歷山大率領的俄軍攻入巴黎。	
1816 年	實施屯田制度。	
1819 年	創立聖彼得堡大學。	
1825 年	尼古拉一世即位。 十二月黨人起義。	
1830 年	斯佩蘭斯基開始編撰《俄羅斯帝國法律大全》。	
1832 年	創立「榮譽市民」身分。	

時間	俄羅斯	世界
1722 年	制定帝位繼承法。 發布官等表。 神職參議院改稱神聖宗教會議。	
1724 年	實施人頭稅。 波索施科夫著《貧富之書》。	
1725 年	彼得大帝過世，凱薩琳一世即位。 設立科學學院。	
1726 年	創立最高樞密院。	
1727 年	彼得二世即位。	
1730 年	嘗試限制專制權力，但宣告失敗。 安娜・伊凡諾芙娜即位。	
1731 年	創立陸軍幼年學校。	
1736 年	放寬貴族的勤務義務規定。	
		奧地利：王位繼承戰爭開始。（1740 年）
1741 年	伊凡六世因政變退位。 伊莉莎白・彼得羅芙娜即位。	
		法國：發行《百科全書》。（1751 年）
1753 年	廢止國內關稅。	
1754 年	於聖彼得堡建立冬宮。 開設貴族貸款銀行。	
1755 年	開設莫斯科大學。	
1761 年	彼得三世即位。	
1762 年	發布「貴族解放令」。 爆發政變，凱薩琳二世即位。	盧梭出版《社會契約論》。
1765 年	設立自由經濟協會。	
1767 年	召集法典編撰委員會。發表「訓令」。	
1768 年	與鄂圖曼帝國開戰。	
1772 年	第一次瓜分波蘭。	
1773 年	爆發普加喬夫大叛亂。（～ 1775 年）	
1774 年	與鄂圖曼帝國簽訂庫楚克開納吉和約，向黑海發展。	
1775 年	發布地方行政基本法。	美國：獨立戰爭。（～ 1783 年）
1776 年	波坦金編制黑海艦隊。	
1782 年	「青銅騎士像」揭幕。	

時間	俄羅斯	世界
1682 年	費奧多爾三世過世。 形成「兩位沙皇」與「攝政索菲婭」的統治體制。 廢止門第制度。	
1687 年	莫斯科設立斯拉夫・希臘・拉丁學院。	
1688 年	因克里米亞遠征失敗與索菲婭的垮台，彼得支持派掌握政權。	
1689 年	與清朝簽訂《尼布楚條約》。	
1694 年	彼得一世開始親政。	日本：松尾芭蕉完成《奧之細道》。
1695 年	第一次亞速遠征。	
1696 年	第二次亞速遠征，擊破鄂圖曼帝國。	
1697 年	派遣「大使節團」至西歐，大量雇用「外國人士」。	
1700 年	對瑞典發動大北方戰爭，俄羅斯於「納爾瓦之役」中大敗。	
1702 年	日本漂流者傳兵衛詣見彼得一世。	
1703 年	開始建設聖彼得堡。	
1705 年	實施徵兵令。 阿斯特拉罕起義。	
1707 年	布拉文起義。	
1708 年	實施包括將全國分為八省的地方、軍事制度改革。	
1709 年	於「波爾塔瓦戰役」中擊敗卡爾十二世的瑞典軍。	
1712 年	首都自莫斯科遷至聖彼得堡。	
1714 年	於「甘古特海戰」戰勝瑞典海軍。 設立算數學校，賦予貴族通學義務。	
		日本：德川吉宗開始享保改革。（1716 年）
1718 年	發生皇太子阿列克謝事件。 建立委員會。	
1719 年	實施全國人口調查。	
		中國：清軍鎮壓西藏。（1720 年）
1721 年	簽訂《尼斯塔德條約》，大北方戰爭告終。 彼得獲得「皇帝」、「大帝」、「祖國之父」之稱號，俄羅斯帝國成立。 神職參議院發跡。	

時間	俄羅斯	世界
1589 年	於莫斯科創設宗主教區。	
1591 年	費奧多爾沙皇的弟弟德米特里「因故身亡」。	
1598 年	隨著費奧多爾沙皇過世，留里克王朝斷絕。 縉紳會議推舉鮑里斯．戈都諾夫為新任沙皇。 進入「混亂時代」。	法國：國王亨利四世發布《南特敕令》，法國宗教戰爭結束。
		英國：不列顛東印度公司成立。（1600 年）
1601 年	發生大飢荒，造成國家大量損失。（～ 1603 年）	
1606 年	爆發布洛茲茨尼可夫之亂。（～ 1607 年）	
		古斯塔夫二世成為瑞典國王。（1611 年）
1612 年	國民軍擊退波蘭軍，成功解放兩年前受其占領的莫斯科。	
1613 年	米哈伊爾．羅曼諾夫被選為新任沙皇，開啟羅曼諾夫王朝。	
		三十年戰爭爆發。（1618 年）
1619 年	米哈伊爾的父親費拉列特自波蘭回歸，就任牧首，開始其統治。	
1632 年	與波蘭之間爆發斯摩棱斯克戰爭。	
1637 年	頓河哥薩克人占領亞速。（～ 1642 年）	
1645 年	阿列克謝沙皇即位。	
1648 年	莫斯科發生「鹽巴起義」，召開縉紳會議。	締結《西發里亞和約》。
1649 年	制定《會議法典》，強化農奴制。	
1652 年	牧首尼康開始教會改革。 於莫斯科郊外設置「日耳曼區」。	
1654 年	合併烏克蘭。	
		中國：康熙即位。（1661 年）
1662 年	莫斯科發生「銅幣起義」。	
1666 年	因教會會議（～ 1667 年）承認儀式改革，「舊禮教派」出現。	法國：路易十四世開始親政。（～ 1715 年）
1670 年	斯坦卡．拉辛發動頓河哥薩克人起義（～ 1671 年）	
1676 年	費奧多爾三世即位。	

時間	俄羅斯	世界
		日本：足利尊氏成為征夷大將軍。（1338 年）
約 1340 年	興建謝爾蓋聖三一修道院。	
1380 年	莫斯科大公德米特里・頓斯科伊於「庫利科夫戰役」中擊敗蒙古軍。	
1425 年	瓦西里二世（失明大公）成為莫斯科大公。為爭奪大公之位，俄羅斯爆發內亂。（～1450 年）	
		君士坦丁堡淪陷，拜占庭帝國滅亡。（1453 年）
1462 年	伊凡三世（大帝）登上莫斯科大公之位。	
1472 年	伊凡三世與拜占庭皇帝姪女佐伊成婚。	
1476 年	停止向汗國納貢。	
1478 年	莫斯科公國合併諾夫哥羅德。	
1480 年	「韃靼之軛」時代結束。	
1497 年	編撰《法令集》。	
		亞美利哥・維斯普奇探險新大陸。（1501 年）
1505 年	瓦西里三世即位。普斯科夫的修道士費洛菲依宣揚「莫斯科為第三羅馬」概念。	
		開始宗教改革。（1517 年）
1533 年	伊凡四世（雷帝）即位。實權握於其母葉連娜手上。	
1547 年	伊凡四世自稱「沙皇」，戴冠親政。	
1549 年	建立「重臣會議」。（～1560 年）	
1552 年	征服喀山汗國，紅場興建聖瓦西里主教座堂。	
1556 年	征服阿斯特拉罕汗國。	
1558 年	利沃尼亞戰爭爆發。（～1583 年）	英國：伊莉莎白一世即位。
1565 年	伊凡四世實施特轄區政策。	
1570 年	掠奪諾夫哥羅德，開始大量處刑反對勢力。	
1571 年	克里米亞汗國攻陷莫斯科。	勒班陀戰役爆發。
1581 年	限制農民在「尤里耶夫節」的遷徙權利。	
1582 年	葉爾馬克領軍征服西伯利亞汗國。	
1584 年	伊凡雷帝過世，費奧多爾一世即位。	

年表

時間	俄羅斯	世界
4-8 世紀	斯拉夫民族分散、移居至各地。	
約 860 年	西里爾與美多德設計出西里爾字母。	
862 年	瓦良格人留里克兄弟占領諾夫哥羅德。	
882 年	奧列格統一基輔。	
988 年	基輔大公弗拉基米爾（980 ～ 1015 年）迎娶拜占庭公主，引入希臘正教。	
1019 年	雅羅斯拉夫（智者）就任基輔大公。（～ 1054 年）	
1037 年	興建基輔聖索菲亞主教座堂。	
		東西羅馬教會分裂。（1054 年）
		第一次十字軍東征。（1096 年）
約 1110 年	《往年紀事》成書。	
1156 年	尤里．多爾戈魯基建設莫斯科。	
約 1187 年	基輔羅斯的敘述文學代表《伊戈爾遠征記》成書。	
		鐵木真統一蒙古。（1206 年）
1237 年	拔都指揮蒙古軍進攻俄羅斯。	
1240 年	基輔淪陷。	
1242 年	亞歷山大．涅夫斯基於「冰上之戰」擊敗日耳曼騎士團（條頓騎士團）。	
1243 年	欽察汗國成立，定都薩萊，開啟俄羅斯「韃靼之軛」時代。	
		蒙古：忽必烈自立大汗。（1260 年）
1270 年	諾夫哥羅德加入汗薩漢盟。	
1299 年	都主教座遷至弗拉基米爾。	鄂圖曼帝國發跡。
1325 年	伊凡一世成為莫斯科大公，都主教座自弗拉基米爾遷至莫斯科。	
		法國：瓦盧瓦王朝創立。（1328 年）

興亡的世界史 15

搖擺於歐亞間的沙皇們

俄羅斯・羅曼諾夫王朝的大地

ロシア・ロマノフ王朝の大地

搖擺於歐亞間的沙皇們：
俄羅斯・羅曼諾夫王朝的大地
土肥恆之著／林琪禎譯／
初版／新北市／八旗文化出版／
遠足文化發行／二〇一八年二月
ISBN 978-986-95905-3-2（精裝）

一、俄國史

748・1
107000094

作者　土肥恆之
日文版編輯委員　青柳正規、陣內秀信、杉山正明、福井憲彥
譯者　林琪禎
總編輯　富察
責任編輯　穆通安、張乃文、洪源鴻
編輯協力　鄭天恩
企劃　蔡慧華
封面設計　莊謹銘
排版設計　宸遠彩藝
社長　郭重興
發行人兼出版總監　曾大福
出版發行　八旗文化／遠足文化事業股份有限公司
地址　新北市新店區民權路 108-2 號 9 樓
電話　〇二～二二一八～一四一七
傳真　〇二～八六六七～一〇六五
客服專線　〇八〇〇～二二一～〇二九
信箱　gusa0601@gmail.com
臉書　facebook.com/gusapublishing
部落格　gusapublishing.blogspot.com
法律顧問　華洋法律事務所／蘇文生律師
印刷　成陽印刷股份有限公司
出版日期　二〇一八年二月（初版一刷）
二〇一九年十月（初版四刷）
定價　五五〇元整

歡迎團體訂購，另有優惠。
請電洽業務部（02）22181417 分機 1124、1135